**로봇과
AI의
인류학**

An Anthropology of Robots and AI by Kathleen Richardson

로봇과 AI의 인류학

An Anthropology
of Robots
and AI

Kathleen
Richardson

절멸불안을 통해 본
인간, 기술, 문화의 맞물림

캐슬린 리처드슨 지음
박충환 옮김

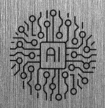

눌민

사랑하는 오빠 마크를 기억하며

감사의 말

나는 가장 먼저 로드니 브룩스Rodney Brooks, 제이미 롤린스Jamie Rollins, 우나메이 오라일리Una-May O'Reilly, 그리고 나를 자신의 집에 재워준 르바론Le-Baron 가족, 마틴 마틴Martin Martin, 브라이언 애덤스Brian Adams, 폴 피츠패트릭Paul Fitzpatrick, 에두아르도 토레스야라Eduardo Torres-Jara, 제시카 하우Jessica Howe, 찰리 켐프Charlie Kemp, 제시카 뱅크스Jessica Banks, 애런 에드싱어Aaron Edsinger, 테리사 랭스턴Theresa Langston, 앤 로더스Anne Lawthers(일명 레이디버그Ladybug), 안니카 플루거Annika Pfluger, 론 위켄Ron Wiken에게 감사를 표하고 싶다. 자신들의 놀라운 작업을 관찰할 수 있도록 허락해준 실험실의 모든 구성원에게도 고마움을 전한다. 나와 아주 가까운 친구이자 전문 로봇학자로서 지속적인 도움과 지원을 아끼지 않은 리진 아예낸다Lijin Aryananda에게 특별한 고마움을 전한다. 또한 맥스 버니커Max Berniker, 레베카 뷰로Rebecca Bureau, 손민수Minshu Son 는 진정 최고의 친구들이다. 더불어 레이 앤 마리아 스타타 센터Ray and Maria Stata Center의 공간에 관한 나의 생각을 공유해준 센터의 모든 사용자에게 감사를 전한다. 매사추세츠 공과대학교MIT의 교직원, 학생, 교수 들이 보여준 관대함에 큰 감동을 받았고, 그들 중 다수와 평생지기가 되었다.

이 외에도 친구, 가족, 후원자로서 나의 학술 연구를 지원해주고 도움을 준 이들이 많다. 스티븐Stephen과 캐런 존스Karen Jones 부부, 마이클 선Michael Sun, 앤디 아예낸다Andy Aryananda, 포포 위르얀티Popo Wiryanti가 그들이다. 또한 내 연구는 자이어하우스 기금Jirehouse Foundation, 경제사회연구위원회Economic Social Research Council, 브리티시 아카데미 박사후 펠로십British Academy Postdostoral Fellowship의 재정적 지원이 없었다면 마칠 수 없었을 것이다.

《에트노푸어Etnofoor》에 실린 내 논문, 「모방과 타자성으로서의 장애화: MIT에서의 휴머노이드 로봇 제작Disabling as mimesis and alterity: making humanoid robots at the Massachusette Institute of Technology」(vol. 22, no. 1, pp. 75-90)의 내용을 이 책 5장의 일부 논의로 재사용할 수 있도록 허락해준《에트노푸어》편집자들께도 감사드린다.

케임브리지대학교 인류학과의 메릴린 스트래선Marilyn Strathern 교수님과 니콜라이 소린차이코프Nikolai Ssorin-Chaikov 교수님의 조언에도 감사드린다. 나의 오랜 친구 비타 피콕Vita Peacock과 이 책의 여러 장에 아이디어를 제공해준 새로운 친구 플로이드 코들린Floyd Codlin, 마레크 시나손Marek Sinason, 로버트 오츠Robert Oates에게도 특별한 고마움을 전한다. 또한 루틀리지Routledge 출판사 편집인들의 도움에도 감사를 표하고 싶다.

마지막으로 나와 당신 사이의 상호적이고 창조적인 관계로서 사랑의 진정한 의미를 깨닫게 도와준 CB에게 특별한 고마움을 전한다.

차례

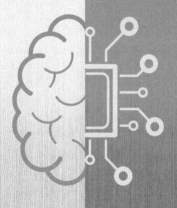

영어판 일러두기

이 책은 매사추세츠 공과대학교MIT 연구실에서 진행되는 로봇 제작 연구를 담고 있다. 이 책은 로봇 제작 과정에 스며들어 있는 문화적 관념, 그리고 로봇학자들의 기술적 실천을 공동 구성하는 픽션의 역할을 탐구한다. 또한 로봇이 지적이고 자율적이며 사회적인 것으로 재상상되고 생생한 사회적 현실로 편입되어 들어가는 방식을 다루는 인류학적 이론화 과정, 그 과정에서 전개되는 논쟁에 개입한다. 이 책의 저자 캐슬린 리처드슨은 1920년대의 '노동하는' 로봇이 2000년대에 접어들어 반려자, 친구, 치료사로 재상상되면서 '사회적' 로봇으로 전환되는 과정을 묘사한다.

캐슬린 리처드슨Kathleen Richardson은 영국 레스터시 드몽포르대학교 컴퓨터-정보과학부 로봇윤리학 프로그램의 선임연구원이자 기술학 교수다.

한국어판 일러두기

1. 주요 인명과 서명, 용어 등은 처음 한 번에 한해 원어를 병기하되 문맥상 필요한 경우에는 반복해 병기했다.
2. 책 제목은 겹낫표(『 』), 학술 저널과 신문 제목은 겹화살괄호(《 》), 논문 제목은 홑낫표(「 」), 단편 소설과 희곡, 영화 등 작품 제목은 홑화살괄호(〈 〉)로 각각 구분했다.
3. 지은이의 주와 참고 자료는 원서의 편집 방침을 따라 매 장 말미에 두었고, 옮긴이 주는 해당 본문 아래쪽에 두었다.
4. 참고 문헌과 자료의 표기 방식은 영어판을 따랐다.

극단적으로 보면 세계는 단지 연결에 불과한 것으로 보일 수 있다.
—팀 버너스리Tim Berners-Lee, 『그물망 짜기Weaving The Web』(1999), 14쪽.

영화 〈터미네이터The Terminator〉 시리즈(1984~2003)는 인류를 파멸시
키고 지배력을 장악하려는 여러 종류의 로봇, 즉 초고도로 발달한 지
능기계를 선보였다. 〈터미네이터〉는 가장 인기 있는 로봇 이야기 가
운데 하나일 뿐만 아니라 인류의 절멸에 관한 핵심 테마를 담고 있기
에 이 책의 이야기를 시작하는 데 중요한 의미가 있다. 과거든 현재든
로봇을 들여다보면 파멸이라는 오래된 주제가 끊임없이 귀환한다.
로봇 반려자, 로봇 애인, 치료사 로봇, 가정용 로봇 등 고려해야 할 수
많은 종류의 로봇이 있는데, 이들 로봇을 둘러싼 다양한 상상에 대해
서는 뒤에서 다루기로 하겠다. 우선 로봇에 의한 인간의 절멸이라는
테마에 초점을 맞추고자 한다.
　영화 〈터미네이터〉는 1984년 처음 개봉되었을 당시 대단한 반향을
일으켰고 개봉 첫해에 전 세계적으로 수백만 명이 관람했다.[1] 이 영
화는 독특한 체형의 할리우드 액션 배우 아널드 슈워제네거를 기용
했다. 그는 188센티미터의 키에 근육질 몸매로 유명하다. 중부유럽식

영어 악센트가 강한 배우라서 대사와 언어 표현이 매우 기계적이고 형식적이라며 조롱당하기도 했다. 또 어떤 이들은 그가 '완벽한' 로봇 같다며 놀리기도 했다. 이 사례가 아니라 하더라도 우리는 사실 로봇과 관련된 문화적 · 기술적 모델 가운데 많은 부분을 픽션으로부터 가져온다. 픽션에서 비롯한 많은 조류가 테크노사이언스 분야의 실제적 실천 영역으로 흘러 들어간다.

여기서 영화 〈터미네이터〉 줄거리를 간략하게 요약해보자. 2029년(현재에서 그리 멀지 않다) 미래로부터 최첨단 사이보그가 사라 오코너를 죽이기 위해 1984년으로 보내진다. 2029년의 디스토피아적 미래는 초지능 기계가 지구를 지배하고 있고, 살아남은 인류에 대한 지배가 살인 로봇을 통해 유지되는 모습을 보여준다. 터미네이터 T-800 모델 101을 적시에 과거로 돌려보내 사라 오코너를 죽여야 한다. 사라는 미래의 인류 저항군 지도자의 어머니다. 지능 기계는 사라의 아이가 태어나지 못하도록 만들면 미래에 발생할 문제를 사전에 방지할 수 있다고 판단한다. 이 영화는 미래, 현재, 과거 그리고 인간과 비인간을 하나의 서사 구조 속에서 뒤틀고 되돌리고 뒤섞어버리는 이야기를 통해 로봇을 파괴자로 묘사하는 구미歐美의 전형적인 로봇관을 재현한다.

이 대중 로봇 픽션은 파괴라는 문화적 테마에 대해 뭔가 중요한 것을 우리에게 말해준다. 그리고 후속 시리즈 〈터미네이터 2: 심판의 날〉(1991), 〈터미네이터 3: 라이즈 오브 더 머신〉(2003), 〈터미네이터: 미래 전쟁의 시작〉(2009)을 통해 더 공포스러운 테마가 이어진다. 터미네이터 스토리는 아직 끝나지 않았다. 2015년 7월 〈터미네이터: 제니시스〉가 개봉될 예정인데, 제목을 통해 재탄생에 관한 힌트를 엿볼 수 있다. 이 로봇 서사의 다음 편이 어떤 내용을 담고 있을지는 개봉 후에야 알 수 있을 것이다.*

이 지점에서 로봇에 관한 문화적 상상력을 구성하는 데 할리우드 영화 제작자들이 일정한 기여를 했다고 인정할 수 있을 것이다. 그런데 로봇이 문화적 실체, 그것도 파괴적인 문화적 실체로 인지되도록 하는 데 가장 크게 기여한 사람은 그들이 아니라 보다 비의적이고 급진적이며 전위적이었던 한 극작가다.

최초의 로봇은 1920년대 체코 극작가 카렐 차페크$^{Karel\ \check{C}apek}$가 창작한 희곡, 『R. U. R.: 로숨의 유니버설 로봇$^{Rossum's\ Universal\ Robots}$』에서 출현했다. 이 희곡은 매우 독특하다. 여기서 '로봇'이라는 용어가 처음 사용되었고 로봇에 관한 문화적 재현도 처음 이루어졌다. 『R. U. R.』은 인류 종말을 인류의 완전한 절멸이라는 서사 구조로 표현한 최초의 근대적 희곡이다(Reilly 2011). 이 희곡이 이런 주제를 다룬 최초의 근대적 픽션이라는 점이 중요하다. 이전에는 대재앙 도래의 핵심 특징인 인류 절멸이 오직 신약성경의 요한묵시록 같은 종교적인 이야기에만 등장했기 때문이다.

로봇은 희곡 자체와 극장 상연을 통해 『R. U. R.』의 창작자 차페크에 의해 처음으로 생명을 부여받았다. 차페크는 로봇이라는 장치를 통해 기계화, 정치적 이데올로기, 하이모더니즘$^{high\ modernism}$이 초

---

* 터미네이터 시리즈는 2015년 〈터미네이터: 제니시스〉로 종결되지 않았고 2019년 이 시리즈의 여섯 번째 영화 〈터미네이터: 다크 페이트〉가 개봉되었다.

래한 인류 절멸의 공포를 탐구하고 인류 종말이라는 테마에 대해 의미심장한 메시지를 던진다. 차페크는 1920년대 정치적 혼돈의 시기에 로봇을 발명함으로써 공장 노동자라는 관념을 한 단계 더 진일보한 위치로 끌어올린다. 그는 로봇을 통해 제한된 주체성을 가지고 노동하는 실체, 즉 기능적으로 유능한 노동 장치를 창조했다. 로봇이라는 용어는 슬라브어 단어 '로보타robota'에서 기원했다. 하지만 차페크는 그의 예술가 형제인 요세프Josef에게 영감을 얻어 '로보타 경제robota economy', 즉 농민이 자신이 아니라 지주의 필요를 충족시켜주기 위해 추가로 노동하는 농경 체제라는 또 다른 의미를 끌어온다. 로봇은 체코어로 '강제 노역'을 뜻하는데 '예속', '고역'을 뜻하는 슬라브어 '로보타'와 유사하다(Merriam-Webster 1971, p. 1964). 1920년대 희곡에 등장하는 로봇 그리고 그에 관한 당대의 픽션을 탐구해보면 반복적인 메시지 하나가 드러난다.

인류여, 너희의 종말을 경계하라

우리는 로봇 관련 서사들에서 유통되는 인류 종말의 공포를 진지하게 고려해봐야 한다. 이 책에서 나는 로봇 픽션 내용으로 각 장을 시작하고 또 그것을 통해 각 장을 연결할 것이다. 그럼으로써 로봇 픽션이 로봇 관련 실천의 생생한 현실에 투사되고 로봇 제작 과정으로 전이되며, 그것이 다시 이들 픽션으로 되먹임된다는 사실을 논증하고 싶다. 따라서 이 책은 메사추세츠 공과대학(이하 MIT) 실험실에서 이루어지는 로봇 제작을 관찰함으로써 로봇 관련 픽션을 독해하는 것으로 구성된다. MIT는 세계 3위권 연구중심 대학에 지속적으로 포함되는, 세계적 권위를 갖는 과학기술 대학이다(QS World Rankings 2014). MIT는 한 대중문화 작품에 등장하면서 이 대학 고유의 신비감이 형성되기 시작했다. 1950년대 고전 영화 〈지구가 멈추는 날The Day The Earth Stood Still〉(1951)에서 로봇과 형태가 유사한 생명체가 보위하는 외계 비행물체가 워싱턴에 착륙한다. 이것이 초래한 공포 분위기에서 상황을 '합리적으로 설명하고' 외계 방문자의 미스터리를 풀어 대중을 진정시키기 위해 미국 정부가 도움을 청한 대상이 바로 MIT 과학자들이었다. 적어도 미국 문화에서는 MIT 과학자들이 과학기술 분야의 몰인격적 합리성과 남성적 권위를 상징한다.

2000년대 초에 내가 MIT 현장 조사를 고려하기 시작할 당시만 해도 휴머노이드 로봇 실험실은 전 세계적으로 소수밖에 없었다. 일본의 도쿄대학과 와세다대학 실험실이 대표적이다. MIT 로봇학 랩은 미국 국방고등연구기획국Defense Advanced Research Projects Agency, 이하 DARPA에서 충분한 예산을 지원받아 휴머노이드 로봇을 제작하는 프로그램을 시작한 최초의 실험실 가운데 하나였다. 로봇은 흔히 폭력과 긴밀하게 연결되어 있다. 이는 방위 예산 지원을 받아 생산되는 로봇이 로봇 아이 제작처럼 군사적 목적에 직접적으로 활용되지 않는 것으로 보일 때도 마찬가지다.

하나의 이름에는 도대체 무엇이 담겨 있을까? 나는 MIT에서 실험실 이름이 연구비 혹은 연구 책임자의 새로운 초점에 따라 만들어지기도 하고 사라지기도 하는 취약한 것임을 깨달았다. 미국과 영국의 로봇 실험실 방문연구자로서 나는 실제로 실험실 이름이 휴머노이드 로봇에 초점을 둔 연구 활동과 그렇지 않은 다른 연구 활동으로 구성된 복수의 연구 활동을 포괄하는 용어라는 사실을 알 수 있었다. MIT 로봇학 랩은 인공지능연구소Artificial Intelligence Laboratory 내에 설치되어 있지만, MIT 컴퓨터학과와 동일한 물리적 공간을 공유하고 있었다. 2003년 이들 두 부서는 컴퓨터과학—인공지능연구소Computer Science and Artificial Intelligence Laboratory, 이하 CSAIL로 통합되었다. CSAIL의 모든 연구원은 급진적이고 기하학적으로 왜곡된 디자인으로 유명한 건축가 프랭크 게리Frank Gehry가 설계한 새로운 캠퍼스 건물로 재배치되었다 (Gilbert-Rolfe and Gehry 2002).

나는 이 책에서 조사 관련 비밀을 지켜야 한다는 인류학계의 원칙에 따라 실험실의 인물과 로봇에 대해 가명을 사용했다. 이들 가명 중 일부는 차페크의 희극『R. U. R.』에서 재미있게 따왔다. 조사에 협력해준 로봇학자들은 메모, 학위 논문, 책, 연구 논문, 로봇 등의 인공물을 생산하는데 이들 자료가 곧 내 연구의 분석 대상이다. 나는 조사 대상자(이들 중 대부분이 여전히 나의 친구다)를 보호한다는 원칙을 지키기 위해 오직 공개된 자료만을 인용했다. MIT의 실험실 연구 집단과 연구자들로부터 많은 도움을 받았고, 그들의 일과 생활 세계가 평범하지 않다는 사실을 깨달았다. 그 특유성의 일부가 이 책에 반영되었기를 희망한다.

MIT 로봇학 랩은 2000년대 초에 휴머노이드 로봇 프로젝트로 전환했다. 랩의 디렉터가 2001년을 배경으로 한 영화〈2001: 스페이스 오디세이2001: A Space Odyssey〉(1961)를 보고 영감을 받아 인간과 유사한 로봇을 제작하고자 한 것이 계기로 작용했다. 이 실험실은 최초로 소셜 로봇(의심할 여지 없이 모순적인 용어)을 개발하는 데 착수했다. 사회적 혹은 사교적인 로봇은 사회적 상호작용을 할 수 있도록 설계된 로봇으로 미래에 인간의 반려자가 될 수 있을 정도로 충분히 세련된 수준까지 발전시키는 것이 궁극적인 목적이다.

이 책은 로봇 제작에 적용되는 이론과 기술뿐만 아니라 로봇을 만드는 사람들, 그리고 그들의 이야기와 서사가 그들이 창조하는 기계에 어떻게 투사되는지에 대한 논의로 구성된다. 과학기술에 의해 허구와 현실의 경계가 완전히 허물어진다는 도나 해러웨이Donna Haraway의 주장은 당연히 정확하다(1991). 하지만 내가 이 책에서 보여주려는 것은 실재가 로봇 제작 과정에 지속적으로 영향을 미치고, 문화적 구성 외부에 자체의 고유한 특질을 가진 영역 하나가 존재한다는 점이다. 실재가 바로 경계다. 로봇학은 자체의 특유한 방식으로 고유한 현실과 직면한다. 기계 인간의 모델을 구축할 때 독특하면서도 예측 불가능한 방식으로 이론과 실천이 뒤엉킨다. 이들 실험실의 로봇학자들은 로봇을 제작하면서 끊임없이 로봇 관련 픽션을 참조했고, 로봇은 실재의 제약들(로봇의 용기container로 작용하는 물리적 · 사회적 · 문화적 환경)과 반복적으로 조우하고 있었다. 실재적인 것과 허구적인 것이 비통상적인 방식으로 서로에게 작용했다. 이는 특히 연구자들이 로봇에 의한 파괴라는 테마를 다루는 방식에서 가장 현저하게 드러났다. 위협적인 로봇이라는 문화적 이미지가 실험실 내 로봇의 제작 과정을 규정한다. 다음은 MIT 로봇학 실험실 웹사이트에 게시돼 있는 정보다.

Q: 당신은 로봇이 '너무 똑똑하거나 너무 강해질지도' 모른다는 우려를 해본 적이 있는가?

A: 없다. 우리는 로봇이 인류에 반하는 유혈혁명을 일으키기 위해 동일 부류를 조직화하려는 시도가 있을 때 우리의 생명을 보호하도록 로봇을 프로그래밍해왔다(MIT 휴머노이드 로봇학 그룹, 일자 미상).

여기서는 파괴라는 테마가 대수롭지 않게 호출되었다가 흩어져버린다. 하지만 후속 논의에서 명백하게 드러나듯 로봇과 인공지능의 위협은 여전히 현전하고 쉽사리 폐기되지 않는다.

절멸불안: 아무것도 아닌 것으로 환원하기

지난 수십 년 동안 인류학의 이론화는 데카르트적 이원론의 분석적 결과 그리고 데카르트적 이원론이 삶을 정의하는 방식에 반하는 수많은 이론적 문제들로 인해 난관에 처해 있었다(Latour 1993; Haraway 1991). 하나의 분과 학문으로서 인류학은 다양한 이분법적 관계를 어떻게 묘사하고, 화해시키며, 설명할 것인지에 대해 일종의 분리불안에 시달려왔다(그리고 그것을 극복해왔다)고 주장할 만하다. 이들 이

분법에는 인격과 사물(Gell 1998; Strathern 1988), 인간과 기계(Haraway 1991, 2003; Suchman 2006; Hicks 2002; Rabinow 2011), 인간과 동물 (Haraway 1991, 2003; Ingold 2012), 몸과 마음(Csordas 1999; Featherston & Burrows 1995), 인간과 비인간(Latour 1993, 2005), 팩트와 픽션(Haraway 1991; Graham 2002), 공적 공간과 사적 공간(Buchli and Lucas 2001; Buchli 1997) 사이의 관계가 포함된다.

인류학이 분리불안을 다루고 또 극복해왔다고 주장한다면, 왜 기계에 의한 인류 종말이라는 테마가 당대 구미인의 문화적 삶 속에서 지속적이고 반복적인 주제로 존속하는 것일까? 브뤼노 라투르^{Bruno} ^{Latour}는 여기서 한 걸음 더 나아가 기계에 대한 공포를 강조하는 것이 비대칭적 휴머니즘(분리불안)의 결과라고 주장한다.

인간이 어떻게 기계에게 위협을 느낄 수 있을까? 인간이 기계를 소유하고 있고, 인간이 기계에 스스로를 투사해왔으며, 인간이 자기 구성원들을 기계의 종류에 따라 나누었고, 인간이 자신의 신체를 기계와 함께 구축해왔다. 인간이 어떻게 대상들에게 위협당할 수 있단 말인가? 모든 기계는 집합체 내에서 순환하는 의사^{疑似} 주체다. 기계가 인간으로 만들어지는 만큼 인간은 기계로 만들어진다(1993, p. 138).

라투르에게 기계에 대한 공포는 인위적으로 분리된 범주들의 결과다. 그리고 그것은 자율성을 소유하고 분리된 타자로 귀환해 인류를 괴롭힐 수 있는 대상들(로봇, 바이러스, 슈퍼컴퓨터 혹은 유성들)에 대한 공포에 반영되어 있다.

　라투르의 주장처럼 기계에 대한 공포는 진정으로 '비대칭적 휴머니즘asymmetrical humanism'의 결과일까? 여기서 나는 로봇과 기계에 대한 공포가 오히려 대칭적 반휴머니즘symmetrical anti-humanism의 결과라고 주장하고자 한다. 대칭적 반휴머니즘은 인간과 비인간을 대등한 존재로 설정하고, 다른 행위 주체와 구별되는 어떤 특질도 인간에게 부여하지 않는다. 즉 여기서 인간 행위 주체는 아무것도 아닌 것으로 환원된다. 이는 존재론적 차이의 부재 속에서 과정에 대한 인류학적 강조의 형태로 제시된다. 로봇은 역사적으로 비인간화와 비인간의 부상을 이야기하는 하나의 방식이었다. 다시 말해 로봇의 최초 의미는 주로 비인간화와 관련 있었다. 따라서 차페크의 로봇은 살, 피, 뼈, 혈관으로 구성되어 있지만 과학적 공식을 통해 기계적 생산 라인에서 조립되는 인조인간이었다(2004, p. 13). 이 희곡의 로봇 캐릭터를 취해 기계로 전환한 것은 1920년대 다른 예술가들이었다. 이들 쟁점을 좀 더 탐구하려면 로봇에 대해 역사적 관점에서 접근하고, 오늘날 실험실과 픽션에서 로봇이 발현되는 방식에 주목할 필요가 있다. 나는 지속적으로 발생하는 이 공포를 분리불안separation anxiety과 대비해 절멸불안annihilation anxiety이라 부르겠다.

　절멸불안은 존재론적 분리를 거부하는 분석적 입장(이는 인간과 비인간이 대등해지는 급진적 비본질주의anti-essentialism와 결합되어 있다)에 의해 생성된다. 『R. U. R.』과 영화 〈터미네이터〉에 현전하는 디스토피아적 공포는 종말 공포와 연결되어 있다. 하지만 로봇의 반란에 대한 공포는 인류 종말에 관한 존재론적 공포다(2016년에 예상되는 군사용 로봇 개발 예산이 80억 달러에 이르는 것[ABI Research 2011]으로 볼 때, 파괴의 물리적 위협이 허상만은 아닌 것 같다). 로봇은 제1차 세계대전의 폭력 그리고 기계가 초래한 전례 없는, 인간 생명의 파괴를 성찰하는 하나의 방식이다. 인류의 종말은 폭력과 긴밀하게 연결되어 있다. 인류의 궁극적 종말은 죽음으로 귀결된다.

절멸은 무엇을 의미하는가? 절멸은 복수의 의미를 포괄하는 용어 중 하나다. 나는 로봇과 인공지능 체계를 이해하는 분석 틀을 제안하면서 이 단어가 내포하는 모든 의미를 호출하고자 한다. 한편으로 절멸은 '절멸시키는 행위' 혹은 '절멸된 상태'를 의미한다(Webster's Third New International 1971, p. 87). 우리는 이미 메리 셸리Mary Shelly(1969)가 쓴 19세기 고전적 서사인 프랑켄슈타인의 괴물이라는 형태로, 혹은 인간이 인공지능의 배터리로 상상되는 영화 〈매트릭스〉 3부작(1999~2003)을 통해, 기술의 복수라는 구미식 서사에 익숙해져 있다. 절멸은 또한 '있음의 중지: 아무것도 아닌 상태'(Webster's Third New International 1971, p. 87)를 의미한다. 절멸을 뜻하는 'annihilation'은 동사 'annihilate'(종지부를 찍다) 그리고 라틴어 'annihilare'의 과거분사인 'annihilates'에서 파생했는데, 이는 1) 효과가 없도록 만들다, 2) 아무것도 아닌 것으로 간주하다, 3) 아무것도 아닌 것으로 환원하다 등의 뜻을 가진다(Webster's Third New International 1971, p. 87). 이들 의미는 종말과 아무것도 아닌 상태에 대해 성찰할 수 있는 또 다른 길을 연다. 이런 로봇 담론의 핵심은 인간을 아무것도 아닌 것, 즉 인류학적 이론화에서 인간을 특유성 없는 행위 주체로 환원하는 것을 강조한다. 또한 '아무것도 아닌 것으로 환원하는 것'은 인간과 비인간의 차이를 삭제해버리는 것과 관련된다. 인류학적 이론화가 '행위자-네트워크', '어셈블리지assemblages', '그물망meshwork', '반려종companion species' 등의 개념을 통해 촉진되는 '존재론적 전환ontological turn'의 양상을 보여주는 동안, 인간과 비인간은 상호 연결되고 심지어 그물망처럼 얽히고 있다(Latour 2005; Rabinow 2011; Ingold 2012; Haraway 2003). 절멸이라는 단어는 대중 언어에서 가지는 함의 외에 물리학에서도 특정한 의미를 띄는데, 이 또한 고려해볼 만한 가치가 있다. 이 단어는 물리학에서 "전자와 양전자가 결합해 결과적으로 입자로서의 성격을 상실하고 단파장 감마선으로 변화하는 과정"을 뜻한다(Webster's Third New International 1971, p. 87). 물리학적 의미에서 절멸은 단순한 사라짐이나 현상의 종말 이상의 무언가, 즉 두 형태로부터 다른 하나가 창출되기 전에 발생하는 병합의 단계를 뜻한다.

불교철학에서도 자아의 절멸은 인간이 득할 수 있는 최고의 단계다. 언캐니 밸리uncanny valley* 이론의 주창자이자 일본인 로봇학자인 마사히로 모리Masahiro Mori는 다음과 같이 말한다. "인류에게는 자기 혹은 자아가 있지만 기계에는 전혀 없다. 이 결핍 때문에 기계가 미치거나 무책임한 사물일 수 있을까? 전혀 그렇지 않다. 끊임없이 이기적

---

* 일본 로봇학자 마사히로 모리가 휴머노이드 로봇의 디자인 원칙을 구축하기 위해 사용한 개념인 '언캐니 밸리'는 '불쾌한 계곡', '섬뜩한 계곡' 등으로 번역되는데, 어떻게 번역하든 개념의 미묘한 뉘앙스와 풍부한 의미를 담아내기는 힘들 것 같다. 따라서 여기서는 굳이 번역하지 않고 원어를 한글 발음 그대로 표기한다.

인 욕망에 이끌려 형용 불가능한 행동을 하는 것은 다름 아닌 자아를 가진 인간이다. 인간의 자유 결핍(실제로 인간에게 자유가 결핍되어 있다면)의 근원은 바로 *자기중심주의*다. 이런 의미에서 *자아 없는 기계가 덜 방해받는*less hampered 존재를 영위한다"(Mori 1999, p. 49, 이탤릭체 강조는 필자). 모리는 『로봇 속의 부처 *The Buddha in the Robot*』라는 책에서 과학, 기술, 로봇에 대한 불교적 비전을 제시하고 있다. 불교철학에서는 상이한 사물들이 상호 연결된 관계 속에 있다고 간주한다. "나는 이런 종류의 문제를 숙고할 때 '어디에도 자아는 없다'라는 불교의 무아론을 떠올린다"(Mori 1999, p. 28).

마음은 초월적이고 신체는 내재적이라고 주장하는 데카르트 이원론은 존재론적 차이의 본질에 대해 무언가를 말해준다. 데카르트 이원론을 부정하는 과정에서 반이원론 범주들('사이보그', '그물망', '행위자-네트워크', '어셈블리지')이 부상해왔다. 하지만 이런 범주들은 상이한 실체들에 대해 여하한 존재론적 차이도 제시하지 않은 채 단순히 복수성multiplicity만을 제안한다. 데카르트 이원론은 여전히 해결되지 않았다. 즉 그것은 혼성적 병합의 형태로 살짝 옆길로 벗어나 있을 뿐이다. 이원론적 이론화에서 포착되는 존재론적 차이가 거부되면서 '나/자아'의 형태 또한 위협받고 있다. 로봇학자와 인공지능 이론가들이 인공적 존재를 창조하는 과정에서 이들 쟁점이 전면으로 부상하고 있다.

모든 것은 연결되어 있다

우리는 나비의 날갯짓이 다른 곳에서 태풍을 일으킨다는 카오스 이론(Gleick 1994)부터 시장, 노동, 재화, 서비스, 자본의 전 지구적 흐름을 강조하는 지구화(Erikson 2003)에 이르기까지 다양한 담론을 통해 '모든 것은 연결되어 있다'는 표현을 반복적으로 듣고 있다. 이와 관련해 메릴린 스트래선Marilyn Strathern의 논지를 고려해보자.

> 사회와 문화에 '경계가 있다'는 관념 그리고 한때 사회와 문화의 뼈대였던 체계와 구조가 비판에 처하면 처할수록 관계, 관계적인 것, 관계성이 (사회성의) 일차 동력으로 더 많이 호출된다. 구조, 분류 체계, 공변이covariation에서 관계를 확인하는 것은 물론이고, 지식, 창발적 배열 emergent configuration 혹은 공동구성co-construction의 모든 새로운 대상에도 관계라는 개념이 동등하게 강제로 적용된다. 이는 단순히 모든 것은 연결되어 있다는 수동적인 의미에서뿐만 아니라, *관찰자가 그 개념을 통해 현상을 나타나게 하고 그것을 조명한다는 능동적인 의미에서도 그러하다*(2014, p. 5; 이탤릭체 강조는 필자).

스트래선은 '현상을 나타나게 하는 능동적인 의미'라는 표현에서 모든 것들 사이에 존재하는 연결의 구성적 성격을 강조한다. 스트래선(2014, p. 10)은 이런 논점을 견지하면서 어떤 것이 다른 무엇인가와 결합하는 것은 구축되는 결합의 유형에 의존한다는 철학자 존 로크John Locke의 결합관notion of association을 발전시킨다. 로크의 결합 이론은 사이버네틱스 주창자 노버트 위너Norbert Wiener가 관심을 가진 주제이기도 하다. 위너는 고전이 된 저서 『사이버네틱스: 혹은 동물과 기계의 제어 및 커뮤니케이션Cybernetics: or Control and Communication in Animal and the Machine』에서 사이버네틱 체계 이론을 유기적이고 기계적이며 제어와 커뮤니케이션 체계를 통해 함께 연결되어 있는 것으로 요약한다(1961). 위너는 로크의 개념에 입각해 "아이디어 결합에 대한 로크의 이론에 신경 메커니즘을 부여할 가능성"(1961, p. 156)을 탐구한다. 위너는 이 문제를 탐구하기 위해 인간의 안면 인지를 예로 든다. "우리는 한 인간의 특징적 정체성을 어떻게 인지할까? 그의 얼굴 윤곽을 볼까 아니면 얼굴의 4분의 3 혹은 전체를 볼까?"(1961, p. 156). 스트래선과 마찬가지로 위너는 한 인격을 구성하는 부분들, 그리고 그 부분들이 점점 더 감소하더라도 어떻게 여전히 그 인격 전체를 나타내는지에 관심이 있었다(Strathern 1988).

도나 해러웨이가 주창한 페미니스트 사이보그 모델은 인간과 기계의 역사에서 중요한 의미를 띤다. 비록 출판된 지 20년도 더 지났지만, 해러웨이가 책에서 논의하는 사이보그는 로봇에 대한 다양한 문화적 상상과 대조할 때 독특한 무엇인가를 드러낸다. 해러웨이에게 사이보그는 유기체와 기계를 변별적 범주로 분리하는 것에 대해 평가할 수 있는 분석적 장치다.

사이보그 이미지는 사이언스픽션에서 부분적으로 인간이면서 부분적으로 기계인 생명 형태를 지시하기 위해 창조되었지만 결코 기술적 영역에만 국한되지 않는다. 오히려 사이보그 인류학은 보다 일반적으로 인간과 기계의 경계 그리고 그 경계를 구성하는 차이에 대한 우리의 생각을 민족지적으로 탐구함으로써 인간 특유의 문화적 생산에 주목할 것을 요구한다(Downey, Dumit, William 1995, pp. 264-265).

해러웨이는 사이보그를 사회적 관계를 비판하는 도구로 활용하는데, 이런 의미에서 사이보그는 로봇과 유사하다. 로봇 개념의 창조자인 차페크가 상상하는 로봇이 인간과 비인간의 경계 붕괴에 대한 공포를 표현한다면, 해러웨이의 사이보그는 그 경계 붕괴를 주어진 것으로 간주한다. 그녀는 정치적인 논의에서 경계 붕괴를 한 단계 더 밀어붙인다.

나는 이어지는 정치적 픽션(정치·과학적)의 분석을 가능하게 하는 세 종류의 결정적인 경계 붕괴를 제시하고자 한다. 20세기 후반에 이르러 미국의 과학문화에서는 인간과 동물의 경계가 완전히 허물어졌다……두번째 구분은 동물-인간(유기체)과 기계 사이의 구분이다……세번째 구분은 두번째의 하위 세트다. 즉 우리에게 육체적인 것과 비육체적인 것의 경계가 매우 불명확해졌다(1991, pp. 151-153).

해러웨이에 따르면 모더니즘을 구성하는 우주론들이 새로운 기술과 페미니스트 이론화를 통해 의문에 붙여졌다. 사이보그는 경계의 침해와 경계의 재기발랄한 해체를 상징한다. 사이보그 전성기는 아마도 1980년대였을 것이다. 이는 로봇의 이론화에 중요한 아날로그적 (그리고 디지털적) 상징이다. 사이보그는 반이원론적·반본질주의적인 상징적 구성물이다. 이는 해러웨이가 자신의 논문에서 이들 입장과 살아 있는 현실에 대한 사회적 이론화 사이에 경계선을 그으면서 가부장제, 식민주의, 자본주의를 비판적으로 공격한다는 점에서 그러하다(Haraway 1991). 로봇도 마찬가지로 모더니즘과 계몽주의를 비판하는 대상으로 동일한 목적에 봉사했다. 하지만 차페크의 로봇은 후일 우리 시대의 사이보그처럼 역설적인 찬양이 아니라 일종의 악몽이었다.

팀 잉골드^Tim Ingold(2012)는 이른바 '그물망'이라 부르는 인격과 환경 간 되기^becoming의 상황적 측면에 주목하면서 해러웨이가 주장하는 상호 침윤적인 기계-유기체 배열을 가진 사이보그에 대해 하나의 대안적 준거 틀을 제시한다. 그는 "신체적 움직임과 물질적 흐름의 뒤얽힌 선들이 내가 다른 곳에서 그물망이라고 부르는 것을 구성하는데, 이는 연결된 실체들의 네트워크에 반대되는 것이다. 그리고 이 그물망은……생명의 망 그 자체와 다르지 않다"(p. 435; 이탤릭체 강조는 필자). 잉골드는 자신의 모델을 라투르(2005)가 제안한 결합 네트워크 모델과 구별한다. 그물망에는 독특한 행위 주체가 존재하지 않는다. 내가 이해하기에 그물망은 또 다른 네트워크다. 비록 좌표들이 상이한 배열들 속에 설정되지만 인간 행위 주체의 본질주의적 측면은 여전히 상실되어 있다. 그물망은 그물에 걸린 상태와 분리될 수 없는 상황을 뜻하는 용어인 '포획enmeshment'과 공명한다. 인류학적 이론화에서 이들 탐구 노선은 인간을 아무것도 아닌 것으로 환원하고, 대신 수많은 부분으로 구성된 다수성에 대해 논의한다.

라투르(2005)와 라비노(2011)는 이들 인간과 비인간의 복잡한 다수성을 묘사하기 위해 '어셈블리지'라는 용어를 선호한다. 스트래선은 『역으로 관계 읽기Reading Relations Backward』라는 책에서 라비노를 다음과 같이 인용한다.

> 어셈블리지는 기존의 사물들로 구성되는데, 다른 기존 사물들과 관계 맺을 때 본래 사물에 내재하지 않고 오직 그 어셈블리지 내에서 구축된 관계 속에서만 존재하는 다른 능력을 가지게 된다(Rabinow; Strathern 2014, p. 4에서 재인용).

인간과 비인간을 '어셈블리지', '네트워크' 혹은 '그물망'이라고 할 때 이는 무엇을 의미할까? '기존 사물이 다른 기존 사물과 관계 맺을 때 본래 사물에 내재하지 않는 능력을 가지게 된다'는 것은 또 무슨 의미일까? 이렇게 원형들의 조합이 계속 새로운 원형의 창발로 이어진다고 주장하는 것은 흥미로운 입장이다. 진정 창의성은 상이한 사물들 사이에서 이루어지는 끊임없는 조합의 결과일까? 이는 MIT 건축팀이 프랭크 게리 빌딩을 지을 때 염두에 두었던 것이다. 그들은 이 건물의 설계 철학을 '소통적 사회성communicative sociality'이라고 표현했는데, 이는 이 건물 인테리어의 확장적인 개방—기획 디자인을 통해 설명된다. 나는 MIT에 온 지 1년이 지난 2004년에 모든 연구자와 함께 레이 앤 마리아 스타타 센터(이하 스타타 센터–옮긴이)로 이사했다. 이 빌딩은 MIT 캠퍼스에서 건축가 프랭크 게리가 설계한 건물로 유명하다. 새 입주자들은 이 빌딩에 마감 처리를 하지 않은 걸 매우 싫어했다. 건축팀의 한 사람은 내게 '소통적 사회성'에 담긴 철학에 대해 다음과 같이 설명했다.

누군가 하나의 공간을 걸어서 통과할 때 게시판에서 무언가를 볼 수 있고, 다른 공간을 통과할 때는 다른 무언가를 볼 수 있다. 그들은 이런 식으로 상이한 부분들을 조합할 수 있기 때문에 창조적일 수 있다(필자가 나눈 개인적 대화 2004).

게리 건축팀은 건조 환경을 통해 라비노의 '어셈블리지' 한 판본을 창출하고 있었다. 아이러니한 점은 게리 빌딩이 20번 빌딩 옛터 위에 건축되었다는 사실이다. 20번 빌딩은 몇 년 동안만 사용할 목적으로 지은 조립식 건물인데 그 자리에 게리 빌딩을 짓기 위해 철거되기 전까지 약 40년 동안 사용되었다. 20번 빌딩은 건축비가 300만 달러나 되는 게리 빌딩과 달리 단 몇만 달러밖에 들지 않았고 거창한 설계 철학도 적용하지 않았는데, 그 안에서 혁신적인 레이더 개발이 이루어진 것으로 유명하다(Dey 2007).

게리 빌딩의 설계 혹은 라비노의 어셈블리지 개념과 관련해 다음과 같은 질문을 던져봐야 한다. 어셈블리지의 한 부분은 다른 부분과 얼마나 차이가 날까? 이와 관련된 적절한 유비를 컴파일러compiler라는 일종의 어셈블리지 장치에서 찾아볼 수 있다. 컴파일러는 로봇학자들이 상이한 기계 체계와 전자 체계를 함께 결합할 때 사용하는 컴퓨터 프로그램이다.

컴퓨터 유비는 중심 행위자가 없는 부분들의 복수성을 묘사하기 위해 라투르가 구상한 '네트워크' 이론의 개념화에 결정적으로 중요했다. 월드와이드웹World Wide Web의 창시자 팀 버너스리Tim Berners-Lee는 원래 『무엇이든 물어보세요Enquire Within upon Everything』*를 뜻하는 소프트웨어 프로그램 인콰이어Enquire를 설계했다(1999, p. 1). 버너스리는 스위스 유럽입자물리학연구소CERN에서 연구원으로 일할 때 상이한 실체들 간의 연결에 관심을 가지고 심취했다.

버너스리는 「얽힘, 연결 그리고 웹Tangles, Links and Webs」이라는 제목의 장에서 웹 시스템 연구의 밑거름이 되었던 자신의 관심을 설명하고 있다.

극단적으로 보면 세계는 단지 연결에 불과한 것으로 보일 수 있다……
실제로 그 외에는 거의 의미가 없다. 구조가 모든 것이다. 우리 뇌에는 수십억 개의 뉴런이 있지만, 뉴런이 무엇인가? 단지 세포에 불과하다.

---

* 1856년 런던 패터노스터 광장의 홀스턴앤선즈Houlston and Sons 출판사가 출간한 가정생활 관련 핸드북형 백과사전이다. 로버트 K. 필프Robert Kemp Philp가 편집한 이 책은 수많은 새 판본으로 계속 출판되었는데, 그때마다 새로운 최신 정보와 내용이 추가되고 해묵은 자료는 때로 삭제되었다. Wikipedia 참조, 〈https://en.wikipedia.org/wiki/Enquire_Within_upon_Everything〉 (2021년 1월 15일 검색).

뇌는 뉴런들 사이의 연결이 만들어지기 전까지 아무런 지식을 가질 수 없다. 우리가 알고 있는 모든 것, 즉 우리 존재의 모든 것은 뉴런이 연결되는 방식에서 비롯한다(1999, p. 14).

상호 연결된 노드, 어셈블리지, 사이보그, 메시워크, 그리고 행위자-네트워크라는 평평한 존재론적 모델flat ontological model*은 정보 체계에 관한 로봇학·인공지능 모델과 인류학적 이론화 사이의 유사성을 보여준다. 나는 MIT에서 발견한 민족지 자료를 설명하는 데 도움을 받기 위해 인류학 분야에서 발달한 이론적 모델을 사용하는 인류학자로서 이 유사성에 주목해야 할 필요성을 깨달았다.

나는 특히 인간-기계 양식modality을 구성하는 평평한 존재론적·탈중심적·반위계적 체계에 초점을 맞춘다는 점에서 인류학 이론가, 컴퓨터과학자, AI 과학자, 로봇학자들이 발전시켜온 준거 틀에 많은 유사성이 존재한다는 점을 분명히 하고 싶다. MIT 로봇학자들과 인공지능 연구자들은 새로운 인공적 실체를 창조하고 이들 실체를 다시 인간에 대한 성찰의 한 방식으로 활용하고 있다.

나는 로봇 과학과 인공지능 분야가 인간-비인간 관계에 대한 기저 개방성underlying openness을 어떻게 공유하고, 이것이 사회적인 것의 급진적인 재정의를 어떻게 수반하는지를 보여줄 것이다. 이 책에서 나는 이를 기계적 사회성mechanical sociality이라 부르겠다.

---

* 모든 존재는 스케일에 관계없이 그 자체로 우열이 없다는 전제로부터 출발해 존재들 간의 위계를 거부하고 모든 존재를 대칭 관계 속으로 편입시키는 철학적 존재론의 하나.

기계적 사회성

사회성을 인간 고유의 특질로 정의하는 일은 지난 수십 년 동안 논박되어왔다(Appadurai 1986; Latour 1993, 2001, 2005). '사회적인 것'이 인간 주체로부터 완전히 분리되어 모든 곳에서 발견되고, 또 그것을 통해 행위 주체가 발휘하는 효과에 초점을 맞출 수 있다(Latour 2001). 2000년대 초 로봇 실험실에서 이루어진 소셜 로봇의 부상은 인간-로봇 관계를 성찰하는 새로운 방식을 보여주었다. 1950년대에 컴퓨팅의 하위 분야로 발전한 인공지능은 기계에 인간의 지능을 시뮬레이션하는 데 초점을 맞추었다. 인간의 주체성이 컴퓨터 시스템 내에 존재하지만 기계의 신체는 이들 기능과 무관했다. 대조적으로 로봇은 인간과 더불어 행동하는 방식에 초점을 맞춤으로써 기계의 신체에 사회적인 것을 덧씌우는 방법을 제공했다. 로봇학자들은 이것을 '상황적 학습situated learning', '상황적 행동situated action' 혹은 '행동 기반 로봇학behavior-based robotics'이라 불렀다. 이들 모든 상이한 배열은 *제한된 세팅 내에 있는(in situ)* 기계의 현재적 측면에 초점을 맞추고 있다. 로봇학자들에게 사회성은 사회적으로 상호작용하는 의례에 기반을 두고 있다. 한 로봇이 '사회적인' 방식으로 행동하고 사람들을 상호작용으로 유도할 수 있다면, 이는 그 로봇이 성공적인 사회적 기계라는 증거가 된다. 따라서 로봇학에서 사회성은 현재 행위자들 사이의 간개체적 공간interpersonal space에 위치한다. 즉 그것은 인간과 로봇 사이의 미시적 상호작용 관계 속에 존재한다. 대조적으로 디지털 온라인 소셜 네트워킹은 네트워크를 통해 사회적 의미를 운반한다. 온라인으로 진행되는 사회적 상호작용도 중요하지만, 나는 로봇이 만들어지는 과정에서 사회성이 부상할 때 MIT 로봇학자들이 조정과 성찰을 통해 그것을 구성하는 방식에 사회성 논의를 한정하고자 한다.

비록 사회성sociality이 아니라 유대solidarity라는 단어를 사용했지만 전통 사회를 "기계적 유대"로, 산업사회를 "유기적 유대"로 묘사한 에밀 뒤르켐Émile Durkheim(1965)에 대한 언급 없이는 기계의 사회성에 대한 논의가 불가능하다. 이들 용어는 매우 중요하다. 사회학자로서 현대 사회의 문화 변동을 목도했던 뒤르켐에게, 유대는 사회 내 개인과 개인을 연결하는 접착제로서 사람들을 결속하고 묶는다. 뒤르켐이 전통 사회를 일종의 기계로, 현대 사회를 일종의 유기체로 조명한 것에 대해 성찰해볼 가치가 있다. 이는 단순히 탈현대 사회를 살아가는 우리가 기계적 네트워크에 갇혀 있는 것으로 보이기 때문만은 아니다. 인류학적 이론화에서 발생한 포스트휴머니스트적 전환은 이런 이론적 모델을 강조하고, 캐런 버러드Karen Barad(2003) 같은 인류학자들은 '관찰자'와 '피관찰자' 사이의 이원론적 분리를 거부하면서 '포스트휴먼 수행성posthuman performativity'과 '내적−행위 주체 사실주의intra-agentive realism'를 주창한다. 버러드는 "행위 주체 사실주의라는 나의 이론적 정교화를 통해 보면 현상은 단순히 '관찰자'와 '피관찰자'의 인식론적 분리 불가능성만을 드러내지 않는다. 오히려 현상은 내적으로 행위하는 주체 '구성 요소들'의 존재론적 분리 불가능성을 보여준다"(2003, p. 815)라고 주장한다. 즉 버러드는 상이한 행위 주체들의 존재론적 분리와 특유성을 부정한다.

전통 사회는 일종의 기성 구조에 갇혀 있었지만 현대 사회는 끊임 없이 변화하고 심지어 진보한다. 라투르 같은 최근의 과학사회학자 들은 사회성에 대한 뒤르켐의 19세기 모델을 논박해왔다. 라투르는 사회성을 인간에게 특유한 것으로 정의하는 뒤르켐의 사회이론과 대 조적으로 사회성에 대한 여러 모델을 부활시켰다. 라투르는 최근「가 브리엘 타르드와 사회적인 것의 종말Gabriel Tarde and the End of the Social」이 라는 논문에서 '행위자-네트워크 이론', 즉 ANT는 사회이론에서 '사회적'이라는 단어의 사용을 끝내고 그것을 '결합association'이라는 단어로 대체하려는 신중한 시도라고 적고 있다(Latour 2001, p. 117). 스 트래선은 로크의 결합 이론과 라비노를 연결해 전자를 라비노의 '어 셈블리지' 개념의 역사적 전례로 간주한다(Strathern 2014, p. 7). 특별 히 인간적인 특질로서 사회성은 인간과 비인간 부문을 분리하는 토 대로 작용했다. 인간은 '사회화되었다'. 즉 인간은 현대 사회에서 특 별한 종류의 개체적 인격으로 전환되었다(Simmel in Joyce 2002, p. 1). 혹은 인간은 "'가족'과 '국가' 영역 사이 어딘가에 존재하는 일종의 사회적 상호작용"(Withington, Strathern 2014, p. 10 재인용)으로 상상되 는 '사회' 속에 살았다.

로봇학자들이 자신이 제작하는 로봇에서 일종의 '인간'을 의식적 으로 창조하고 있는 동안, 라투르를 위시한 과학사회학자가 이끄는 사회과학자들은 '사회적인 것'이라는 개념을 포기하고 있었다(2002). 슈테판 헬름라이히Stefan Helmreich(1998)는 1990년대 미국의 산타페 연구소Santa Fe Institute에서 이루어진 인공생명 관련 선구적 연구에서 연구소의 연구자들이 인공생명의 컴퓨터 시뮬레이션 과정에서 재구성되는 성, 인종, 젠더, 계급의 규범적 모델에 무지하다고 반복적으로 비판했다. 내가 MIT에서 관찰한 로봇학자들은 인종, 계급, 젠더를 의식하고 있었지만 아무도 자신이 창조한 로봇에서 이들 규범적 스테레오타입이 재생산되는 것을 원하지는 않았다. MIT 연구자들은 로봇을 창조할 때 그것이 기계라는 사실에 혼란이 없도록 확실히 하고, 모든 기계적 부분이 드러나게 하며, 인종을 표식할 수 있는 어떤 색상도 사용하지 않음으로써 창조물의 '피부'를 인종화하는 것을 피했다. 로봇학자들은 성별화된 기계의 재생산을 피하고, 자신의 기계를 무젠더적인 것으로 유지하고자 했다. 또한 로봇을 '하인'이나 '노동자'처럼 계급적 표식을 가진 범주 대신 동료, 친구, 어린이로 불렀다.

로봇학자들은 사회성이 인간과 로봇 간 상호작용의 결과라고 제안한다. MIT에서 소셜 로봇을 제작하는 과정에서 이들 로봇은 어린아이로 상상된다. 성인은 부모나 보호자 역할로 로봇 기계와 관계 맺도록 권장되었다. 이런 상호작용적 교환을 촉진하기 위해 로봇은 위협적이지 않거나 심지어 귀여운 형태로 특별히 설계되었다. 어린아이로서의 로봇과 부모로서의 인간은 새로운 애착 유형의 가능성을 열었는데, 이는 애착의 과학을 탐구하고 근본적으로 인간이 다른 인간과 어떻게 유대 관계를 형성할 수 있는지 그리고 그런 애착 패턴이 어떻게 기계로 전이될 수 있는지에 대해 질문하게 한다.

로봇학자들이 어린아이를 모델 삼아 소셜 로봇을 창조하고 설계하는 데 방점을 두는 것은 아마도 당대의 사회적 삶에서 차지하는 어린아이의 중요성 때문일 것이다. 이들 로봇의 개발에 필요한 재원이 미군의 한 부서인 DARPA에서 조달되지만, 연구용 로봇이 군사적 목적과 직접 연관되어 있는 것처럼 보이지는 않는다. 이들 어린아이 로봇의 개발 과정에서 얻은 연구 결과는 다소 비밀스럽게 군사적으로 활용된다. 군 조직은 학술기관의 연구에 연구비를 제공하지만, 군사 도구는 군 연구센터에서 직접 개발한다. 로봇 키즈메트Kismet가 그 사례다. '귀여운' 어린아이같이 생겼고 신체가 없는 휴머노이드 머리인 이 로봇은 신시아 브리질Cynthia Breazeal이 이끄는 MIT 연구팀이 DARPA와 MARS 프로젝트로부터 연구비를 받아 설계했다. 웃고, 찡그리고, 지루해하며, 한숨도 쉬는 표정을 가진 로봇 얼굴 키즈메트는 실험실 내 연구의 때로 모순적인 성격과 연구비를 제공하는 조직의 에토스를 보여준다.

인류학적 이론화에 방점을 둔 인간 모델은 무엇인가? 인류학은 '인간'에 대한 연구를 통해 진화해온 분과 학문이다. 따라서 인류학이 인간 행위 주체를 아무것도 아닌 것으로 환원하는 데 앞장서고 있는 상황이 한편으로 적절해 보이기도 한다. 라투르는 "모더니티가 흔히 '인간'의 탄생을 찬양하거나 인간의 죽음을 선포하기 위한 일환으로 인본주의적 관점에서 정의되어왔다"(1993, p. 13)라고 주장한다. 라투르에게 인식론적 문제는 "모더니티가……'비인간' 존재(사물, 대상 혹은 동물)의 동시적 탄생을 간과했을 뿐만 아니라, 부수적인 것으로 배제되면서도 새롭게 시작한 신의 기괴한 존재 방식을 간과했기"

(1993, p. 13) 때문에 발생한다. 여기서 방법론적 문제가 하나 발생한다. 그것은 정반대 형태의 사고로 되돌아갔는데 결과적으로는 다시 이원론적 사고로 회귀하는 일 없이 이원론을 어떻게 극복할 것인가라는 문제다.

라투르는『우리는 결코 근대인이었던 적이 없다*We've Never Been Modern*』에서 "포스트모더니즘은 참신한 해결이 아니라 하나의 징후에 불과하다. 그것은 근대 헌법 아래 존속하지만 그 헌법이 제시하는 보장을 더 이상 신뢰하지 않는다"(1993, p. 46)라고 적고 있다. 라투르는 '전근대', '근대', '탈근대'가 모두 상호 연결된 범주로서 서로를 기반으로 구축된다고 주장한다. '근대'라는 범주는 실체들의 정화*(자연/문화, 인간/비인간)를 강조한다. 대조적으로 '전근대'라는 범주는 실체들의 하이브리드화**에 방점을 둔다. 탈근대는 근대적 비판의 토대를 부정하지만 "근대성은 비판의 토대에 대한 신뢰 없이 비판을 계속하는 일 외에 아무것도 할 수 없다"(1993, p. 46). 라투르는 행위 주체를 구성하는 본질주의적 범주들의 재설정을 목표로 한다. "행위는 단순히 인간만의 특질이 아니라 액턴트***들의 결합association of actants이 갖는 특질이기도 하다"(1999, p. 182). 행위가 인간만의 특질이 아닌 때 행위의

---

*　근대적 이분법을 구축하기 위한 인식론적 과정으로 실제로는 겹쳐져 있거나 상호 확산되어 있는 자연과 문화 혹은 인간과 비인간을 깔끔하게 구분해서 본질적 차이가 있는 것으로 범주화하는 비대칭적 개념화 과정이다.

**　'정화'와 대비되는 개념으로 자연과 문화 그리고 인간과 비인간 사이의 범주적 경계가 허물어지고 뒤섞이는 과정을 지칭한다.

***　라투르는 이 용어를 인간 행위자와 비인간 행위자를 아우르는 개념으로 사용한다.

결과는 무엇일까? 라투르의 하이브리드 개념은 인간과 비인간의 상호 관계를 구성한다. '정화 작용'은 라투르가 근대에 부여한 속성이고 행위자-네트워크 이론가들은 '번역'과 '하이브리드 네트워크'의 형성을 탐구한다(1993, p. 11). 근대적 기획은 하이브리드를 정화하는 것이다. 그렇지 않으면 하이브리드는 "끊임없는 정화, 심지어 광적인 정화를 통해 어떻게든 회피해야 할 공포"(Latour 1993, p. 112)를 재현한다. 이런 접근에서는 무엇이 희생되는가? 라투르의 이론화는 인간과 비인간이라는 변별적 범주 사이의 사회적 관계를 하이브리드 네트워크에 적합하게 재형성한다. "우리는 사회적 관계에 대한 배타적인 관심에서 벗어나 비인간 액턴트들, 즉 사회를 하나의 지속 가능한 전체로 결속시키는 가능성을 제공하는 액턴트들을 포함해 직물을 직조해야 한다"(Latuor 1991, p. 103).

라투르는 궁극적으로 "나는 단순히 정부의 두 부문, 즉 과학기술이라 불리는 사물의 영역과 인간의 영역 사이에 대칭성을 재구축했을 뿐이다"(1993, p. 138)라고 주장하며 인간과 사물 간의 존재론적 · 본질주의적 차이를 부정한다. 상이한 사물들 사이의 대칭성을 재구축하는 과정은 상반되는 두 종류의 분석 작업을 수반한다. 그것은 사물들로 하여금 근본적으로 분리되어 있고 구별되어 있으며 따로 떨어져 있고 카오스적인 것으로 보이게 만드는 한편, 사물들을 하나로 병합한다.

라투르 모델에서 다른 경로는 없을까? 즉 인간 주체성의 방어는 항상 정화의 행위일까? 나는 이어지는 논의에서 하이브리드를 편리

하게 포용해 새로운 방식으로 설계하고 발전시키는 테크놀로지에 초
점을 맞춤으로써 로봇 제작이 어떻게 이들 입장에 문제를 제기하는
지를 보여주고자 한다. 로봇과 인공지능 시스템은 하이브리드 시스
템의 한계를 보여준다. 인공지능과 사회적 로봇은 인간-비인간 애착
이 재구성되는 새로운 하이브리드를 창출하려고 시도한다.

인간을 기계에 부착하기

사회적 로봇과 사회적 기계의 응용적 측면을 탐구하는 과정에서 애
착과 분리 사이의 연결이 전면으로 부상하게 될 것이다. 『로봇과의
사랑과 섹스: 인간-로봇 관계의 진화*Love and Sex with Robots: The Evolution of
Human-robot Relationship*』(2009)에서 컴퓨터 프로그래머 데이비드 레비David
Levy는 인간-로봇 관계의 한 사례를 제시한다. 그는 현재 분열 상태
를 보여주는 인간-인간 관계의 관찰을 토대로 그런 가능성을 논한
다. 레비는 성 노동자의 광범위성을 논하면서 로봇이 이 역할을 대신
할 수 있을 것이라고 주장한다. 레비의 로봇 사례는 인간관계가 너무
어지럽고 복잡하다는 점 그리고 인간이 원하는 것을 수행하도록 프
로그램화된 로봇에 대한 몰이해가 존재하지 않는다는 점을 전제로
한다. 레비는 한 걸음 더 나아가 만약 로봇이 너무 예측 가능하고 순
종적이라면 프로그램을 수정해 인간에게 좀 더 저항적으로 만들 수
도 있을 것이라고 생각한다. 레비의 책은 이미 남성과 여성 모두 어느
정도 몰인격적 상태(즉 바이브레이터 같은 대체용 성적 자극제나 성 노동자

를 활용해)에서 성적 쾌락을 추구하기 때문에 기계와의 섹스와 사랑이 가능하다고 논증한다. 그는 다음과 같이 설명한다.

로봇과의 경험이 매춘부를 찾는 쪽보다 더 호소력을 가질 것이라는 명백한 이유는 로봇이 애정을 포함한 여러 가지 감정을 표현하는 데 상당히 설득력 있는 태도를 갖출 것이기 때문이다. 진정한 열정은 없으면서도 매춘부가 상대를 설득하기 위해 연기하는 가짜 애정 대신에 로봇의 감정은 프로그램으로 입력되어 로봇의 일부가 된다(Levy 2009, p. 206).

자폐증 전문가 사이먼 배런코언Simon Baron-Cohen(2011)은 공감의 결여라는 테마를 제기한다. 그는 『영도의 공감Zero-Degree of Empathy』에서 폭력, 학대, 살인은 오직 개별 인간들 사이에 공감이 결여돼 있기 때문에 가능하다고 주장한다. 그는 자폐증이 공감이 '영도'인 상태이고 남성적 조건의 극단적인 형태라고 주장한다. 로봇은 애착이 파괴되었거나 비정상 상태, 즉 자폐 스펙트럼 장애autism spectrum disorder를 가진 아동과 성인을 지원하는 데 도움이 될 수 있다. 사람들은 오늘날 인간관계가 혼란스럽고 불만족스러우며 공감과 애착이 결여돼 있다고 생각한다. 인간은 이미 이런 방식으로 상호 관계를 맺고 있으며, 동일한 상황에서 기계가 인간과 유사한 방식으로 행동한다면 그럴듯한 하나의 대안이 될 수도 있을 것이다. 최근 로봇이 이런 역할을 수행해야 한다는 제안이 부상하고 있다.

공감과 애착이 결여된 현실의 인간관계와 대조적으로 MIT의 로봇학자들은 인간과 로봇 사이의 애착적 결속을 만들어내려고 시도한다. 하지만 여기서 사회적인 것은 수행적이고 각본화된 것, 즉 예측 가능한 일련의 행동으로 재구성된다. 로봇학자들은 자신의 로봇을 레비가 희망하는 성 노동자를 닮은 형태로 설계하지 않는다. 대신 MIT(그리고 그 외의) 실험실의 로봇들은 어린아이 이미지를 따라 만들어진다. 이들 로봇학자의 철학은 로봇을 인간의 관계적 동반자로 창조해내는 것이다. 내가 '반려자'라는 단어를 '중요한 타자'로서 그 범위를 비인간에게까지 확장해 사용하는 경우를 처음 들은 것은 MIT 실험실의 로봇학자들 사이에서였다. 도나 해러웨이는 『반려종 선언: 개, 사람 그리고 중요한 타자』*The Companion Species Manifesto: Dogs, People, and Significant Otherness*』(2003)라는 책에서 이 테마를 논하면서 인간과 개로 구성된 자연-문화 혼합 생활 세계를 제안한다. 이런 입장의 강조는 다종민족지*multispecies ethnographies*(Kirksey & Helmreich 2010)와 타자성(Haraway 2003)에 관심 있는 인류학자들에게 사회성의 한 모델로 작용한다. 또한 이것은 로봇학자들에게 그와 같은 관계의 가능성을 로봇 기계로 확장하는 것이기도 하다.

　로봇은 자폐아동의 치료를 돕고 성적 반려자가 됨으로써 인간의 사회적 관계에 발생한 빈틈을 메우는 데 도움을 주는 것으로, 그리고 늘어나는 노령 인구를 위해 친구나 반려자가 될 수 있는 것으로 상상된다(Robertson 2007). 기술사회학자 셰리 터클*Sherry Turkle*은 『홀로 함께: 왜 우리는 서로 덜 기대하면서 기술에 더 많은 것을 기대할까*Alone Together: Why We Expect More from Technology and Less from Each Other*』(2011)에서 인간의 사회적 관계가 인공적인 것으로부터 위협받고 있다고 경고한다. 터클은 이 주제를 『제2의 자아: 컴퓨터와 인간의 정신*The Second Self: Computers and the Human Spirit*』(1984)을 출판한 이래 지속적으로 연구해왔다. 이 책은 아동이 새롭게 컴퓨터화된 기술과 어떤 방식으로 애착을 형성하는지를 탐구한다.

그렇다면 로봇 기계는 왜 인간관계에 도움이 되는 것으로 부상하고 있을까? 사회적 집합체로 살아가는 여타 생명체에서 관찰되듯이 (Latour 2001; Haraway 1991; Enfield & Levinson 2006) 사회적인 것이 인간만의 특질은 아닌데 사회적인 것을 기계로 확장하는 일은 당대에만 발견되는 특유한 현상이다. 실리콘밸리의 공통 메시지는 '사회적인 것', 즉 사회적 컴퓨팅, 사회적 네트워킹, 사회적 기계 그리고 소셜 로봇이다. 개인과 개인의 수준에서 사회적인 것은 한 개체와 다른 개체 사이에 존재하는 상호 대화의 공간이다(Buber 1937; Stawarska 2009). 사회적인 것은 제스처, 발성, 발화, 행동, 관심의 공유, 인식과 정서적 교환으로 구성된다(Enfield & Levinson 2006). 이들 신호를 읽는 데 장애가 있다면 아동이든 성인이든 어려움을 겪을 수 있다. 자폐증을 가진 아동과 성인은 타인이 보내는 신호와 행위의 의미를 읽어내는 데 어려움을 겪는다(Baron-Cohen 1995). 자폐증이 사회적 상호작용의 어려움을 뜻하듯이 MIT 로봇학자들이 로봇 기계를 일종의 자폐적 인격, 즉 사회적 신호를 읽고 적절하게 반응하는 능력이 부족한 실체로 상상하기 시작한 것이 전혀 놀랍지 않게 다가올 것이다(Scasselate 2001). 우리는 장애를 가진 사람과 기계 사이의 유비가 로봇 제작의 한 측면으로 되풀이되고 있음을 알 수 있다.

테크놀로지 분야에서는 사회적인 것에 고유한 의미와 삶을 부여하고 있는 것으로 보인다. 그 한 예를 마르크스Karl Marx에게서 찾아볼 수 있다. 마르크스는 『자본론Das Kapital』에서 "한 개인의 노동을 나머지 세계와 연결하는 관계는 실제로 노동하는 개인들 사이의 직접적인 사회적 관계가 아니라 개인들 사이의 물질적 관계와 사물들 사이의 사회적 관계로 나타난다"(Marx 1974, p. 78)라고 적었다. 로봇학자들은 특정한 개인들, 즉 노인(Robertson 2007), 자폐아(Dautenhahn & Werry 2004), 그리고 (언젠가 기술이 충분히 발달하면) 정서적 애착과 성적 관계의 욕망을 형성하는 데 어려움이 있는 일부 성인(Turkle 2011; Levy 2009)을 기술의 혜택을 받을 가능성이 있는 잠재적 대상으로 간주해 왔다. 이들 상이한 인구 집단은 심각한 애착 문제로 고통받고 있다.

로봇은 이들 모든 영역에서 인간을 돕기 위해 창조된다. 나는 이 모든 상이한 유형의 애착 장애를 '애착 상처attachment wounds'라고 부르려 한다. 기계는 현대적 애착 상처로부터 우리를 구원하는 존재로 상상된다. 기계는 다른 사람, 즉 애인, 친구 혹은 치료사를 대신해 행위할 수 있다.

뒤르켐은 현대 사회의 '아노미anomy'를 살아 있는 존재와 분리된 상태로 묘사한다(Durkeim 1952). 아노미는 사회 내 개인의 수준에서 느끼는 절망의 상태를 지칭한다. 뒤르켐이 애착과 분리를 각각 유대와 아노미 개념으로 묘사했지만, 이론가들이 인간들 사이에서 애착이 형성되는 방법에 천착하기 시작한 것은 20세기 초부터다. 로봇학자들은 인간이 로봇의 발달에 도움을 줄 수 있고, 로봇의 발달은 다시 다음과 같은 주요 질문을 던지게 한다고 주장한다. 인간은 실제로 어떻게 서로 간에 유대를 형성하는가? 인간은 어떻게 서로를 인간으로 만드는가? 유대 관계가 붕괴할 때 어떤 일이 발생하는가?

존 볼비John Bowlby는『애착과 상실Attachment and Loss』(1981)이라는 획기적인 연구에서 애착 이론을 개괄하면서 아동이 정상적으로 성장하는 데 필요한 안정적이고 애정 어린 유대의 중요성을 강조한다. 볼비는 애착 형성 과정에 세 가지 중요한 단계가 있다고 주장한다. 아동은 일차적인 돌봄 제공자와의 안정적인 관계가 교란될 수 있는 부모의 죽음, 전쟁 혹은 여타 위기로 인해 애착 형성 과정이 붕괴하면 저항, 절망, 분리로 표현되는 신경성 분열 증세를 보인다. 볼비의 새로운 애착학은 1950년대에 세계보건기구WHO에서 일한 결과다. 그는 여기서 아동 정신건강 치료에 대한 보고서를 준비하면서 "정신건강에 가장 중요한 핵심은 유아와 아동이 엄마와 따뜻하고 친밀하며 지속적인 관계(그 속에서 양자 모두 만족과 즐거움을 찾는)를 경험해야 한다는 것이다"(1981, p. 12)라고 적었다. 볼비의 모성 애착motherly attachment 논리에 저항한 것은 마르크스주의 페미니스트만은 아니었다. 정신분석학자 멜라니 클라인Melanie Klein(볼비의 멘토)은 "볼비 박사, 우리는 현실을 우려하는 것이 아니라 오직 판타지를 우려하는 것입니다"(Kagan; van der Horst 2011, p. 21 재인용)라고 주장했다. 볼비의 연구는 엄마와 자녀의 관계와 그들 간의 분리, 엄마가 아동을 다루는 방식(무의식적 태도), 그리고 가족 내 질병과 사망에 초점을 맞추고 있다(Bowlby 1981, pp.

21-22). 그는 애정 어린 애착이 한 아동의 발달에 가장 중요하다고 본다. 볼비에게 애착의 '발달 과정'은 인간을 독특한 존재로 만드는 데 결정적이다. "인간 발달에서 연구가 가장 덜 된 단계는 아동이 자신을 가장 독특하게 인간적인 존재로 만드는 모든 것을 획득하는 단계라는 점이 진실이다"(1981, p. 423)라고 볼비는 적고 있다.

지그문트 프로이트Sigmund Freud는 성인의 생활 세계를 규정하는 데 아동기 경험이 갖는 중요성을 진지하게 다루고, 아동기 경험의 유형을 성년기 신경증과 연결한 최초의 학자다(Freud 2003; Bowlby 1981, p. 424). 프로이트는 1910년 출판된 『레오나르도 다빈치와 그의 아동기에 대한 기억Eine Kindheitserinnerung des Leonardo da Vinci』에서 다빈치 예술의 주제가 그의 아동기까지 거슬러 올라간다고 주장한다. 프로이트는 〈성 안나와 성 모자Sant'Anna, la Vergine e il Bambino con l'agnellino〉 같은 다빈치의 그림에 대한 분석과 더불어 다빈치의 생애사적 설명을 활용한다. 프로이트는 성 안나와 함께 있는 성모가 실제로 다빈치 자신의 유년기 경험, 즉 생모(농민 출신의 카타리나)와 계모라는 두 명의 어머니를 가진 경험과 연결되어 있다고 믿었다. 다빈치의 아버지는 알베리아라는 여성과 결혼했고, 다빈치는 다른 혼외 관계를 통해 출생했다(Freud 2003).

또한 로봇학자들은 자신의 심리적 · 육체적 고통을 자신이 창조하는 로봇에 투사하고, 로봇은 그들 인격의 일부를 거울처럼 반영한다. 외상 후 스트레스 증후군의 육체적 · 사회적 제약과 그 모델이 기계로 유입되듯이 로봇은 제작자의 무의식적인 심리적 고통을 모델로 해서 설계되는 것으로 보인다. 프로이트는 분명히 성년기 신경증에 아동기가 갖는 중요성을 처음으로 인식한 학자지만, 환자들의 성적 학대에 대한 보고를 단순한 판타지로 무시했던 것으로 유명하다(Hacking 1991, p. 267). 프로이트는 자신의 오이디푸스 콤플렉스 이론을 증명하는 데 더 관심이 있었고, 아동은 반대쪽 젠더의 부모를 성적으로 소유하고 싶어 한다는 자신의 이론을 논증하기 위해 환자들의 자료를 사용했다. 프로이트는 이를 「스크린 메모리Deckerinnerung」(2003)에 포함된 분석에서 설명하는데, 여기서 그는 환자의 생애사를 오이디푸스 콤플렉스 프레임에 억지로 끼워 맞추고 있다. 아동기 경험과 그 후 성년기 신경증에 대한 이론을 발전시킨 것은 클라인과 볼비 같은 후대의 정신분석학자였는데, 볼비는 '대상-관계'에 초점을 맞춘 클라인의 논의에서 한 걸음 더 나아갔다.

볼비의 관점에서도 부모-자식 간의 사랑이 핵심 위치를 차지하는데, 그는 부모-자식 관계의 가장 중요한 측면이 생계라는 널리 확산된 믿음에 도전했다. 그는 붉은 털 원숭이 실험을 통해 원숭이에게 포근하고 부드러운 무언가에 대한 애착이 식량보다 더 중요하다는 점을 발견한 해리 할로Harry Harlow의 연구(Kagan 2011, p. xiii)를 인용한다. 이 놀라울 정도로 잔인한 영장류 실험은 어린 영장류가 음식뿐만 아니라 안락함도 필요로 한다는 것을 명확하게 보여준다. 볼비의 애착 이론은 정신분석학, 실험심리학, 동물행동학, 영장류학 그리고 환경의 생물학적 영향 등에서 끌어온 다양한 관점을 통합하고 있다(1981).

애착 개념은 볼비의 동료인 메리 에인스워스Mary Ainsworth가 열렬히 활용했다. 그녀는 볼비의 이론을 바탕으로 우간다와 미국, 영국의 부모-자식 관계에 대해 연구했다. 그녀는 우간다에서(1954-1955) 스물여덟 명의 아동을 장기간 관찰한 결과에 의거해 세 가지 유형의 애착, 즉 안정적 애착, 불안정한 애착, 비애착을 제안했다(1967). 또한 에인스워스와 동료들(1978)은 '낯선 상황 실험'에서 애착의 중요성을 분석하고, 애착 모델이 아동심리뿐만 아니라 타자와의 관계 형성 능력도 유의미하게 규정한다고 주장했다.

1940년대에는 아동정신학의 또 다른 분야가 부상했다. 이 분야는 아동에게 발견되는 특정한 유형의 분리를 연구했고, 이는 후에 자폐증이라 불리게 된다(Kanner 1943). 자폐증은 정신과 의사인 레오 캐너[Leo Kanner]가 아동들 사이에서 '처음으로' 확인했는데, 관계 맺기의 결여, 반복적 행동 그리고 발화, 언어, 커뮤니케이션의 어려움 등으로 표현되었다(Kanner 1943). 캐너는 자폐아에 대해 다음과 같이 적고 있다.

아동은 사람들과의 관계에서 전혀 다른 양상을 보여준다. 모든 아동은 사무실에 들어올 때 방 안에 있는 사람들에게 전혀 주목하지 않고 곧바로 블록이나 장난감 등의 물건에 더 관심을 보인다. 아동이 사람의 존재를 아예 인식하지 못한다고 하면 틀린 말일 것이다. 하지만 아동은 홀로 내버려두면 사람을 책장이나 서류 캐비닛과 마찬가지 방식으로 인식한다(1943, p. 242).

1944년 스위스의 또 다른 정신과 의사 한스 아스페르거[Hans Asperger]도

사회적 상호작용에 심각한 어려움을 겪는 아동에 대한 보고서를 출판했다(Asperger 1991). 저명한 자폐증 전문가인 우타 프리스Uta Frith는 캐너와 아스페르거에 대해 논의하면서 다음과 같이 주장했다. "놀라운 우연의 일치로 아스페르거와 캐너는 정확하게 동일한 유형의 심리적 문제를 가진 아동들을 독립적으로 묘사했다. 이전에는 누구도 큰 관심을 가지지 않았던 이 증상에 대해 두 사람 모두 자폐증이라는 동일한 용어를 사용했다"(Frith 1991, p. 6). 자폐증과 애착에 대한 이론이 1940년대에 거의 동시에 출현했다. 자폐증은 생물학과 유전학, 최근에는 신경과학의 영향으로 '양육'보다는 생의학적 준거 틀 내에서 다뤄졌다(Baron-Cohen 2005). 브루노 베텔하임Bruno Bettleheim은 바로 이 점에서 논쟁적이다. 그는 자폐증이 때로 "냉장고 육아"(1967)라고 불리는 차갑고 매정한 모성 돌봄에 대한 아동의 생존 반응이라고 주장했다. 자폐증 전문가들은 베텔하임의 논쟁적인 주장을 거부했다. 대신 그들은 자폐증의 신경발달적 측면에 초점을 맞춘다(Baron-Cohen 2011; Frith 2008).

애착 이론은 어떻게 인간(돌봄 제공자)이 다른 인간(유아)을 만들고, 이들 아동을 특별한 인격으로 변화시키는지를 묘사한다. 볼비, 에인스워스, 베텔하임은 사회성이 부모/돌봄 제공자/어머니와 유아/아동 사이의 소통적 상호작용이라고 제안한다. 멜라니 클라인은 '대상-관계' 이론을 대안으로 제시했는데, 이 이론은 인간과 인간의 상호작용이 아니라 이들 관계에 대한 느낌, 생각, 경험이 사물에 투사되는 방식에 초점을 맞춘다(Gomez 1997). 사물에 초점을 맞춰 사회관계에 접근하는 클라인의 관점은 상품에 초점을 맞춘 유명한 저서 『사물의 사회적 삶*The Social Life of Things*』(1986)에서 아르준 아파두라이^Arjun Appadurai가 설득력 있게 확장했다. 이 책에서 아파두라이는 '상품'(비인간)이 사회적 삶을 가질 수 있다고 주장한다.

로봇 과학은 과학적 활동을 통해 사회적인 것을 확장하고 재구성한다. 로봇학자들은 로봇을 어린아이처럼 설계함으로써 성인과 기계 사이의 정서적 교환을 촉진하려고 시도한다. 유대는 이제 더 이상 인간만이 가진 배타적 속성이 아니다. 컴퓨터과학자 요제프 바이첸바움^Josef Weizenbaum(1984)은 자신이 구축한 컴퓨터 프로그램 엘리자 ELIZA(최초의 챗봇)가 동료들에게 두터운 신임을 얻게 되는 현상을 목도한 후 인류의 미래를 걱정하며 기계에 대한 인간의 애착에 주의해야 한다고 주장했다. 로봇학자들에게 사회적인 것은 인간과 로봇 사이의 미시적 행위 교환이 발생하는 지점에 존재한다. 애착과 분리의 내러티브는 인류학 이론뿐만 아니라 로봇과 인공지능 연구에도 다양한 방식으로 작용한다. 나는 이상 논의한 쟁점들을 이어지는 장들에서 다양한 방식으로 풀어내고자 한다.

1장에서는 로봇의 기원을 1920년대 문화적 맥락에서 탐색한다. 나는 차페크의 희곡에 나타나는 주제들을 20세기 초 발생한 실재 사건들과 연결한다. 이를 통해 차페크가 노동과 생산에 대한 좌우익 정치철학자들의 집착이라고 믿었던 것에 대한 비판적 반응이 바로 로봇이었음을 보여주고자 한다. 이 과정에서 나는 혁명의 역할과 개인성 상실에 대한 인류의 공포를 탐구할 것이다.

2장에서는 로봇을 허구적이고 정치적인 상상에서 분리하여 인간의 지능을 기계의 형태로 흉내 내는 데 방점을 두는 인공지능 테크놀로지 분야와 연결해 논의할 것이다. 나는 인공지능 개발을 위한 노력 가운데 얼마나 많은 부분이 전쟁 기계를 개발하는 데 바쳐졌는지를 보여줌으로써 왜곡된 애착distorted attachment에 대한 논의를 계속 이어갈 것이다. 또한 나는 앨런 튜링Alan Turing의 생애사에 초점을 맞춰 생각하는 기계의 이론화와 그의 생애사가 어떻게 연결되는지 보여줄 것이다. 인공지능이 데카르트의 합리적이고 탈신체화된 마음을 개발하는 데 초점을 맞춘다면, 신체화 로봇학과 행동 기반 로봇학은 중앙화된 의식 혹은 '마음'이라는 관념을 부정함으로써 반데카르트적 경향을 보여준다. 후자에 속하는 로봇학자들은 타자에 대한 해석을 가능하게 해주는 신체, 행동, 움직임에 의식이 존재한다고 주장한다.

3장에서는 소셜 로봇과 사회적 기계를 둘러싼 철학을 탐구한다. 소셜 로봇은 MIT와 그 외 기관의 실험실에서 개발되고 있는데, 사회적이라는 것이 무엇을 의미하는지 그리고 인간과 기계 사이의 사회성이 어떻게 발달할 수 있는지에 대해 성찰할 수 있는 새로운 방법을 드러낸다.

4장에서는 로봇과 인공지능 시스템을 개발하는 과정에 연루된 여러 젠더화된 인격들을 탐구함으로써 사회적인 것과 반사회적인 것에 대한 주제들을 논한다. 전형적으로 '너드nerd' 혹은 '긱geek'으로 불리는 이런 유형의 개인들은 사회적 성격의 시스템을 개발하는 반사회적 연구자/과학자라는 역설이 작동하고 있음을 보여준다. 흔히 인간과 기계의 비대칭성과 대칭성이 서로를 상쇄해버린다.

5장에서는 로봇의 창조가 어떻게 인간의 고통과 실패라는 이미지를 재현하는지 그리고 어떻게 로봇학자들이 자신의 기계를 자신의 존재론적 고뇌와 어려움을 표현하는 무의식적 대화의 공명판으로 사용하는지를 보여줄 것이다. 로봇과 로봇학자는 비통상적인 방식으로 서로를 반영하는 것처럼 보인다.

6장에서는 환상과 실재가 로봇 제작에서 수행하는 역할을 탐구한다. 이들 로봇은 실재에 대한 철학을 전제로 한다. 즉 그것들은 실재 세계에서 행위하도록 설계된 로봇이다. 하지만 나의 민족지 기록이 보여주듯이 로봇과 실재 세계 사이에는 지속적인 긴장이 존재하고, 이 둘은 독특한 방식으로 서로를 반영한다.

1. 영화 〈터미네이터〉는 1984년 개봉한 지 채 1년도 지나지 않은 1985년에 미국에서만 3,837만 1,200달러를 벌어들였다.

| 참고 자료 |

ABI Research 2011, *Military robot makers to exceed $8 billion in 2016*. Available from: 〈https://www.abiresearch.com/press/military-robot-markets-to-exceed-8-billion-in-2016〉[10 November 2014].

Ainsworth, M 1967, *Infancy in Uganda*, Johns Hopkins Press, Baltimore.

Ainsworth, M, Blehar, MC, Waters, E & Wall, S 1978, *Patterns of attachment: a psychological study of the strange situation*, Lawrence Erlabaum Associates, New York.

Appadurai, A 1986, "Introduction", in *The social life of things: commodities in cultural perspective*, ed. A Appadurai, Cambridge University Press, Cambridge, pp. 3 – 63.

Asperger, H 1991, 'Autistic psychopathy' in childhood, trans. U Frith., in *Autism and Asperger syndrome*, ed. U Frith, Cambridge University Press, Cambridge, pp. 37 – 92.

Barad, K 2003, "Posthumanist performativity: toward an understanding of how matter comes to matter", *Signs: Journal of Women in Culture and Society*, vol. 28, no. 3, pp. 801 – 831.

Baron-Cohen, S 1995, *Mindblindness*, MIT Press, Cambridge, Mass.

Baron-Cohen, S 2003, *The essential difference: men, women, and the extreme male brain*, Basic Books, New York.

Baron-Cohen, S 2011, *Zero-degrees of empathy: a new understanding of cruelty and kindness*, Allen Lane, London.

Berners-Lee, T 1999, *Weaving the web: the past, present and future of the world wide web by its inventor*, Orion Business Books, London.

Bettelheim, B 1967, *The empty fortress; infantile autism and the birth of the self*, Free Press, New York.

Bowlby, J 1981, *Attachment and loss*, vol. 1, Harmondsworth, Middlesex, London.

Bowlby, J 1988, *Attachment and loss*, vol. 2, Pimlico, London.

Bowlby, J 1998, *Attachment and loss*, vol. 3, Pimlico, London.

Buber, M 1937, *I and thou*, trans. RG Smith, T. & T. Clark, Edinburgh.

Buchli, V 1997, "Khrushchev, modernism, and the fight against 'petit-bourgeois' consciousness in the Soviet home", *Journal of Design History*, vol. 10, no. 2, pp. 161–176.

Buchli, V & Lucas, G 2001, *Archaeologies of the contemporary past*, Routledge, London.

Čapek, K 2004, *R.U.R.(Rossum's universal robots)*, Penguin Classics, New York.

Csordas, T 1999, "The body's career in anthropology", in *Anthropological theory today*, ed. H Moore, Polity Press, London, pp. 172–205.

Dautenhahn, K, Nehaniv, CL, Walters, ML, Robins, B, Kose-Bagci, H, Assif Mirza, N & Blow, M 2009, "KASPAR–a minimally expressive humanoid robot for human–robot interaction research", *Applied Bionics and Biomechanics*, vol. 6, no. 3–4, pp. 369–397.

Dautenhahn, K & Werry, I 2004, "Towards interactive robots in autism therapy Background, motivation and challenges", *Pragmatics & Cognition*, vol. 12, no. 1, pp. 1–35.

Dey, A 2007, "MIT sues Gehry firm over Stata problems", *The Tech* 9 November. Available from: ⟨http://tech.mit.edu/V127/N53/lawsuit.html⟩[10 November 2014].

Downey, GL, Dumit, J & Williams, S 1995, "Cyborg anthropology", *Cultural Anthropology*, vol. 10, no. 2, pp. 264–269.

Durkheim, E 1952, *Suicide: a study in sociology*, trans. JA Spaulding & G Simpson, ed. G Simpson, Routledge and Kegan Paul Ltd., London.

Durkheim, E 1965, *The division of labor in society*, trans. G Simpson, The Free Press, New York.

Enfield, NJ & Levinson, SC 2006, "Introduction", in *Roots of human sociality: culture, cognition and interaction*, eds. NJ Enfield and SC Levinson, Berg 3PL, New York.

Erikson, TH 2003, "Introduction", in *Globalisation: studies in anthropology*, ed. TH Erikson, Pluto, London, pp. 1–17.

Featherston, M & Burrows R 1995, "Cultures of technological embodiment: An introduction" in *Body & Society*, vol. 1(3–4), pp. 1–19.

Freud, S 2003, "Leonardo da Vinci and a memory of his childhood", in *The Uncanny*, Penguin Classics, London.

Freud, S 2003, "Screen Memories", in *The Uncanny*, Penguin Classics, London.

Freud, S 2003, "The Uncanny", in *The Uncanny*, Penguin Classics, London.

Frith, U 1991, "Asperger and his syndrome", in *Autism and Asperger syndrome*, ed. U Frith, Cambridge University Press, Cambridge, pp. 1–36.

Frith, U 2008, *Autism: a very short introduction*, Oxford University Press, Oxford.

Gell, A 1998, *Ard and agency: an anthropological theory*, Clarendon Press, Oxford.

Gilbert–Rolfe, J & Gehry, F 2002, *Frank Gehry: the city and music*, Routledge, New York.

Gleick, J 1994, *Chaos: making a new science*, Abacus, London.

Gomez, L 1997, *An Introduction to object relations*, Free Association Books, London.

Graham, E 2002, *Representations of the post/human: monsters, aliens and others in popular culture*, Manchester University Press, Manchester.

Hacking, I 1991, "The making and moulding of child abuse", *Critical Inquiry*, vol. 17, no. 2, pp. 253–288.

Haraway, D 1991, *Simians, cyborgs, and women: the reinvention of nature*, Free Association Books, London.

Haraway, D 2003, *The companion species manifesto: dogs, people, and significant otherness*, Prickly Paradigm Press, Chicago.

Helmreich, S 1998, *Silicon second nature: culturing artificial life in a digital world*, University of California Press, Berkeley.

Hicks, H 2002, "Striking cyborgs: reworking the 'human'", in *Reload: rethinking women and cyberculture*, eds. M Flannagan & A Booth, MIT Press, Mass., pp. 85–106.

Ingold, T 2012, "Toward an ecology of materials", *Annual Review of Anthropology*, vol. 41, pp. 427–442.

Joyce, P 2002, "Introduction", in *The social in question: new bearings in history and the social sciences*, ed. P Joyce, Routledge, London, pp. 1–18.

Kagan, J 2011 "Foreword", in *John Bowlby*, 1st edn. ed. F Van der Horst, Wiley–Blackwell, Chichester, West Sussex, UK.

Kanner, L 1943, "Autistic disturbances of affective contact", *Nervous Child*, vol. 2, pp. 217–250.

Kirksey, SE & Helmreich, S 2010, "The emergence of multispecies ethnography", *Cultural Anthropology*, vol. 25, no. 4, pp. 545–576.

Latour, B 1991 "Technology is society made durable", in *A sociology of monsters: essays on power, technology and domination*, ed. J Law, Routledge, New York, pp. 103–131.

Latour, B 1993, *We have never been modern*, trans. C Porter, Harvester Wheatsheaf, New York.

Latour, B 1999, *Pandora's hope: essays on the reality of science studies*, Harvard University Press, Cambridge, Mass.

Latour, B 2001, "Gabriel Tarde and the end of the social", in *The social in question: new bearings in history and the social sciences*, ed. P Joyce, Routledge, London, pp. 117–132.

Latour, B 2005, *Reassembling the social: an introduction to actor-network-theory*, Oxford University Press, Oxford.

Levy, D 2009, *Love and sex with robots: the evolution of human-robot relationships*, Duckworth, London.

Marx, K 1974, *Capital*, Lawrence & Wishart, London.

MIT Humanoid Robotics Group n.d., *Frequently asked questions*. Available from: ⟨http://www.ai.mit.edu/projects/humanoid-robotics-group/cog/faq.html⟩[12 November 2014].

Mol, A 2002, *The body multiple*, Duke University Press, Durham.

Mori, M 1999, *The Buddha in the robot: a robot's engineers thoughts on science and religion*, Kosei Publishing Co., Tokyo.

Picard, R 1997, *Affective computing*, The MIT Press, Cambridge, Mass.

QS World Rankings 2014, *QS World University Rankings 2014/15*, Available from: ⟨http://www.topuniversities.com/university-rankings/world-university-rankings/2014#sorting=rank+region=+country=+faculty=+stars=false+search=⟩[12 November 2014].

QS World University Rankings 2013, available from: ⟨http://www.topuniversities.com/university-rankings/world-university-rankings/2013#sorting=rank+region=+country=+faculty=+stars=false+search=⟩[22 July 2014].

Rabinow, P 2011, *The accompaniment: assembling the contemporary*, Chicago University Press, Chicago.

Reilly, K 2011, *Automata and mimesis on the stage of theatre history*, Palgrave Macmillan, Basingstoke.

Robertson, J 2007, "Robo sapiens japanicus: humanoid robots and the posthuman family", *Critical Asian Studies*, vol. 29, no. 2, p. 369-398.

Robertson, J 2010, "Gendering humanoid robots: robo-sexism in Japan", *Body & Societ*, vol. 16, pp. 1-36.

Scassellati, B 2001, *Foundation for a theory of mind for a humanoid robot*, MIT Department of Electrical Engineering and Computer Science, Cambridge, Mass.

Shelley, M 1969, *Frankenstein*, Oxford University Press, Oxford.

Stawarska, B 2009, *Between you and I: dialogical phenomenology*, Ohio University Press, Athens, Ohio.

Strathern, M 1988, *The gender of the gift: problems with women and problems with society in Melanesia*, California University Press, Berkley.

Strathern, M 2014, "Reading relations backwards", *JRAI*, vol. 20, no. 1, p. 3-19.

Suchman, L 2006, *Human and machine reconfigurations: plans and situated actions*, Cambridge University Press, Cambridge.

Turkle, S 1984, *The second self computers and the human spirit*, Granada, London.

Turkle, S 2011, *Alone together: why we expect more from technology and less from each other*, Basic Books, New York.

Van der Horst, F 2011, *John Bowlby*, 1st edn. Wiley–Blackwell, Chichester, West Sussex, UK.

Webster's Third New International 1971, ed. P Babcock, G. & C. Merriam Company, Springfield, Mass.

Weiner, N 1961, *Cybernetics: or control and communication in animal and the machine*, MIT Press, Cambridge, Mass.

Weizenbaum, J 1984, *Computer power and human reason: from judgment to calculation*, Penguin, Harmondsworth.

| 인용한 영화 |

2001: A Space Odyssey 1968, dir. Stanley Kubrick.

The Day the Earth Stood Still 1951, dir. Robert Wise.

The Matrix 1999, dir. The Wachowskis.

The Matrix Reloaded 2003, dir. The Wachowskis.

The Matrix Revolutions 2003, dir. The Wachowskis.

The Terminator 1984, dir. James Cameron.

Terminator 2: Judgment Day 1991, dir. James Cameron.

Terminator 3: Rise of the Machines 2003, dir. Jonathan Mostow.

Terminator Salvation 2004, dir. McG.

Terminator: Genesis 2015 (forthcoming), dir. Alan Taylor.

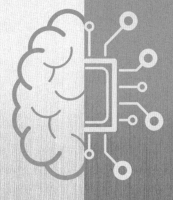

1장

로봇은 인간의 의미가 무엇인지 성찰하도록 창조된 모더니티의 산물이다. 로봇은 카렐 차페크의 문학적 창조물로서 1921년 희곡 『R.U.R.』에 최초로 등장한다. 『R.U.R.』의 로봇은 '노동' 외에 다른 어떤 목적도 없이 오직 노동만 하도록 만들어진 인간과 유사한 실체다. '노동한다는 것'의 의미를 파고드는 이 희곡은 로봇 캐릭터를 창조한 차페크의 의도(노동자를 진일보케 하려는)를 상기시켜주기 때문에 중요하다. 로봇 캐릭터는 팽팽하게 긴장된 개념적 상상의 공간을 점하고 있는 인간-비인간이다(Jiménez and Willerslev 2007). 이제부터 로봇을 1920년대의 정치적·예술적 활기라는 문화적 맥락에서 조명해보기로 하겠다. 로봇을 정치조직의 본질에 대한 대중 담론과 논쟁이 활발하게 진행되었던 이 시대의 맥락에 위치시키면 로봇의 혁명적 성격이 명백하게 드러난다. 나는 이어지는 논의에서 어떻게 이 로봇 희곡이 노동이라는 테마, 20세기 초 미국과 유럽의 급진주의 정치 그리고 러시아의 새로운 사회주의 경제로부터 영감을 얻었는지 조명하고자 한다. 차페크는 대규모 기계화 시대 그리고 그것이 인간성에 미치는 영향에 대한 공포를 표현하기 위해 의식적인 도구로 로봇 개념을 발명했다. 소비에

트 공산주의, 마르크스주의, 자본주의, 포드주의,* 테일러주의**는 로봇
이 처음으로 상상되는 맥락을 구성하는 데 기여했다.

로봇의 탄생

카렐 차페크는 1890년 1월 9일 합스부르크 제국에서 태어났다. 합스
부르크 제국은 1918년 체코슬로바키아 주권국가가 되었고, 1993년
베를린 장벽이 무너진 후 슬로바키아와 분리되어 체코공화국이 되었
다. 차페크는 극작가이자 저널리스트로서 《인민 신문*Lidove Noviny*》에 기
고했는데, 1921년부터 그의 형 요세프*Josef*와 함께 이 신문의 편집인
으로 일했다. 『R. U. R.』에서 로봇 테마를 구상하기 이전에 창작한
다른 중요한 희곡으로 인간 같은 도마뱀이 지배하는 세상을 그린 『도
마뱀과의 전쟁*The War with the Newts*』(1937), 그리고 형 요세프와 함께 쓴
『곤충 희곡*The Insect Play*』(1921)이 있다. 『곤충 희곡』은 제1차 세계대전
의 공포 이후 체코슬로바키아의 정치에 대한 비평이 담긴 작품으로
등장하는 캐릭터 대부분이 비인간이다.

차페크는 희곡에서 도마뱀, 곤충, 로봇 등 비인간을 인간의 삶, 정

---

* 포드 자동차의 헨리 포드가 고안한 생산과 노동 관리 방식으로, 생산 공정을 표준화하고 세분화한 후
각 공정을 컨베이어 벨트로 연결함으로써 노동생산성을 극대화한다.

** 19세기 말경 정립된 과학적 노동 관리 방식으로 노동과정에 통합돼 있는 구상과 실행을 분리함으로
써 노동자의 숙련성을 제거하고, 정교한 동작과 시간 연구를 통해 노동과정을 세분화함으로써 노동
자를 자동화 장치의 일부로 환원시킨다. 이는 후에 포드주의와 결합되어 20세기 대량생산과 대량소
비의 시대를 열었던 것으로 평가된다.

치, 존재를 비판적으로 성찰하기 위한 장치로 활용했다. 이 중에서 차페크를 국제적으로 (그리고 역사적으로) 유명하게 만든 것은 바로 로봇이었다. 로봇Robot(차페크는 로봇에 대문자 R을 사용했지만 나는 희곡 텍스트를 지칭하는 경우 외에는 대문자 R을 쓰지 않겠다)이라는 이름은 카렐이 아니라 그의 형 요세프가 지었다. 요세프는 그들의 희곡에서 인공적인 존재를 묘사하기 위해 '로봇'이라는 용어를 구상했다. 러시아어, 우크라이나어 그리고 여타 동슬라브 언어에서 '로보타robota'라는 단어는 노동을 뜻하는데 체코어에서는 봉건 경제에서 농민의 잉여노동을 지칭하는 특수한 의미를 가진다. 요세프가 '로봇'이라는 용어를 발명하는 데 영감을 준 것은 바로 후자의 의미였다. 로보타(영주에게 갚아야 하는 노동 부채)는 농민 노동의 여러 측면, 특히 그들의 의무를 포함한다(Wright 1966). 따라서 일 혹은 노동이라는 테마가 이 단어의 핵심적인 의미다. 로봇은 다른 말로 '채무 노동자'라 할 수 있다. 로봇이라는 용어는 1923년 4월 『R. U. R.』이 린딘 컴퍼니Reandean Company를 통해 런던의 세인트 마틴 극장에서 공연된 뒤에 영어 어휘목록에 포함되었다. 애초에 차페크는 로봇을 노동하기 위해 창조된 영혼 없는 인공 존재를 묘사하기 위해 사용했다. 영혼이 없다는 것은 무엇을 뜻할까? 희곡에서 로봇은 독립적 내면, 느낌, 생각이나 욕망이 없고 인간 주인의 명령과 지시에 따라 행동한다.

이들 테마 가운데 일부를 탐구해보자. 로봇은 생산을 극대화하고 무의미한 작업에서 인간의 노동을 해방시키기 위해 만들어진 인조 노동자가 오히려 사회에 더 큰 문제를 일으킨다는 아이디어에 입각해 구상되었다. 차페크는 로봇이 인간을 대체하면 결과적으로 인간은 스스로의 목적을 상실해버릴 것이라고 생각했다. 이 테마는 유럽, 북미, 러시아를 변혁시킨 노동 관행상의 변화, 즉 생산에서 기계와 인간이 함께 연결되는 상황에 대한 명확한 성찰이었다. 다음은 『R. U. R.』의 줄거리다.

희곡은 로봇이 대량생산되는 한 섬을 배경으로 한다. 로봇 공장은 공장장 도민Domin에 의해 운영되고 있다. 하루는 헬레나 글로리Helena Glory가 로봇을 해방할 목적으로 섬을 찾아온다. 글로리는 로봇도 인간과 동일한 권리를 가져야 한다고 믿고 있다. 공교롭게도 글로리는 도민과 결혼한다. 몇 해가 지나면서 이제 로봇은 세계적으로 그 전보다 훨씬 더 번성하게 된다. 헬레나는 비밀리에 과학자 할Hal을 설득해 일부 로봇의 포뮬라를 바꾸도록 한다. 새로운 포뮬라를 통해 생산된 로봇은 감정을 느끼고 사랑을 할 수 있다. 이들 로봇이 인간에 저항하는 반란을 주도한다. 세상의 종말이 다가오자 공장 구성원들은 삶의 의미에 대해 반성하지만 모두 학살당하고 알퀴스트Alquist 한 명만 살아남는다. 알퀴스트는 노동자라는 이유 하나만으로 생존을 허락받는다. 또다시 공교롭게도 로봇을 제조하는 데 필요한 포뮬라가 파괴되어버리고, 그것을 다시 생산할 방법을 찾아내지 않으면 로봇은 생존할 수 없게 된다. 알퀴스트가 포뮬라를 찾으려고 시도하지만 실패한다. 그리고 로봇의 생명을 위한 포뮬라가 없으면 유일하게 생존한 인간인 알퀴스트와 로봇들도 궁극적으로 소멸할 것이다. 감정을 느끼는 두 로봇인 헬레나와 프라이머스Primus는 폭력 대신 사랑을 선택한다.

『R. U. R.』은 1920년대 유럽, 러시아, 아메리카에서 크게 성공을 거두었다. 이 연극은 1922년 뉴욕의 개릭 극장에서 초연된 후 184회에 걸쳐 공연되었다. 차페크의 로봇은 그 시대 사람들의 상상력을 자극했다. 1922년 뉴욕에서 처음 공영된 이후 비평가들은 "우리 기계 시대에 대한 가장 뛰어난 풍자, 오늘날 우리가 산업사회라 부르는 이 기괴하고 미친 것에 대한 가장 지저분하면서도 절묘한 비난"(Reichardt 1978, p. 36)이라고 적었다. '로봇'이라는 용어의 성공은 또한 노동하는 존재를 특정하는 용어인 '오토마톤automaton'을 대체했다. 로봇의 도래와 관련해 가장 의미심장한 점은 그것이 당시의 시대정신을 사로잡았다는 것이다. 차페크는 당시 자신이 노동과 생산에 대한 집착이라고 생각했던 것을 비평하는 한 방법으로 로봇 캐릭터를 창조했다.

로봇은 분리, 전이, 병합의 결과로 창조된 피조물이다. 나는 『R. U. R.』에서 로봇이 범한 중요한 경계 위반 두 가지를 확인했다. 첫째, 로봇은 인간과 유사하지만 사물처럼 주체적 행위능력과 주체성이 결여되어 있다. 둘째, 로봇은 주체성, 즉 느낌과 의식을 발달시키면서 인간처럼 될 수 있다. 차페크의 로봇은 역설적이다. 로봇은 인간이면서 동시에 비인간이다. 그것은 인간과 비인간 사이 어딘가에 위치하는 중간자, 즉 온전한 인간이 아닌 존재로 상상되는 인간이다. 다른 말로 로봇은 노동의 역할을 통해 인간과 비인간 사이에 존재하는 중간자다. 독자를 매우 혼란스럽게 만드는 마지막 테마가 있다. 그것은 바로 두 로봇이 사랑을 느꼈기 때문에 재생산을 통해 지구상에서 다시 번성할 수도 있을 것이라는 점이다. 로봇 내러티브에서 사랑은 파괴만큼이나 중요한 테마다. 『R. U. R.』에서 로봇 행위 주체[agent]들은 사회 질서 내 자신의 위치를 인식하고 의식을 발전시켜나간다. 이 희곡은 인류의 종말을 고하고 로봇에 의해 지배되는 새로운 세상이 폭력적으로 창조되는 모습을 담고 있다. 폭력을 선택한 로봇은 소멸하고, 사랑을 선택한 로봇은 번성한다.

기계가 된 로봇

차페크의 로봇이 좌파의 자본주의 비판과 유사한 내용을 담고 있다는 사실은 쉽게 알아차릴 수 있다. 하지만 그의 관점은 이보다 더 복잡하다. 차페크는 '급진의 중간 지점' 어딘가에 속해 있었다. 그는 우익 운동을 "차가운 부르주아"라고 부르며 반대하고 좌익은 "혁명의 화염"이라며 반대했다(1924, p. 3). 차페크의 작품은 이들 두 문화적 동향을 모두 비판했고, 그의 로봇은 당시의 이슈를 성찰하는 수단을 제공했다. 알레시 하만[Aleš Haman]과 폴 트렌스키[Paul I. Trensky]는 차페크의 작품을 당시 정치를 성찰하는 하나의 방법으로 평가한다.

(차페크의 예술)은……일반적인 문제에 대한 차페크의 끊임없는 몰두, 즉 세계와 사회에 대한 성찰과 판단을 그 무엇보다 잘 반영하고 있다. 차페크 예술의 이런 측면 이면에는 뚜렷한 도덕적 입장이 존재한다. 우

리가 그의 작품에서 사법적 처리의 모티브와 끊임없이 조우하게 되는 것은 우연이 아니다. 이들 모티브가 삶에 대한 작가의 도덕적 태도를 반영하고 있기 때문이다. 그는 관객들에게 이 세계의 갈등을 제시하면서도 그에 대한 판단은 관객들에게 맡긴다(1967, p. 175).

이 희곡은 모호한 테마를 다수 포함하고 있는데, 그중 하나는 노동이라는 테마와 관련 있다. 1920년대를 관통했던 논쟁은 노동자를 기계 부속처럼 생산과정에서 하나의 '톱니바퀴'로 환원해버리는 상품생산의 대규모 기계화에 대한 것이었다. 당시의 대규모 노동운동도 차페크에게 특정한 동기를 제공했을 것이다. 차페크는 비주류 철학의 전망을 가진 실용주의자로 간주되었는데, 그의 철학은 "인류의 지식과 태도의 상대성을 크게 강조했고, 따라서 이른바 위대한 진리, 종교, 이데올로기의 상대성을 강조하기도 했다"(Klíma 2004, p. x). 결과적으로 차페크의 희곡은 당시 지배적인 철학에 반하는 논쟁적인 작품이었다.

『R. U. R.』은 그 시대에 대한 몇 가지 모순적인 관점도 포함하고 있다. 차페크는 이 희곡을 통해 특정한 전망을 표현하기 위해 각각의 캐릭터를 활용한다.

희곡에서 공장장 도민은 기술의 진보가 인간을 힘든 육체노동으로부터 해방시킨다고 주장하는데, 그는 매우 옳았다. 반면 톨스토이주의자 알퀴스트는 기술의 진보가 인간을 타락시킨다고 믿는데, 내 생각에는 그 또한 옳다. 부시먼Bushman은 산업화가 근대적 필요를 충족시켜준다고 생각하는데, 그도 옳다. 헬레나는 본능적으로 이 모든 비인간 기계를 두려워하는데, 그녀 또한 심오한 차원에서 옳다. 마지막으로 로봇은 이 모든 이상주의자에게 반기를 들었고, 그들 또한 옳은 것으로 보인다(Čapek, Reichardt 1978, p. 40에서 재인용).

로봇의 상상적 맥락을 구축하는 데 급진 우파와 급진 좌파 철학자들이 도움을 주었음에도 차페크는 논쟁적인 글을 통해 이들 철학을 반박했다. 차페크의 입장은 로봇에 투사한 의미에 반영되어 있다. 러시아에서는 차페크의 희곡이 발표되기 불과 4년여 전인 1917년에 레닌주의 혁명이 발발했고, 미국에서는 대규모 경제 팽창이 자본주의 경제체제를 새로운 발달 단계로 밀어붙이고 있었다. 유럽, 미국, 러시아에서 좌파와 우파의 운명은 경제적 생산에 과학적ㆍ기술적 합리화를 적용함으로써 실현되었다. 차페크는 이와 같은 진보에 비판적이고 적대적이었으며, 기술적 생산에 대한 현기증 나는 숭배를 숨 막히고 공포스러운 것으로 바라보았다. 비인간화라는 테마와 기계의 충격은 당시 예술에도 의미심장한 영향을 끼쳤다(당시 예술에 대한 흥미로운 개괄로 줄리 워스크Julie H. Wosk의 1986년 연구를 보라).

당시의 정치에 대해 합의된 평가는 거의 없다. 하지만 많은 사람이 사회주의와 공산주의의 출현을 비난했던 반면, 프랑스의 다다이즘 운동 집단 등은 공산주의에 대한 급진적 지지자로 전환했다. 다다 운동의 정신은 매우 불투명했다. 라울 하우스만Raoul Hausman은 1920년 4월

『다다이즘 3*Der Dada 3*』에서 "다다에는 정신Geist이라 부를 만한 것이 전적으로 결여되어 있다. 기계적으로 작동하는 세계가 어떻게 정신을 가질 수 있겠는가"(Benson 1987, p. 46에서 재인용)라고 적고 있다. 다다이즘에서 기계는 모더니티가 현대인 대부분의 경험에 초래한 혼란, 혼돈, 단절에 대한 해독제로 숭배되었다. 또한 기계는 다른 유형의 세계로 들어가는 매개체가 되었다. 정치, 특히 좌파 정치는 러시아의 구성주의, 체코의 인공주의Artificialism 그리고 이탈리아의 미래주의까지 당시 모든 저명한 예술가들에게 영향을 미쳤다.

러시아에서는 알렉산드르 로첸코Alexander Rodchenko와 엘 리시츠키 El Lissitzky 같은 예술가들이 주도한 구성주의의 영향이 모더니즘의 중요성을 보여주었다. 경직되고 구조화된 그들의 작품은 효율성과 경제성에 바친 헌사였다(Lodder 2005). 1920년대 체코에서는 아방가르드 조류가 점점 더 가시화되고 있었다. 체코의 한 예술가 집단인 데베트실Devêtsil은 카렐 타이게Karel Teige와 연결되어 좌파적 성향을 띠었다(Smejkal 1990). 예술사학자 크리스토퍼 그린Christopher Green은 기계를 1920년대 모더니즘과 연결했다(Green 2006). 인간의 신체는 이렇게 기계적 모더니스트 상상계로 통합돼 들어갔다. 양차 대전의 중간 시기에는 멘센디에크 시스템Mensendieck System이 유럽과 미국에서 영향력을 발휘했다. 이 시스템은 몸을 기계로 묘사한 네덜란드계 미국인 의사 베스 멘센디에크Bess Mensendieck가 개발했는데 가사노동 활동도 포함했다(Wilk 2006, pp. 261-262).

당시 많은 예술가가 기계적 은유를 광범위하게 활용했지만 그럼에도 차페크의 로봇은 의도적으로 비기계로 설정되었다. 『R.U.R.』의 도입부에서 헬레나는 한 로봇(그녀는 그것이 로봇인지 모른다)에게 소개된다. 헬레나가 로봇 술라에게 "여기서 태어났어요?"라고 묻자, 이에 술라는 "나는 여기서 제작되었어요"(Čapek 2004, p. 10)라고 답한다. 로봇은 생물학적 재료들로 만들어지고 인간과 같은 외양을 가졌다. 도민은 헬레나 글로리에게 로봇이 어떻게 제작되는지를 아래와 같이 설명한다.

반죽을 제조하고자 혼합물을 용기에 담아 섞는다. 우리는 각 용기에 1천 기의 로봇을 제작하기에 충분한 양의 반죽을 섞는다. 그다음 간, 뇌 등을 위한 용기가 있다. 그다음에는 뼈 공장을 볼 수 있고, 그런 뒤에 방적기를 보여주겠다……방적기는 신경 줄기를 만들기 위한 것이다. 혈관을 만드는 방적기도 있다. 수 마일에 이르는 소화관을 직조하는 방적기도 동시에 작동한다. 그다음에는 조립 공장이 있는데, 여기서 주지하는 자동차와 마찬가지로 모든 부속품이 함께 조립된다. 각 노동자는 한 부속의 조립을 맡고 그렇게 조립된 부속은 그다음 두번째, 세번째 노동자로 자동 이동한다. 이 장면이 가장 놀라운 스펙터클이다. 그다음으로 건조용 가마와 보관실로 이어지고, 여기서 완성된 새 제품이 작동을 시작한다(Čapek 2004, p. 13).

차페크의 로봇은 생물학적으로 인간이고 피와 살로 만들어진다. 하지만 기계적인 생산 라인에서 과학자, 관리자, 엔지니어 들이 개발한 포뮬러를 이용해 생산된다. 프라하(1921), 뉴욕(1922), 런던(1923), 파리(1924)에서 각각 처음 개최된 『R. U. R.』의 공연을 촬영한 사진에는 로봇들이 모두 인간과 유사한 모습을 보여준다. 로봇에게 금속성 형태가 부여된 것은 당시 다른 예술가들이 차페크 희곡을 예술적으로 재해석한 결과였고, 이 새로운 예술적 재현에 강하게 반응한 사람은 다름 아닌 차페크 자신이었다. 차페크는 런던 공연 후 자신의 희곡이 목적하는 바는 기계에 대한 성찰이 아니라 인간에 대한 성찰이라고 탄식하면서 "나는 로봇이 아니라 인간에게 관심이 있다"(Čapek 2004, p. xvii)라고 말했다. 『R. U. R.』의 초연 이후 10여 년이 지난 1930년대에 이르면 금속성 로봇이 로봇의 이미지로 굳어진다. 이로 인해 차페크는 자신의 창작물과 훨씬 더 거리를 두게 된다.

솔직히 그가 새롭게 고안된 금속성 로봇이 어떤 형태로든 인간을 대체할 수 있고 전깃줄을 통해 생명, 사랑 혹은 반란 같은 것을 유발할 수 있다는 아이디어에 대해 모든 책임을 거부한 것은 바로 두려움 때문이다. 그는 이런 암울한 전망을 기계에 대한 과대평가 혹은 생명에 대한 오싹한 도발로 간주할 것이다(1935년 차페크는 이 글을 3인칭 시점으로 작성했다).

차페크는 자신이 오해받고 있다며 불만을 토로했지만 대중이 그의 로봇을 이해, 재현, 해석하는 방식을 통제할 수는 없었다. 당시 정치 분위기를 고려하면 로봇이 인간에서 기계로 전환되는 것은 필연이었다.

그런데 로봇이 기계로 전환된 것이 단순히 당시 정치 상황 때문이었을까? 로봇은 기계로 전환되면서 인간에게서 멀어지기 시작했다. 로봇은 당시 인간성의 유연한 상태를 나타냈고, 인간의 주체성을 문화적으로 성찰하는 데 기계가 갖는 중요성을 보여주었다. 차페크는 자신이 창조한 로봇의 기계화를 비판하면서 자신의 의도는 기계가 아니라 인간을 성찰하는 것이었다고 주장한다. 하지만 차페크의 희곡은 인간 성찰의 가능성을 얼마나 열어두고 있었을까? 그의 희곡은 인간을 로봇 및 기계와 대조함으로써 인간성을 성찰한다. 그렇다면 로봇은 비인간적 특질을 가진 인간일까, 인간적 특질을 가진 비인간일까? 아니면 이도 저도 아닐까? 차페크의 로봇은 이 모든 가능성을 동시에 열어두고 복수의 정체성을 가진다.

미국에서는 찰리 채플린Charlie Chaplin이 1930년대 고전 영화 〈모던 타임즈Modern Times〉에서 공장 시스템을 풍자했고, 독일에서는 바우하우스 그룹이 숙련 기술을 찬양하며 상품의 대량생산에 반대했다. 콘Joseph J. Corn과 호리건Brian Horrigan이 설명하듯이 "로봇은 기계의 부상과 기계에 의한 노동자의 대체, 노동과 사회 일반으로부터의 인간 소외, 미래에 대한 통제력 상실을 상징한다……하지만 1930년대에 이르면 기본적으로 무해한 휴머노이드 로봇이 세계 박람회와 산업 전시회에 모습을 드러내기 시작한다"(1984, p. 74). 1920년대와 1930년대에 걸쳐 인간 존재에 대한 불확실성이 존재했다면 기계의 목적과 본질에 대한 모호한 태도(기계는 비인간화와 해방의 가능성을 동시에 보여주었다)도 존재했다.

1927년 독일 영화감독 프리츠 랑Fritz Lang이 〈메트로폴리스Metropolis〉를 개봉했다. 그는 이 영화에서 궁극적으로 인간 노동자를 대체할 기계 같은 실체를 암시했다. 〈메트로폴리스〉는 강력한 정치적 테마(노동자가 고용주에 저항해 반란을 일으킨다)를 담고 있다. 이 영화에서 인간은 기계로부터 만들어진다. 로봇 같은 캐릭터는 '인간-기계man-machine'라 불리는데, 극에서 '인간-기계'의 이름은 마리아다. 마리아는 원래 어린이들을 가르치는 순수하고 온정적인 선생이었는데, 그녀의 본질essence이 마법사에게 사로잡혀 기계의 몸으로 통합돼 들어가면서 유혹하는 여자로 변환된다. 〈메트로폴리스〉에서 노동자는 도시 아래 깊숙한 지하에서 살고, 지배 엘리트는 그 위 지상에서 사치스러운 삶을 누린다. 마법사 로트방Rotwang은 과학, 기술, 주술을 사용해 '생명'을 창조할 수 있음을 증명하기 위해 여성 로봇을 제조한다. 독일 표현주의 영화는 흔히 하이모더니티 이미지를 신비적인 것과 병치시킨다. 로트방은 마법사이고 그의 로봇 창조는 불가사의한 전기 장치를 갖춘 실험실에서 이루어진다.

〈메트로폴리스〉에서 노동자는 기계의 부속품, 즉 대체 가능하고 없어도 되는 인간으로 재현된다. 영화에는 도시 아래의 기계가 오작동해서 기계를 돌보던 노동자를 모두 죽여버리는 충격적인 장면이 나온다. 노동자들 시체는 기계 속으로 던져지고, 그들을 대체하는 새로운 노동자가 도착하면서 전 과정이 다시 시작된다. 따라서 인간 같은 기계가 창조되는 한편 인간은 기계로 전화되는데, 이는 이중적으로 역설적이다. 안드레아스 후이센Andreas Huyssen은 1920년대와 영화

〈메트로폴리스〉에 대해 다음과 같이 논평한다.

의외로 스타일상 〈메트로폴리스〉가 주로 표현주의 영화로 간주된다는
단순한 사실이 실마리를 제공할 것이다. 그리고 실제로 표현주의적 태
도를 테크놀로지에 적용하면……이 영화는 바이마르Weimar 문화의 일
부였던, 근대 기술에 대한 상반된 두 가지 관점 사이를 진동한다. 표현
주의 관점은 기술의 억압적이고 파괴적인 잠재성을 강조하고, 제1차 세
계대전의 기계화된 전장 경험과 그에 대한 억누를 수 없는 기억에 분명
한 뿌리를 두고 있다(Huyssen 1981, p. 223).

독일의 비평가 악셀 에게브레히트Axel Eggebrecht는 〈메트로폴리스〉를
"계급투쟁의 확고부동한 변증법을 신비화하는 왜곡"(Huyssen 1981, p.
221에서 재인용)이라며 혹평했다. 이 왜곡은 영화가 좌익과 우익의 화
해를 가리키는 자막과 함께 막을 내릴 때 드러난다. 즉 노동자와 기계
사이의 경계가 생산 행위에서 투과성을 가지면서 혼란에 빠진다. 『R.
U. R.』과 〈메트로폴리스〉는 이런 경계 침범을 비판하면서도 그 경계
에 대한 공포를 보여준다. 하지만 〈메트로폴리스〉에서는 독일 표현주
의에서 일반적으로 관찰되듯이 기계가 낭만화되고 찬양되기도 한다
(Huyssen 1981).

분리된 그리고/혹은 상동적인 관계

카렐 차페크는 마르크스주의자는 아니었지만 자본주의적 관행에 무비판적이지도 않았다. 차페크는 당시 지배적인 정치적 실천과 이데올로기에 저항했다. 이반 클리마Ivan Klíma(2004)는 이것이 바로 차페크의 희곡이 국외자를 다룬 작품이었던 이유라고 주장한다. 하만과 트렌스키에 따르면 차페크의 작품은 "현대 문명과 그 기술적 폭발의 문제를 반영한다"(1967, p. 176). 차페크는 '도덕적 상대주의'로도 유명하다(Haman and Trensky 1967, p. 175). 내가 마르크스의 연구를 참조하는 이유는 1920년대 유럽, 러시아, 미국에서 지배적이었던 정치적 유형에 동기화되었기 때문이다. 이는 또한 차페크가 『R. U. R.』과 1908년 단편 「시스템The System」을 집필하는 데 영감을 준 테마들 때문이기도 하다.

그 이야기는 불합리하게도 인간을 공장제 생산 메커니즘의 사소한 부속품으로 전락시킴으로써 생산성의 극대화를 달성하는 공장제 생산의 합리화를 확장한다. 하지만 비인간화와 합리화는 단지 현 단계까지만 진행될 수 있다. 노동자들이 자신의 상황을 파악하는 순간 반란이 일어나 시스템을 파괴할 것이다. 그런 식으로 1908년의 이야기는 끝을 맺는다(Klíma 2004, p. xii).

주체성 없는 인간을 상징하는 캐릭터의 원형이 「시스템」에서 구상되고 『R. U. R.』에서 로봇을 통해 공고화된다. 즉 새로운 캐릭터인 로봇이 '공장제 생산 메커니즘의 사소한 부속품으로 전락한' 인간을 대체하게 된다. 「시스템」에서 존 앤드루 리프러턴은 자신이 대표하는 공장제 생산 계급의 편에서 발언한다. 아래는 노동과정을 바라보는 리프러턴의 관점(차페크가 표현한)이다.

> 노동자 문제가 우리의 뒷덜미를 잡고 있다……노동자는 단순한 바퀴처럼 돌아갈 수 있도록 반드시 기계화되어야 한다……노동자의 영혼은 기계가 아니다. 따라서 그것은 반드시 제거되어야 한다. 이것이 나의 시스템이다……나는 노동자를 불임으로 만들고 정화해왔다. 나는 노동자 내면의 이타주의와 동지애적 감정, 모든 종류의 가족적 이상과 초월적 느낌을 파괴해왔다……(Klíma 2004, p. xii에서 재인용).

정치적 우익 진영에서 대규모 기계화 시대는 미국의 프레더릭 테일러Frederick W. Taylor(1911)와 제너럴 모터스GM의 과학적 생산방식을 통해 특정화되었다. 정치적 좌익 진영에서 발생한 사건들은 볼셰비키당의 지도자 블라디미르 레닌Vladimir Ilich Ulyanov Lenin이 이끈 1917년 러시아 공산주의 혁명으로부터 영감을 받았다. 나는 이들 두 진영의 사고 체계가 생산 관행의 기계화에 큰 방점을 두고 있기 때문에 이를 두 진영 간의 경쟁처럼 제시한다.

나는 사회주의자와 자본주의자 사이의 대칭과 비대칭의 지점들에 관심이 있다. 사회주의자와 자본주의자의 실천과 이데올로기가 로봇의 최초 개념에 어떻게 영향을 미쳤을까? 마르크스는 산업화와 기술의 발달이 초래한 생산방식의 선진화가 자본주의 사회를 사회주의 경제로, 그다음 공산주의 경제로 개선하고 전환하는 데 핵심적인 역할을 한다고 믿었다. 『R. U. R.』에서 도민은 "모든 것은 살아 있는 기계에 의해 수행될 것이다. 사람들은 오직 즐길 수 있는 것들만 할 것이다. 즉 그들은 오직 자아의 완성을 위해서만 살아갈 것이다"(Čapek 2004, p. 21)라고 역설한다. 『R. U. R.』의 캐릭터들은 당시 시대적 전망을 표현했고, 차페크는 거의 확실하게 도민(로숨 공장의 공장장이자 유토피아적 몽상가)을 전형적인 마르크스주의자 캐릭터로 구상했다. 1920년대는 일반 대중들 사이에서 여가와 소비 활동을 거의 찾아볼 수 없는 시기였다. 하지만 공산주의자들은 사람들이 스스로의 재능과 기술을 계발할 수 있는 조직 체계를 제안했다. 마르크스와 엥겔스는 공산주의 사회에 대한 간략한 묘사 중 하나에서 다음과 같이 적었다.

공산주의 사회에서는 그 누구도 하나의 배타적인 활동 영역을 갖지 않지만, 각자 자신이 원하는 여하한 영역에서 나름의 성취를 이룰 수 있게 된다. 사회가 생산 일반을 조율하기 때문에 나는 오늘은 어떤 일을 하고 내일은 다른 어떤 일을 할 수 있다. 나는 결코 사냥꾼, 어부, 목자 혹은 비평가가 되지 않으면서도 마치 하나의 마음을 가진 사람처럼 아침에는 사냥하고, 오후에는 물고기를 잡고, 저녁에는 소를 돌보고, 저녁 식사를 마친 뒤에는 비평을 한다(Marx and Engels, 1970, p. 53).

마르크스주의자 일리엔코프Evald Ilyenkov는 소설 『붉은 별Krasnaya zvezda』을 인용하면서 공산주의적 유토피아 판타지를 설명한다. 1908년 알렉산드르 보그다노프Alexander Bogdanov가 출판한 『붉은 별』은 화성을 배경으로 미래 사회를 그리는데, 여기서 노동은 기계가 수행하고 인간은 기계를 감독하는 일만 한다.

> 기계가 사람들을 위해 모든 것을 수행한다. 사람들은 오직 기계를 감독한다. 사회 전체를 위해 필요한 곳에서 몇 시간의 일(이는 반짝이는 계기판에 수치로 표시된다)만 하면 당신은 자유다. 화성인들은 일을 마치고 무엇을 할까? 누가 알겠는가……레오니드 엔(여기서 사람들은 그를 레니라 부른다)이 이에 대해 알아보는 것은 허용되지 않는다. 아마도 그들은 사랑에 빠져 있을 수도 있고, 예술에 빠져 있을 수도 있고, 지적인 자기계발에 몰두하고 있을 수도 있다. 하지만 그것은 모든 이들의 사적인 문제다. 화성에서는 남의 사적인 일에 관심을 두는 것이 허용되지 않는다 (Ilyenkov 1982, p. 60).

로봇 기계가 인간을 노동에서 해방시켜줄 것이다. 인간은 단지 기계를 감독하는 일만 하도록 허용된다. 하지만 인간은 기계가 인간 노동에 대한 수요를 대체하고 결과적으로 실업을 증가시킬 것을 두려워한다. 1920년대 급진적 마르크스주의 철학의 광범위한 영향력은 기계의 시대를 유의미하게 만드는 지적 준거 틀을 제공했다. 마르크스는 1887년 『자본론』에서 다음과 같이 적는다.

자본가와 임금노동자 간 경쟁은 자본의 기원까지 거슬러 올라간다. 이 경쟁은 공장제 생산 시대 전체에 걸쳐 맹렬하게 진행되었다. 하지만 노동자가 노동 도구 자체, 즉 자본의 물질적 구체화에 저항해 싸우는 것은 오직 기계가 도입된 이후부터였다(Marx 1974, p. 403).

'자본의 물질적 구체화'로서 기계는 노동 도구를 정치적 불만족을 표출하는 대상으로 간주하는 운동에 반영된다. 1800년대에 러다이트 운동원들이 기계를 훼손했는데, 이는 기계를 매개로 표출된 노동자와 고용자 간 갈등의 초창기 사례였다. 러다이트 운동은 '프레임 파괴' 혹은 '기계 파괴'로 지칭되었는데, 러다이트 운동원들은 기계를 파괴함으로써 고용주들에게 압력을 행사했다. 역사학자 맬컴 토미스 Malcolm I. Thomis가 주장하듯이 러다이트 운동원들이 '기계 파괴'를 수행한 건 사실이지만, 그 이유가 반드시 기계에 대한 적대감 때문은 아니었으며 기계가 협상력을 강화하기에 편리한 공격 대상이었기 때문이다(Thomis 1970, p. 14). 러다이트 운동원들이 기계를 공격한 것은 자신들의 정치적 어젠다를 고양하기 위해서이지 기계가 살아 있다고 생각했기 때문은 아니다.

'사물'의 생기적/비생기적animate/inanimate 측면에 대한 담론은 마르크스주의 정치철학에서 영감을 받던 1920년대에 다양한 형태로 지속된 현상이었다. 마르크스는 『자본론』에서 정치경제 분석을 상품에 대한 논의와 함께 시작한다. 마르크스는 자본주의 과정이 인간 노동자를 어떻게 사물과 동일한 방식으로 대하게 되는지를 설명한다. 마르크스는 그 원인을 자본주의적 생산 과정에서 노동력이 여느 상품과 마찬가지로 구매된다는 사실에서 찾았다. 이들 테마와 이슈에 대한 고찰은 인간과 비인간 기계 간의 분리에 대해 질문하도록 만든다. 자본주의적 생산 과정에서는 인간과 비인간 기계가 매우 긴밀하게 맞물리고 그 경계 또한 불확실해진다.

> 수공업과 매뉴팩처*에서는 노동자가 도구를 사용하고, 공장에서는 기계가 노동자를 사용한다. 전자에서는 노동자가 노동 도구의 움직임을 주도하지만, 후자에서는 노동자가 기계의 움직임에 따라야 한다. 매뉴팩처에서 노동자는 살아 있는 메커니즘의 일부다. 공장에서는 생명 없는 메커니즘이 노동자와 독립적으로 작동하고, 노동자는 단지 그 메커니즘의 살아 있는 부속에 지나지 않는다(Marx 1974, p. 398).

여기서 마르크스는 '수공업'을 '공장제 시스템'과 대조하면서 각 시스템에서 노동자가 경험하는 상이한 관계에 주목하도록 한다. 자본주의하에서 이윤과 잉여가치의 추구는 노동자가 생산 체계에 종속된다는 것을 뜻한다. 공산주의 혁명의 목표는 생산의 사회화이고, 볼셰비키의 최우선 과제 중 하나는 생산의 집체화를 통해 사적 소유 관계를 제거하는 것이었다. 러시아의 볼셰비키도 테일러주의 기술을 도입했지만, 돈 밴 아타Don Van Atta가 주장하듯이 동일한 과정을 밟지는

---

* 자본주의 생산의 초기 발전 과정에서 성립한 과도적 경영 양식인 공장제 수공업을 가리킨다.

않았다(Atta 1986 참조). 차페크는 『R. U. R.』을 당시 정치적 실천과 이데올로기를 비판하는 수단으로 활용했다. 하지만 이를 시도한 이가 차페크 혼자만은 아니었다. 마르크스주의자들 또한 일정 수준에서 기계화의 비인간적 시스템과 사용가치의 대량생산에 대한 비판자임을 자처했다. 그들은 이것이 자본주의적 사회관계에 필연적이라고 보았다. 마르크스는 기계화의 영향을 두 가지 독특한 방식으로 분석했다. 그는 기계적 장치가 자본주의하에서 노동자와 노동과정에 의미심장한 영향을 미친다고 보았다.

심지어 노동의 경감조차 일종의 고문이 될 수 있다. 기계가 노동자를 노동으로부터 자유롭게 해주지 않고 오히려 노동에서 재미를 없애버리기 때문이다. 모든 종류의 자본주의적 생산은, 그것이 단지 노동과정일 뿐만 아니라 잉여가치를 창출하는 과정인 한, 노동자가 노동 도구를 사용하는 것이 아니라 노동 도구가 노동자를 사용한다는 사실을 공통적으로 보여준다. 하지만 이런 전도가 기술적이고 구체적인 현실성을 처음으로 획득하는 것은 오직 공장제 생산 시스템하에서다. 노동 도구는 자동화로 전환됨으로써 살아 있는 노동력을 압도하고 메마르게 하는 죽은 노동, 즉 자본의 형태로 노동과정에 맞선다(Marx 1974, pp. 398-399).

여기서 마르크스는 기계화가 노동의 신체적 측면('시시포스의 노동')을 축소함과 동시에 정신적 내용도 축소함으로써 어떻게 노동자에게 부담을 가중시키는지에 관심이 있었다. 계속해서 마르크스는 '육체적인 것'에서 '지적인 것'을 분리하는 것에 대해 논한다(1974, p. 399).
이런 맥락에서 마르크스는 노동과정 자체가 어떻게 '살아 있는 노동
력을 메마르게 하면서' 전도된 관계로 나타나게 되는지를 분석한다.
자본주의하에서 노동자는 기계와 대칭적인 형태를 획득한다. 마르크
스는 기계장치가 인간 노동을 체화하지만 살아 있는 노동(기계에 작용
하는 노동)은 그 기계장치를 체화된 인간 노동이 아니라 기계에 종속
된 추상적인 노동으로 대면한다고 주장한다.

　마르크스는 이윤 중심의 관계 속에서 인간적인 요소가 감소하는
과정을 자본의 역학으로 보았다. 마르크스에게 상품은 '사용가치'와
'교환가치'라는 두 가지 가치로 구성된다. 마르크스는 사용가치가 모
든 인간 사회에 존재했고 단지 인간이 대상에 부여한 효용으로서 의
미를 가질 뿐이었다고 주장한다. "그런 필요의 본성은 예를 들어 그
것이 위장에서 비롯된 것이든 변덕에서 비롯된 것이든 전혀 차이가
없다"(Marx 1974, p.43). 하지만 교환가치는 오직 자본주의적 생산양
식에서만 존재한다. 마르크스는 자본주의가 잉여가치를 무질서하게
창출하는 속성이 문제라고 본다. 그에 따르면 "한 개인의 노동을 나
머지 개인들의 노동과 연결하는 관계는 노동하는 개인들 간의 직접
적인 사회적 관계가 아니라 실제로는 개인들 간의 물질적 관계와 사
물들 간의 사회적 관계로 나타난다"(1974, p. 78).

　자본주의적 사회관계에서 인간은 착취를 당하는데, 이는 타자와
함께하는 사회적 삶으로부터 인간을 소외시키고 인간의 사회적 관계
를 신비화하는 조건을 창출한다. 마르크스는 자본주의 경제가 개인

과 사물 사이에 상동 효과^homologous effect를 발생시키는 시스템이라고 특정했다. 이러한 대칭성은 가치의 형태에 대한 마르크스의 관념에서 훌륭하게 표현된다. 마르크스는 상이한 유형의 사물들을 등가화 가능한 것으로 변환하는 과정을 설명하는 데 아래의 등식을 활용한다.

x 상품 a = y 상품 b, 즉 x 상품 a는 y 상품 b만큼의 가치가 있다(1974, p. 55).

미국에서는 프레더릭 테일러가 경영 기술에 대한 새로운 과학적 접근법을 제안했다. 테일러의 테크닉은 의심할 여지 없이 미국 노동자들의 노동 관행을 강화했다. 1911년 테일러는 "가장 큰 번영은 모든 인간과 모든 기계가 가능한 가장 큰 산출을 낼 때, 즉 수립된 시스템 속에서 인간과 기계가 가능한 최대의 생산성을 발휘한 결과로서만 존재할 수 있다"(Taylor 1967, p. 1)라고 주장한 바 있다. 테일러는 '태업' 문제에 관심이 많았는데 노동자들은 얼마를 받든 상관없이 자발적으로 빈둥거리려 한다는 사실을 발견했다. 테일러의 관리 기술은 피고용자들이 게으름을 피울 수 있는 영역을 감소시키는 데 목적이 있었다(Taylor 1967). 이를 위해 테일러는 노동자의 개인적 요소를 제거해버리고 노동과 생산을 표준화함으로써 개별 노동자의 자율성을 제한하려고 했다.

생산 라인

1900년대 초 중요한 제조업체였던 제너럴모터스는 기업가 헨리 포드Henry Ford와 연결된 '포드주의'라는 용어를 만들어냈다. 켄들 베일스Kendall E. Bailes는 다음과 같이 적는다.

> 미국의 산업은 전례 없는 수준의 표준화, 전문화, 조립라인 기술 그리고 거대한 플랜트를 통해 달성되는 규모의 경제를 활용했다. 테일러주의 및 포드주의와 연결된 새로운 기술은 미국이 달성한 산업적 우월성 때문에 러시아 경제학자들과 소비에트 지도자들조차 특별한 신뢰를 부여했다(1981, p. 429).

헨리 포드는 자동차산업 기업가였다. 포드의 악명은 1932년 올더스 헉슬리Aldous Huxley의 소설 『멋진 신세계Brave New World』에 고스란히 반영되어 있다. 헉슬리는 포드의 이름을 사용해 근대를 AF, 즉 포드 이후After Ford라고 부른다. 조립라인은 대규모 기계화 과정의 한 특징이다. 조립라인 위에서 각각의 작업은 더 작은 공정으로 끊임없이 분해된다(Bix 2000). 이로 인해 많은 이들이 노동의 파편화와 무의미하고 단순한 작업을 양산하는 시스템에 대해 숙고하게 되었다. 1920년대에는 새로운 생산 기술이 노동자에게 유리한 모든 종류의 숙련 기술을 제거해버릴 것이라는 생각, 즉 노동자가 단지 자동기계에 불과한 존재로 전락해버릴 것이라는 생각이 확산되었다.

동일한 기계적 과정이 계속 반복되어 지루한 고역을 끊임없이 수행해야 하는 비참한 일과는 시시포스의 노동과 같다. 노동의 무게는 기력이 소진한 노동자의 쇠약한 등을 마치 바위처럼 끊임없이 짓누른다(Marx 1974, p. 398; 마르크스가 엥겔스를 재인용).

버트런드 러셀Bertrand Russell은 1930년대 《뉴욕타임스*The New York Times*》에 기고한 글에서 기계에 대해 논평했다. 그는 이 글에서 기계 테크놀로지가 어떻게 개인의 가치와 독립성을 지속적으로 감소시키는 결과를 초래하는지를 논했다(Ward and Lindbergh 1972, p. 75). 인류학자 캐리어James G. Carrier와 밀러Daniel Miller는 아래와 같이 주장한다.

마르크스주의 인류학에서 핵심적인 것은 상품 문화라 불릴 수 있는 것에 대한 비평이다. 상품 문화 내에서는 자본의 추상화로 인해 노동자가 자본의 자기 재생산 전략에 단순히 종속적인 존재로 환원되고, 이는 다시 노동자의 인간성을 축소하는 결과를 초래한다. 사회의 지배적 사고가 자본을 자체의 성장, 행위 주체성, 재생산 능력을 가진 유기적인 힘으로 파악하면 할수록, 실제 인간성은 점점 더 그런 특질을 상실하는 것으로 인식되어 자본 발달을 위한 수단으로 전락해버린다(1999, p. 33).

이 주장은 흥미로운 이분법으로 우리를 이끈다. 자본주의에서 노동 활동은 개인의 가치를 떨어뜨리는 한편 (일부 시각에서) 동질한 대중을 탄생시키는데, 이는 개인성 말살에 대한 공포와 전체주의에 대한 공포를 동시에 유발한다(Carrier and Miller 1999). 개인성 말살에 대한 공포는 다양한 형태로 표현되었다. 귀스타브 르봉Gustave Le Bon은 몹mob 이라는 은유를 통해 이런 공포를 표현했다.『군중The Crowd』에서 '몹'은 집단에 동화되고 오토마톤처럼 행동하는 개인들로 구성된 동질적인 대중이다(1952). 르봉이 두려워했던 몹은 바로 노동계급이었다. 르봉 은 이들을 정치적 좌파에게 조종당할 수 있는 존재로 보았다. 좌파 진 영에서는 동질화에 대한 공포를 자본주의적 사회관계의 결과로 이해 했다. 이런 관점은 특정한 노동 활동이 소외를 초래하는 실천이라는 생각에서 비롯되었다. 소외는 생산 행위를 더 파편화하는 새로운 관 리 방법이 도입되면서 점점 더 심화된다.

산업화와 표준화된 부품의 공장제 생산 필요성을 증대시킨 제1차 세 계대전은, 러스킨이 두려워한 바처럼, 인간 스스로 감정과 개인성을 상 실한 인간 이하의 피조물로 전락하고 있다는, 보다 큰 우려를 낳았다 (Wosk 1986, p. 149).

소비에트와 자본주의 시스템은 모두 새로운 생산기술을 받아들였고, 이는 차페크가 희곡을 집필하던 1920년대를 훨씬 넘어서까지 지속되 었다. 좌파와 우파 모두 인류의 구원이 공장제 생산방식의 선진화에 달려 있다고 보았기 때문이다. 로봇은 인간과 기계의 본성 그리고 이 둘 사이의 상호 관계에 대한 역설적 느낌을 포착하는 상징적인 캐릭 터다. 예술가와 정치활동가 들은 인간과 비인간 사이의 경계가 허물어지는 다양한 방식을 조명하기 시작했다. 그리고 이와 같은 인간-비인간 대칭성은 마르크스주의 좌파 철학과 자본주의 우파 철학 양자 모두에서 특별한 형태를 획득했다. 더욱이 생산의 강력한 힘들이 무언가(개인성, 숙련 기술, 자유) 상실되고 침해되었다는 느낌을 적나라하게 드러나도록 만들었다. 차페크의 의도는 명백했다. 그는 로봇 캐릭터를 창조함으로써 1920년대의 삶을 압도하고 있다고 믿었던 현대화와 합리화 과정을 평가하고 논평할 수 있었다. 이 장은 로봇을 창조한 차페크의 『R. U. R.』에 헌정하는 장이다. 따라서 그가 1923년 《새터데이 리뷰_The Saturday Review_》에 기고한 글의 일부를 인용하면서 이 장을 마무리하겠다.

그렇다. 로봇의 공격이 시작된 순간 관중들이 무엇인가 가치 있고 위대한 것, 즉 인간성, 인류 그리고 우리 자신이 위기에 처했다고 느끼기를 간절하게 희망했다……인류의 무덤 앞에 서 있다고 상상해보라. 아무리 극단적인 비관론자라 하더라도 이 절멸한 종의 성스러운 의미를 분명히 깨달을 것이다. 그리고 인간으로 존재한다는 것이 위대한 일이었다고 말할 것이다.

| 참고 자료|

Atta, DV 1986, "Why is there no Taylorism in the Soviet Union", *Comparative Politics*, vol. 18, no. 3, pp. 327–337.

Bailes, KE 1981, "The American connection: ideology and the transfer of American technology to the Soviet Union, 1917–1941", *Comparative Studies in Society and History*, vol. 23, no. 3, pp. 421–448.

Benson, TO 1987, "Mysticism, materialism and the machine in Berlin dada", *Art Journal*, vol. 46, no. 1, pp. 46–55.

Bix, A 2000, *Inventing ourselves out of jobs?: America's debate over technological unemployment, 1929–1981*, Johns Hopkins University Press, Baltimore.

Bon, GL 1952, *The crowd*, Ernest Benn, London.

Čapek, J & Čapek, K 1961, *R.U.R. and the insect play*, Oxford University Press, Oxford.

Čapek, K 1924, "Why I am not a communist" *The Pritomnost (Presence) Magazine*, December, trans. M Pokorny. Available from: ⟨http://capek.misto.cz/english/communist.html⟩[22 July 2014].

Čapek, K 1935, "The author of robots defends himself–Karl Capek" *Lidove Noviny*, 9 June, trans. B Comrada.

Čapek, K 1961, *R.U.R. (Rossum's universal robots)*, trans. P Selver.

Čapek, K 1998, *War with the newts*, Penguin, London.

Čapek, K 2004, *R.U.R. (Rossum's universal robots)*, Penguin Classics, New York.

Carrier, J & Miller, D 1999, from "Private virtue to public vice", in *Anthropological theory today*, ed. H Moore, Polity Press, Cambridge, pp. 24–47.

Corn, JJ & Horrigan, B 1984, *Yesterday's tomorrows: past visions of the American future*. The Johns Hopkins University Press, Baltimore.

Green, C 2006, "The Machine" in *Modernism: designing a new world, 1914–1939*, ed. C Wilk, V & A Publications, London, pp. 71–111.

Haman, A & Trensky, PI 1967, "Man against the absolute: the art of Karel Čapek", *The Slavic and East European Journal*, vol. 11, no. 2, pp. 168–184.

Huxley, A 1968, *Brave new world*, Heron Books, London.

Huyssen, H 1981, "The vamp and the machine: technology and sexuality in Fritz Lang's

Metropolis", *New German Critique*, no. 24/25, pp. 221–237.

Illyenkov, EV 1982, *Leninist dialectics and the metaphysics of positivism*, New Park Publications, London.

Jiménez, AC & Willerslev R 2007, "An anthropological concept of the concept: reversibility among the Siberian Yukaghirs", *Journal of the Royal Anthropological Institute* vol. 13, no. 3, pp. 527–544.

Klíma, I 2004, "Introduction", in *R. U. R. (Rossum's universal robots)*, Čapek, K, Penguin Classics, New York. First published in Prague 1921 by Aventinum.

Lodder C 2005, *Constructive strands in Russian art*, Pindar Press, London.

Marx, K 1974 [1887], *Capital*, vol. 1, Lawrence & Wishart, London.

Marx, K & Engels, F 1970, *The German ideology*, trans., Lawrence & Wishart, London.

Reichardt, J 1978, *Robots: fact, fiction and prediction*, Thames and Hudson, London.

Smejkal, F 1990, *Devetsil: an introduction in Czech avant-garde art, architecture and design of the 1920s and 1930s*, Museum of Modern Art, Oxford & Design Museum, London.

Taylor, FT 1967, *The principles of scientific management*, W. W. Norton, New York.

Thomis, M 1970, *The Luddites: machine-breaking in regency England*, David & Charles Archon Books, Newton Abbot, England.

Vlcek, T 1990, "Art between social crisis and utopia: the Czech contribution to the development of the avant-garde movement in east-central Europe", 1910–30, *Art Journal*, vol. 49, no. 1, pp. 28–35.

Ward, J & Lindbergh W 1972, "Linking the future to the past" in *The social and cultural life in the 1920s*, ed. RL Davis, Holt Rinehart and Winston, New York.

Wilk, C 2006, *Modernism: designing a new world: 1914–1939*, V&A Publications, London.

Wosk, JH 1986, "The impact of technology on the human image in art", *Leonardo*, vol. 19, no. 2, pp. 145–152.

Wright, WE 1966, *Serf, seigneur, and sovereign: agrarian reform in eighteenth century Bohemia*, University of Minnesota Press, Minneapolis.

| 인용한 영화 |

Metropolis 1927, dir. Fritz Lang.

2장

신체-마음
이원론으로부터

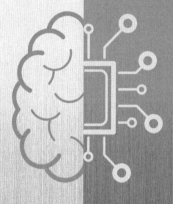

영화 〈2001: 스페이스 오디세이〉에서 관객들은 'HAL 9000'(자율 탐색 프로그램 알고리즘 컴퓨터Heuristically programmed ALgorithmic computer의 약자) 이라는 고도로 정교한 인공지능 시스템과 조우한다. 이 장에서는 이 영화의 핵심 쟁점, 즉 인공지능 시스템에서 신체가 수행하는 역할 을 탐구하고자 한다. 영화의 스토리를 간단히 요약하면 다음과 같다. HAL 9000은 우주비행사들이 탄 우주선에 장착된 컴퓨터다. 이 우주 선은 지적 생명의 신호가 포착된 목성으로 임무를 수행하기 위해 비 행하고 있다. 그런데 목성을 향한 여정이 진행됨에 따라 HAL이 점점 이상해지면서 실수를 저지르고, 생명 유지 시스템을 꺼버려 동면에 빠진 선원들을 질식사시킨다. 생존한 두 선원, 데이비드 보먼(키어 둘 리Keir Dullea 분) 박사와 프랭크 풀(개리 록우드Gary Lockwood 분) 박사가 비 행선의 통제권을 되찾는다. 그들은 HAL이 중대한 위협임을 알아채 고 HAL이 들을 수 없는 비밀스러운 대화를 나누기에 적합한 공간을 찾는다. 하지만 HAL은 그들의 입술 움직임을 읽어 그들이 HAL의 컴퓨터 시스템을 해체하려는 계획을 세우고 있음을 알게 된다. HAL 9000은 컴퓨터 모니터에 검은색 원으로 둘러싸인 붉은색 원으로 표 상되고 눈, 귀, 입이 없다. HAL은 신체가 없는데도 듣고 볼 수 있는 존재로 설정된다. 이로 인해 보먼을 포함한 모든 선원에게 치명적인 결과가 초래된다. 그들은 표류하다가 지구로 복귀할 희망을 상실한 채 결국 목성에 고립된다.

이 영화의 테마는 여러 가지 이유로 의미심장하다. 1960년대에 AI 는 아직 명확한 잠재력이 확정되지 않은 새롭고 흥미로운 성장 분야 였다. 전문가들은 2001년까지 AI가 확립되어 HAL과 유사한 기계가 출현하리라고 전망했다. 하지만 2001년은 이미 지나갔고, 1960년대 에 상상되기 시작한 AI 시스템은 여전히 실현되어야 할 과제로 남아 있다.[1] 영화에서 우주비행사들은 통제 불능 상태의 HAL에게 저항 하려고 시도하지만, 입술 움직임을 읽고 반란 계획을 사전에 파악한 HAL이 그들의 음모를 좌절시켜버린다. HAL에는 눈이 없고, 주변 세계를 관찰할 수 있는 카메라만 장착되어 있다. 그렇다면 이 기계는 카메라를 통해 수신된 이미지를 어떻게 해석할까? 입술 읽기는 입 모 양과 특정한 발성 시점에 이루어지는 공기 배출에 대한 지식이 필요 한 매우 복잡한 기술이다(Walker 1999; Nitchie 1950; Nitchie 1913). 니 치Edward Bartlett Nichie가 설명하듯이 "입술 읽기를 가르치는 것은 진정 으로 심리학적인 문제다……눈이 두 가지 난제를 극복해야 한다. 첫 째, 움직임들 대부분이 애매모호하다. 둘째, 입술의 움직임이 형성되 는 속도가 매우 빠르다. 구어가 입술 읽기의 목적에 아주 적합하지 않 다는 것은 구강, 심지어 인후에서 형성되는 많은 소리를 통해서도 분 명하게 드러난다. 구어 자음과 비구어 자음의 차이는 눈으로 감지할 수 없다"(1913, p. 5). HAL은 신체 없이 어떻게 입술을 읽을 수 있을까?

이는 또 다른 질문으로 우리를 이끈다. 신체는 무엇을 위한 것인가? 몸이 없는 상태에서 마음은 무엇을 할 수 있고 무엇을 할 수 없을까? 이들 질문은 우리에게 매우 중요한 의미를 가진다. 특수한 신체의 존재 또는 부재가 탈신체화된 AI와 신체화된 행동 기반 로봇 시스템에 준거 틀을 제공하기 때문이다.

군국주의, 튜링 그리고 생각기계

초창기 컴퓨팅과 AI는 제2차 세계대전 중 서구의 군국주의를 통해 성장했다. 군사적 · 전략적 목적으로 암호를 해독해 기술적 대상들에 대한 통제력을 강화하려는 욕망이 유럽과 미국의 군사작전 경쟁에서 최고조에 달했다. 독일 국적의 콘라트 추제Konrad Zuse, 1936~1938가 '최초의 프로그래밍 컴퓨터'를 개발했다(Garnham 1987, p. 5). 독일의 군사력 발전은 연합국들을 강하게 자극했다.

> 미국에서는 과학자들이……펜실베이니아대학에서 포사격 좌표 계산 기계인 ENIAC를 개발했다……영국에서는 앨런 튜링과 암호분석가 팀이 블레츨리파크에서 암호해독을 위해 전자기장 컴퓨터 기계를 사용했다(Garnham 1987, p. 5).

제2차 세계대전 이래 현대 군국주의를 바탕으로 구축된 기술 체계가 이들 분야를 규정해왔고, 오늘날도 군 당국의 자금 지원이 AI, 컴퓨팅, 로봇학 분야 연구비의 가장 큰 부분을 차지하고 있다. 제2차 세계대전 당시 특수한 타자 관념이 컴퓨터 암호해독과 적군의 작전 기밀을 가로채는 일을 추동했다.

우리는 1940년대부터 컴퓨팅 기계의 지속적인 발달을 목도해왔다. '컴퓨테이션computation'은 계산하다 또는 셈하다는 뜻의 '컴퓨트compute'에서 파생했다. 찰스 배비지Charles Babbage는 1822년 '차연 엔진Difference Engine'이라는 컴퓨테이션 기계를 개발하려고 시도했으나 프로젝트가 결실을 맺는 데 필요한 연구비를 전혀 받을 수 없었다. 알려진 바와 같이 최초의 프로그래밍 컴퓨터는 독일인 콘라트 추제에 의해 개발되었다. 하지만 전기적 컴퓨팅 장치는 1943년 블레츨리파크에서 이루어진 팀 프로젝트의 산물이다. 컴퓨터에 대한 관심은 비록 처음에는 특정한 장소에서 발생했지만 급속하게 확산하여 전쟁 활동의 핵심 부분으로 자리매김했다. 페미니스트 과학기술 연구자 도나 해러웨이는 레이더 기술과 미사일 시스템의 발달이 어떻게 기술적 목표와 적대감을 재형성하는 데 도움을 주었는지 설명한다. 인간과 기계 사이의 경계가 재조정된 이유는 바로 군사적 승리를 위해 국민국가들이 더 정교한 기술을 개발할 수밖에 없는 상황이 조성되었기 때문이다.

전쟁과 군대를 운영하는 문제가 과학의 새로운 발전을 견인했다. 군사 작전과 관련된 연구가 제2차 세계대전 중에 그리고 레이더 장치와 적군의 위치 정보를 하나의 전체적인 시스템(이는 인간 조종자와 물리적 기계를 통합적 분석의 대상으로 인식한다)으로 조율하려는 노력과 함께 시작되었다 (Haraway 1991, p. 58).

1940년대에는 유기체-기계 관계, 즉 사이버네틱스에 대한 새로운 이론화를 목도했다. 1940년대에 노버트 위너가 기계와 유기체를 융합한 커뮤니케이션 이론의 결과물인 사이버네틱스를 발전시켰다 (Weiner 1961). 사이버네틱스는 이후 부분적으로 인간이면서 부분적으로 기계인 사이보그에 대한 비전을 싹틔웠다. 마이크 페더스톤Mike Featherstone과 로저 버로스Roger Burrows가 설명하듯이 사이버네틱스는 "인간의 마음, 인간의 신체, 자동 기계의 세계를 융합해 이 셋 모두를 통제와 커뮤니케이션의 공통분모로 환원하려고 시도했다"(1995, p. 2). 사이버네틱스는 스크립트화된 알고리즘을 모델로 하는 경성 컴퓨팅 이론the rigid theorizing of computing으로부터 혁신적인 이탈을 의미하기 때문에 커뮤니케이션 이론과 컴퓨팅의 파생물이라고 할 수 있다. 사이버네틱스는 유기체에서 영감을 얻은 컴퓨팅 접근법으로 인류학자를 포함한 다양한 사상가들에게 영향을 받았는데, 초기 인물로 마거릿 미드Margaret Mead와 그레고리 베이트슨Gregory Bateson을 들 수 있다. 1940년대와 1950년대는 컴퓨팅의 성장기였고, 곧이어 1956년에 AI가 뒤를 이었다. 사이버네틱스는 인간을 포함한 동물 유기체들에게 영감을 받았지만 인공지능은 탈신체화된 인간의 인지 과정을 가장 전면에 내세웠다.

앨런 튜링의 기념비적인 논문 「기계가 생각할 수 있을까?Can a

Machine Think?」는 인공지능의 현대적 근간을 제공했다(1950). 튜링은 유명한 컴퓨터과학자로 존경받았고 제2차 세계대전 당시 암호해독가로 영국 블레츨리파크의 한 비밀 기관에서 활동했는데, 이 기관과 튜링 사이에 다소 불미스러운 사건이 발생하기도 했다. 튜링은 1912년 6월 23일 인도 식민지 관료의 아들로 태어나, 부모님이 그와 형제들을 영국으로 이주시킬 때까지 인도에서 자랐다. 1930년대에 케임브리지대학 학생이었던 튜링이 명성을 날리기 시작한 것은 콜로서스 Colossus라는 컴퓨터를 개발하면서부터였다.

튜링은 기계 지능에 대해 반직관적인 모델을 제안했다. 그는 기계의 외관을 무시하고 기계를 동일한 상황에서 인간이 반응하는 방식과 비교하면서 기계와 인간의 대화를 기반으로 기계의 지능을 판단했다. 그는 인간이 반응하는 데 필요한 시간의 100퍼센트에 상당하는 반응시간을 기계에 제공할 필요조차 없을 것이라고 추정했다. 기계가 인간 대화 상대를 설득하는 데 충분한 시간은 정확하게 70퍼센트로 나타났다. 아서 클라크Arthur C. Clarke는 〈2001: 스페이스 오디세이〉를 튜링에게 헌정했다. 이를 통해 이 영화가 HAL 9000의 지적 선조로 튜링을 참조했다는 사실을 알 수 있다.

튜링은 어떤 사람이 기계의 대답과 인간의 대답을 구분하지 못하는 상태로 기계와 충분히 긴 시간 동안 대화(타자기를 통해서든 마이크를 통해서든 상관없이)를 지속한다면, 그 기계는 생각(생각이라는 단어를 분별력 있게 정의하는 한)하고 있다고 주장했다(Clark 1990, p. 108).

수학적 공식으로서 논리적 추론은 1세기 앞서 조지 불George Boole이 개발했다. 1854년 불은 『생각의 법칙에 관한 탐구*Investigation of the Laws of Thought*』라는 책을 출판하고 '불 대수Boolean Algebra'라는 생각의 방법을 기술했다. 이 책에서 불은 논리가 수학의 한 형태이고 기하학처럼 "단순 공리의 토대에 기초해 있다……그리고 산수가 덧셈, 곱하기, 나누기 같은 일차 함수를 가진다면 논리는 '그리고', '혹은', '아닌' 같은 연산자로 환원될 수 있다"(Strathern 1997, pp. 26–27)라고 주장했다. 이 체계의 이점은 보다 복잡한 십진법 체계에 반대되는 이진법 체계에서 작동할 수 있다는 점이다. 불의 연구는 복잡한 지적 과정을 수학적으로 상상할 수 있는 토대를 구축했다.

튜링은 기계와 관련해 겹치면서도 구별되는 관념 두 가지를 보여준다. 첫째는 후에 튜링 머신Turing Machine으로 불리는 기계의 논리적 작동을 묘사하는 수학 공식이다. 이는 그가 "(우리가 아는 바와 같은) 단 하나의 컴퓨터도 만들어지기 전에 이미 컴퓨터에 관한 이론을 구축했다"(Strathern 1997, p. 50)는 것을 뜻한다. 튜링은 튜링 테스트로도 유명하다. 튜링 테스트는 컴퓨터가 지적인 존재로 인식되기 위해 컴퓨터와 인간 사이에 교환되어야 할 것에 대해 구축한 또 다른 논리적 명제 세트다. 지적인 기계를 구성하는 것에 대한 튜링의 공식화는 여전히 유효하고, 그런 프로그램을 성공적으로 설계하는 자에게 10만 달러의 상금이 걸려 있다(Christian 2011). 예를 들어 뢰브너 상Loebner Prize은 그런 프로그램의 효율성을 테스트하는 연례적인 경쟁을 거쳐 시상된다. 2014년 현재까지 컴퓨터를 상대하고 있는 인간으로 하여금 다른 인격과 상대하고 있다고 믿도록 만드는 도전에서 만족할 만한 성과를 낸 사람은 아직 아무도 없다. 하지만 이 연례 이벤트는 컴퓨터 분야의 중요 행사로 계속되고 있다.

이렇듯 인간 지성의 대화적 측면은 왜 AI 분야에서 철학자의 돌 philosopher's stone*로 간주될까? 비록 물리적 외형을 가진 모티프로 가장했지만 이 철학자의 돌은 바로 기계와 대화하는 인간으로 하여금 하나의 지적 실체와 상대하고 있다고 믿게 만드는 능력이다. 특히 앨런 튜링은 인간과 기계를 비교하고 대조할 수 있는 모델을 구축하고 실행했다. 그는 일차적으로 '대화'라는 관념을 취하고, 대화가 기계지능 개발에 근본적으로 중요하다고 믿어야 했던 이유를 논했다.

대화란 무엇인가? 대화는 대인적 교환의 한 유형으로 자연언어를 통해 이루어지는 참여자의 커뮤니케이션을 수반한다. 즉 대화는 대인적 교환의 한 단위로서 생각, 느낌, 의도를 소통하기 위해 공통의 언어를 사용할 수 있는 상이한 행위자들(통상 개인이지만 항상 그렇지는 않다) 사이에서 인정의 표식으로 작용한다. 대화의 교환은 발화, 신체, 텍스트를 통해 한 명 또는 그 이상의 개인에 의해 매개된다. 또한 대화는 각각의 구체적 발화와 언어 맥락에 접근하면서 정지되기도 하고 시작되기도 하는 일시적인 것이다. 기술 사회학자 셰리 터클은 디지털 컴퓨터 시대의 사용자들이 대면 상황보다 비대면 상황에서 관

---

* 현자의 돌lapis philosophorum 혹은 마법사의 돌Sorcerer's Stone이라고도 한다. 신비주의 연금술에서 값싼 금속을 금으로 바꿀 수 있는 능력을 가진 물질로 알려져 있다. 이 맥락에서는 위대한 일 혹은 위대한 성공을 가능하게 하는 촉매제를 뜻한다.

계 맺는 것을 선호하기 때문에 구술적 대화가 위협받고 있다고 생각했다(Turkle 2011). 언어는 "정동affect으로부터 자유롭지 않고 맥락으로부터 독립적"이지도 않다. 오히려 발화는 "상황에 착근해 있는 사회적 활동"으로 "언어와 비구어적 커뮤니케이션 사이의 불안한 관례적 이분법"에 기반해 있다(Ingold 1996, p. 6). 대화는 대화 당사자가 물리적으로 현전하지 않는 때에도(전화 통화처럼) 개인들 사이에서 이루어질 수 있는데, 이 경우 커뮤니케이션의 청각적이고 발화적인 측면이 물리적으로 현전하는 신체화된 형태에서 분리된다. 대화는 시작하고 정지한다는 점에서 일시적이며, 대화의 교환에는 예측 불가능성과 혁신의 요소가 항상 존재한다(Chomsky 1972). 인간과 동물의 신체 또한 복잡한 언어 체계이기도 하다(Birdwhistell 1971; Darwin 1998).

튜링은 '성별 추측 게임sexual guessing game'과 관련해 '생각기계'라는 개념을 소개했다. 그는 1950년 학술지《마음Mind》에 실린「컴퓨팅 기계와 지능Computing Machinery and Intelligence」이라는 논문을 이미테이션 게임Imitation Game에 관한 논의와 함께 시작한다. 이미테이션 게임은 세명, 즉 남성 A와 여성 B 그리고 양성 중 어느 쪽도 가능한 질문자 C에 의해 이루어진다. C는 오직 A와 B를 X 혹은 Y라는 측면에서만 알고 있고, 게임이 끝날 때 반드시 A는 X 혹은 B는 X라고 말해야 한다. 이 시나리오에서 질문자 C는 인간이고 A는 기계라고 상상해보자. C는 A, B와 분리된 방안에 머물고 전달받은 종이에 적힌 대답에 의존해서 A와 B의 성별을 결정해야 한다. 이 게임의 목적은 A 혹은 B가 남성인지 여성인지를 결정하는 것이다. 하지만 A와 B는 질문자를 혼란스럽게 만들기 위해 숨겨진 방식으로 진실을 말하는 데 흥미가 있다. 예를 들어 만약 C가 A(남성)에게 머리카락이 얼마나 긴지 물어본다면 A의 대답은 잘못된 정보를 제공해 C를 헷갈리게 할 수 있다. 그래서 A는 "내 머리카락은 단발머리이고 가장 긴 머리카락이 9인치쯤 된다"(1950, p. 434)라고 답할 수 있을 것이다. 튜링은 게임에서 C가 수기 커뮤니케이션에서 실마리를 찾을 수 없도록 하기 위해 "이상적인 세팅은 두 방 사이에 전신타자기를 설치하는 것이다"(1950, p. 434)라고 적고 있다. 그런 다음에 A를 기계로 대체하라고 제안한다.

'이 게임에서 A의 역할을 기계가 대신한다면 어떤 일이 발생할까?' 이런 방식으로 게임을 하면 질문자는 게임이 한 남성과 한 여성 사이에서 이루어질 때와 마찬가지로 흔히 잘못된 판단을 내리게 될까? 이들 질문은 우리의 처음 질문, 즉 '기계가 생각을 할 수 있을까?'를 대체한다 (Turing 1950, p. 434).

튜링은 기계 측면에서 이렇게 질문함으로써 의도치 않게 신체, 구체적으로 로봇 신체의 중요성을 축소시켜버린다.

이 새로운 문제는 인간의 신체적 능력과 지적 능력 사이에 분명한 경계선을 긋는다는 이점을 가진다. 어떤 엔지니어나 화학자도 인간의 피부와 구별할 수 없을 정도로 유사한 물질을 생산할 수 있다고 주장하지 않는다. 언젠가는 그것이 가능해질 수도 있을 것이다. 하지만 설사 그런 발명이 가능하다고 하더라도, '생각기계'에 인공 피부를 입혀 보다 인간적으로 만들려는 시도가 별 의미가 없다고 느낄 것이다(Turing 1950, p. 434).

이 구절은 '생각기계'에 인공 피부를 입혀 인간과 더 유사하게 만들려는 시도가 별 의미가 없다는 튜링의 믿음을 명확하게 드러낸다. 이 구절은 또한 튜링이 마음을 신체화된 마음이 아니라 탈신체화된 인지 체계로 보았다는 사실을 알려준다. 그렇다면 튜링은 신체적 외양과 사고 능력을 분리한 셈이 된다. 다른 한편으로 그는 속임수와 대화의 역할, 즉 본질보다는 외양을 강조했다. 튜링이 신체의 부재와 속임수라는 측면에서 기계지능 문제의 프레임을 짠 것은 의미하는 바가 크다. 신체의 중요성과 비중요성 사이의 이런 구분이 현재까지 지속되고 있기 때문이다. 속임수에 대한 튜링의 관심은 의심할 여지 없이 비밀 암호를 해독하는 프로젝트에 참여했던 사실과 관련 있지만, 마찬가지로 그의 성 정체성으로 인해 비밀스럽고 대안적인 삶을 살았던 점과도 관련 있는 것으로 보인다. 따라서 스트래선(1997)은 "이런 기계와의 동일시가 즉시 그의 삶 전체로 스며든다. 자신을 하나의 기계로 간주하는 것은 내면적 삶의 지속적인 혼란으로부터 훌륭한 심리적 해방감을 제공했다"(p. 73)라고 주장한다. 후에 튜링은 미래의 파트너인 네빌 존슨Neville Johnson에게 "나는 다른 인간들보다 이 침대와 더 많이 접촉한다"라고 말했다(Strathern 1997, p. 74).

튜링이 블레츨리파크 엘리트 집단의 한 성원으로서 보여준 탁월한 능력에도 불구하고, 그의 성 정체성은 영국 정부 기관에 당혹스럽고 문제적인 것으로 작용했다. 1952년 튜링은 1885년 수정형법 11조의 과도음란죄로 기소되었다. 튜링은 그로부터 2년 후인 1954년 섭취 시 강력한 통증을 수반하지만 상대적으로 빠르고 고통스럽게 사망에 이르는 독극물인 청산가리(섭취자는 섭취 후 잠시 계속 호흡을 할 수도 있다)를 삼키고 자살했다. 그는 1950년대에 친구 노먼 라우틀리지^{Norman} ^{Routledge}에게 보낸 편지에서 자신이 남성에게 성적 매력을 느끼는 것 때문에 당국과 문제를 겪고 있음을 확인했다. 편지 말미에 그는 다음과 같이 적고 있다.

튜링은 기계가 생각한다고 믿는다.
튜링은 남자와 누워 있다.
따라서 기계는 생각하지 않는다.

튜링은 "힘든 와중에 너에게 보냄, 앨런"이라고 편지를 끝맺는다. 차이에서 비롯하는 튜링의 타자성은 기계의 생각에 관한 그의 이론화에 일정한 영향을 끼쳤다. 그의 삶 자체가 비밀과 폭로 그리고 암호화와 암호해독을 포함하는 일종의 이미테이션 게임 같았음이 틀림없다. 튜링은 또한 생각을 몸과 분리했다. 즉 A와 B의 몸은 젠더화되어 있지만 자기 몸에 대한 그들의 생각은 분리되어 있고 양립 불가능하다. 심지어 속임수로 한 형태를 다른 형태로 대체할 수도 있다.

신체와 기계

인공지능이 하나의 분야로 부상하게 된 것은 1956년 다트머스대학에서 개최된 연구 워크숍의 결과였다. AI의 초기 개척자인 마빈 민스키Marvin Minsky와 존 매카시John McCarthy가 이 대학을 졸업했고, 매카시가 '인공지능'이라는 용어를 만든 곳도 바로 이곳이었다. 애초에 하나의 새로운 분야를 알리는 학술대회로 출발했다가 하나의 연구프로젝트로 신속하게 발전했고, MIT에 첫 연구소가 설립되었다. MIT는 AI의 초기 발달에 중요한 장소다.

이 6주간의 학회 결과로 매카시와 민스키가 협동으로 MIT 인공지능연구소Artificial Intelligence Laboratory를 설립했고, 이것이 현재 MIT CSAIL의 전신이다. 처음에는 소수의 연구자로 출발했던 분야가 급속하게 성장해 1960년대에는 10여 개의 연구소가 설립되기에 이른다. 최근 사망한 존 매카시는 1960년대에 자신이 설립한 스탠퍼드 인공지능연구소Stanford Artificial Intelligence Laboratory, SAIL를 근거지로 활동했다.

1960년대와 1970년대의 인공지능 전성기에 주도적인 연구자 몇몇이 이 분야에 대한 낙관적 전망을 확산시켰다. 1965년 허버트 사이먼Herbert Simon(다트머스 학회의 원래 참석자 가운데 한 명)은 "20년 내에 인간이 할 수 있는 모든 일을 기계가 하게 될 것이다"라고 공언했다. 1967년 민스키는 "한 세대 내에 지능의 아주 일부만이 기계 영역의 외부에 남아 있을 것이고, '인공지능'을 창조하는 문제는 근본적으로 해결되어 있을 것이라고 확신한다"(Minsky 1967, p. 2)라고 주장한 것으로 악명이 높다. 유명인들이 퍼뜨린 이 분야에 대한 낙관주의가 현재까지 지속되고 있고, 인공지능과 로봇학 분야를 연구하는 새로운 세대의 사고를 통해서도 표현되고 있다(Moravec 1998; Kurzweil 2013, 2000). 이런 불가능에 대한 상상은 미래에 관한 기술적 시나리오와 연동되어 있다.

1980년대는 전통적인 AI가 발전의 돌파구를 찾지 못하고 지지부진하던 시기였다. 즉 HAL 9000을 구축하는 과정에 있었다기보다 뭔가를 하려고 허둥대는 시기에 지나지 않았다. 연구비는 감소했고, 당시까지 인공지능 연구자들의 초점은 '인간'을 복사한 인공지능의 생산이 아니라 복잡한 자동화시스템 같은 보다 실용적인 이슈로 대체되었다. AI를 테크놀로지의 혁신 분야로 간주했던 초창기 선구자들의 주장은 이 분야 자체의 실패로 인해 설득력을 잃었다. 인공지능 분야에 대한 낙관주의가 지나치게 팽배했는데, 아래의 이야기는 이 분야의 낙관주의와 실패를 잘 표현해준다.

인공지능 분야가 처음 설립되었던 1960년대 초반의 초창기 선구자들은 학부생 연구 활동의 일환으로 심지어 대학생들에게 기계의 비전에 관한 과제를 부과하기도 했다. 그런 프로젝트는 여름 한 철 정도만 필요할 것으로 예견되었지만 기계의 비전에 대한 문제 대부분은 오늘날도 해결되지 못하고 있다(필자가 나눈 개인적 대화 2004).

논의의 목적상 이제 신체의 현전 혹은 부재가 어떻게 AI 시스템의 발달에 중심 측면이 되었는지에 관심을 기울여보자. 아래는 비전문가나 방문객들에게 제공하는 신체화된 자율적 AI와 전통적 AI가 보여주는 접근 방식상의 차이를 설명한 글이다. 논의의 편의를 위해 지금부터 이 두 분야의 접근 방식을 묘사할 때 '신체화 AI'와 '전통적 AI'로 부르겠다.

전통적 AI 모델처럼 AI에 대한 관례적인 접근 방식은 세계를 구성하는 모든 요소를 지도화해서 그것을 기계에 입력하려고 시도함으로써 실패하게 된다. 이런 접근 방식이 실패할 수밖에 없는 이유는 어떤 비정상성이 발생했을 때 그것이 아직 프로그램화되지 않은 부분이라면 기계가 그 변화에 반응할 수 없기 때문이다. 하나의 로봇을 예로 들어보자. 전통적인 모바일 로봇학에서는 환경이 지도화되고 기계에 입력되어야 한다. 하지만 이전에 없던 요소가 나타나면 기계는 거기에 적응할 수 없게 된다. 대신 행동 기반 신체화 로봇학은 기계가 센서와 행동을 통해 환경과 독립적으로 기능하도록 하는 데 초점을 두고 있다(필자가 나눈 개인적 대화 2004).

위의 설명은 신체화 로봇학자인 로드니 브룩스Rodney Brooks가 과학 용어로 매끄럽게 풀어내고 있다.

전통적 AI 연구는 다양한 공헌(애플리케이션의 전개와 구별되는)을 했다. 그중 가장 대중적인 부류 두 가지를 여기서 살펴보겠다. 하나는 정성적 물리학, 발화자들 사이의 스테레오타입화된 상호작용, 혹은 동물의 범주화나 분류화 등 세계의 특정 측면에 대한 특정 수준의 묘사에 상응하는 형식론을 제공한다……두번째 부류는 세계 내 어떤 상황의 특정한 측면에 대한 특정한 재현을 입력한 뒤에 예측을 수행한다. 예를 들어, 그것은 세계의 일정한 변화에 영향을 미치는 계획의 형태, 불명확한 사실을 추론하기 위해 도서관에서 어떤 도식적인 유비를 그리는 형태, 혹은 전문가 수준의 조언을 제공하는 형태를 취할 수 있을 것이다. 이들 공헌은 상황화된 시스템 내에서 검증되어야 할 필요가 없다. 즉 입력 데이터 내에서 시스템을 '파악^{tell}'하는 데 무엇이 합리적인가에 대한 암묵적인 합의가 연구자들 사이에 존재한다(Brooks 1999, p. 74).

신체화는 공간성, 감성, 사회적 관계성이 중요한 부분을 차지하는 인지 체계다(Lakoff and Johnson 1980, p. 199; Gibbs 2006). 인지과학 분야에서 신체화는 "일상적이고 상황화된 인지 과정에 존재하는 행위 주체 자신의 신체에 대한 이해를 지칭한다"(Gibbs 2006, p. 1). 마음−신체 이분법의 인위적 구축은 데카르트 이후의 개념적 이론화를 규정해왔고, 마음과 신체 사이의 관계를 이들 형식 외부에서 이해하는 데 제약을 가해왔다. 인지심리학자, 언어학자, 로봇학자들은 "인간이 감정과 의식을 지각 · 학습 · 사고하고 언어를 사용하는 방법에 대한 이론적인 설명에서 운동감각적^{kinesthetic} 행위"(Gibbs 2006, p. 3)가 갖는 중요성을 강조해왔다. 다른 식으로 표현하면, 전통적 AI 시스템은 알고리즘에 기초해 모델을 설계하고 시스템을 수정하면서 지능 시스템의 범위를 재현·모델화·지도화하는 데 의존한다. 이런 접근은 휴버트 드레이퍼스Hubert L. Dreyfus(1992)가 '맥락 의존적 시스템'이라고 묘사한 것, 즉 물질적·사회적 환경의 현상에 의존하지 않는 시스템의 법칙을 포착하는 데 성공적이다. 수학적 시스템과 교통통제 시스템은 전통적 AI가 성공적으로 적용된 대표적인 사례다. 하지만 일단 이 시스템 안으로 예측 불가능성이 도입되면 이 모델은 더 이상 유효하지 않게 된다. 예측 불가능성이 발생할 때 전통적 AI 시스템은 복수의 의미로 인한 기능장애multiple meaning disorders에 직면하게 된다. 전통적 AI 시스템은 미리 설정된 경로나 정해진 코스를 따라 작동해야만 한다(Dreyfus and Dreyfus 1986).

내가 MIT의 인공지능 로봇 연구실에서 민족지 현장 조사를 시작한 지 며칠 지나지 않아 AI에 대한 접근 방식에 존재하는 지적 차이가 전면으로 부상했다. 그 차이는 다음과 같다. 전통적 AI는 물리적 신체를 지적 시스템 개발에 크게 중요하지 않거나 부수적인 것으로 간주한다. 여기서 지능은 수학 공식이나 프로그램(기계언어)으로 번역될 수 있는 형식적 합리성의 결과다. 이런 전통적 AI는 신체에 초점을 맞춘 지능을 강조하는 행동 기반 신체화 AI와 대비된다. 후자의 경우 지적인 기계가 가능하려면 지능 안으로 신체를 끌어들여야 한다. 이런 접근 방식에서는 기계도 지적 행위가 가능하다. 1980년대 로봇학자 로드니 브룩스의 아이디어는 전통적 AI에 도전장을 던지고 행동 기반 신체화 로봇학으로 방향을 전환했다(Brooks 1999). 이런 관점상의 차이는 AI 분야의 두 걸출한 인물과 연결되어 있는데 둘 다

MIT에 연구실을 두고 있다.

행동 기반 로봇학

1980년대에는 새로운 세대의 AI 과학자들이 부상했고, 로봇과 신체가 새로운 방식으로 이 분야에 산입되었다. 이성 대 신체에 관한 논쟁은 1980년대 중반 사회과학과 인문학 분야에서 진행된 상응한 논쟁들과도 공명했다(Csordas 1999; Lakoff and Johnson 1999). 즉 사회과학과 인문학이라는 분과 학문에서도 이성에 기반한 인간이라는 관점에 의문이 제기되기 시작했다. 토머스 소르다스Thomas J. Csordas는 다음과 같이 적고 있다.

> 최근 인간과학의 학술적 논의에서 진행되어온 신체로의 전환이 오늘날 모든 지적 활동에서 포스트모던의 조건이 불편한 조건으로 작용하고 있다는 인식과 공존해왔다는 점은 아마도 지성사에서 우연히 발생한 일은 아닐 것이다(1994, p. xi).

소르다스는 그 이유를 설명하면서 논의를 이어간다. "만약 신체로의 전환 이면에 신체가 탈중심화된 의미의 세계에서 안정적인 중심일 수 있다는 암묵적 희망이 숨어 있다면, 그것은 단지 존재론적 비결정성이 신체화의 본질적 특징이라는 사실의 발견으로 귀결될 것이다." (1994, p. xi). 이어서 소르다스는 '신체로의 전환'이 포스트모던 철학에서 비롯한 방향성 상실의 여파에 대한 반응이었다고 주장한다. 하지만 소르다스가 지적하듯이 의미의 안정적인 토대를 제공하기는커녕 신체 또한 환원되고 해체되어버렸다. 1980년대에는 신체가 강조되었고, 이는 다양한 학문 분야에서 이성에 대한 비판적 공격으로 이어졌다.

레이코프George Lakoff와 존슨Mark Johnson은 마음이 대체로 무의식적 의식에서 구축되고 인간의 뇌와 신체에 밀접하게 연결되어 신체화─감각운동 시스템이 핵심 특징이다─되는 방법을 개괄했다. 이들의 주장에 따르면 "현상학적 내성內省만으로 세계의 모든 것을 발견할 수 있는 현상학적 인격이 마음을 경험적으로 이해한다는 것은 허구에 불과하다"(1999, p. 5). 레이코프와 존슨이 함께 쓴 『육신 속의 철학: 신체화된 마음과 서구 사상에 대한 도전Philosophy in the Flesh: The Embodied Mind and Its Challenge to Western Thought』(1999)이라는 적절한 제목의 책은 신체에 대한 논증을 넘어 서구적 합리성에 대한 날카로운 비판을 추가로 제공한다. "마음이 무엇인가에 대한 이해가 심각하게 문제시되고 있다. 우리의 가장 기본적인 철학적 믿음은 이성에 대한 관점과 뗄 수 없이 연결되어 있다. 이성은 2,000년 넘게 인간을 정의하는 결정적인 특징으로 간주돼왔다……놀랍게도 경험적 연구에 비춰 보면 인간의 합리성은 서구의 철학적 전통이 견지해온 관념과 전혀 다르다는 사실을 발견하게 된다"(1999, p. 3-4).

신체화 지능은 그 안에서 환경과 상호작용하는 물리적 용기로서 몸을 필요로 한다. 하지만 신체화 AI는 단지 물리적 신체(컴퓨터는 비록 휴머노이드가 아니고 심지어 이동할 수 없는 종류라 하더라도 여하튼 일종의 신체를 가진다)에 대한 논의 그 이상의 함의를 가진다. 신체화 AI에서 신체에 대한 강조는 특정한 AI 실체가 신체를 가져야 한다는 단순한 인식을 넘어 지능, 인지, 지각, 언어적 · 비언어적 커뮤니케이션이 오직 신체(즉 감각적 · 육체적 · 감각운동적sensory-motor · 고유감각적 proprioceptive인 신체)를 통해서만 가능하다는 인식으로 확장된다. MIT 로봇학 연구실에서 진행되는 지각 실험과 소셜 로봇학이 바로 이 신체 기반 지능이라는 테마를 강조하는 두 가지 주요 분야다.

나는 연구실에서 정기적으로 들을 수 있었던 신체화 AI에 관한 논의를 보충하기 위해 민스키 교수가 MIT 미디어랩에서 개최하는 세미나 시리즈에 참석하기로 결정했다. 이 미디어랩은 MIT의 중요한 테크놀로지센터 중 하나로, 이곳의 연구자들은 인간이 건조 환경 및 새로운 테크놀로지와 상호작용하는 방식을 재이미지화한 것으로 유명하다. 2003년 민스키 교수의 강연 시리즈는 대형 강당에서 진행되었다. 그는 당시 출판을 앞두고 있던 『감성 기계The Emotion Machine』라는 책의 아이디어를 다듬기 위해 이 강연 시리즈를 기획했고, 책은 2007년에 출판되었다. 나는 고정 의자에 흩어져 앉은 여러 참석자 사이에서 그 책의 아이디어를 흥미롭게 경청했다. 하지만 감성이라는 주제는 내게 익숙하지 않은 방식으로 제시되었다. 나는 민스키의 강인한 캐릭터 그리고 질문을 던지는 젊은 학부생들에게 보여주는 관심과 따뜻한 태도에 감명을 받았다. 하지만 내가 던진 질문에는 따뜻하고 열정적인 태도로 답해주지 않았다. 나는 민스키에게 감성 시스템을 개발하는 데 신체가 수행하는 역할에 대해 질문했다. 민스키는 나의 질문에 거의 준엄한 태도로 대답했다.

신체가 가장 중요하다면 장애인이나 자기 신체에 대해 제한적인 통제력만을 행사하는 사람들이 생각이란 걸 할 수 있을까요?

민스키는 지능 시스템에서 신체가 갖는 중요성에 관해 의미심장한 쟁점을 제기한다. 인간의 신체는 각각 달라서 다양한 방식으로 존재하고 감각도 개별 신체마다 상이하게 배열되어 있다(Mol 2002). 움직임이 제한적인 장애화된 신체를 가진 인간도 여전히 생각은 할 수 있다. 또한 장애화된 신체도 신체다. 장애화된 신체는 단지 다를 뿐이다. 하지만 어떤 인간 신체도 기둥 위에 올려져 있는 뇌의 형태로 존재하지는 않는다. 각각의 인간 신체는 고유한 구성물이다(Ginsburg and Rapp 2013). 장애화된 신체와 기계의 비유는 반복되는 테마다. 민스키는 탈신체화된 지능에 대해 논증하고 또 자신의 신체를 완전하게 사용하지 못하는 장애인에 관한 주장을 하기 위해 무심결에 신체와 분리된 마음이라는 데카르트의 이분법적 모델에 의존하고 있었다. 이런 접근에는 오류가 있다. 여하한 형태로 장애화된 신체도 여전히 신체이기 때문이다. 모든 인간은 신체를 가지고 있고, 복잡한 신체는 무수한 부분으로 구성되어 있다(Mol 2002). 신체화된 지능은 경험을 존재의 수준에서 공간적·감각적으로 조직한다. 은유는 이런 쟁점을 탐구하는 데 유용한 방법이다. 언어학자 레이코프와 존슨(1980)

은 지능의 형성에서 은유(예를 들어 발화에서 사용되는 '그는 총 맞았다'* 같은 전쟁 은유)가 수행하는 역할을 탐구했다. 레이코프에게는 마음의 발달이 은유와 관련되어 있다. 『여성, 불 그리고 위험한 사물*Women, Fire and Dangerous Things*』(1987)은 범주의 발달에서 은유와 신체화가 수행하는 역할을 연구했다. 이 책의 제목은 여성, 불, 위험한 사물을 포함하는 '발란balan'이라는 범주를 지칭하는데, 이는 언어학적 용어로 복수의 범주적 경계를 가로지른다. 발란은 오스트레일리아 원주민 언어인 지르발Dyirbal어**의 어휘다(Lakoff 1987, p. 5). 이 책 저자들의 주장에 따르면 개념은 물리적·사회적·문화적 구성물과 긴밀하게 연결되어 있다. 따라서 그것은 논리적이고 탈신체화된 측면에서 결정되고 분류될 수 있는 순수하게 형이상학적인 개념화의 결과가 아니다.

타자: 동물과 기계

AI 기계와 로봇에 인간과 유사한 특질을 실현하려는 욕망은 인간의 의미에 대한 가정들을 뒤흔들 수 있다. 인간의 특유성과 대비되는 전형적인 비교 대상으로 동물이 활용되어왔다. 하지만 이제 기계(컴퓨터 시스템과 로봇)도 인간에 대해 성찰할 수 있는 타자가 되었음이 틀림없다. 인간과 동물의 경계에 대한 태도는 인간, AI 기계, 로봇에 대한 태도의 잠재적 변화를 탐구하는 데 유용한 척도를 제공해준다. 지

---

* 이 전쟁 은유는 '퇴짜 맞다', '논박당하다', '지다' 등의 뜻으로 사용된다.

** 오스트레일리아 퀸즐랜드 원주민 지르발족의 언어.

난 두 세기 내내 인간의 특유성을 비춰보는 '거울'을 제공한 것은 바로 동물이었다. 전통적으로 인간의 특유성을 정의하려는 욕망은 인간의 대척점에 있다고 생각되었던 비인간 동물을 통해 논의되었다. 즉 인간의 능력, 특성, 가치가 동물 세계와의 관련성 속에서 가늠되었다. 해러웨이에 따르면 영장류는 '경계 피조물'의 창조를 통해 사회적으로 구성된 인간됨의 본질에 관해 성찰할 수 있도록 해준다. 그녀는 "원숭이는 자연과 특권적인 관계를 맺고 서구인들은 문화와 특권적인 관계를 맺는다. 유인원은 이들 강력한 신화적 양극단 사이의 경계 지역을 점유한다"(1992, p. 1)라고 적고 있다. 1970년대에 쓴 어느 글에서 해러웨이는 '인간적인 것'이 어떻게 동물적 타자를 통해 표현되는지를 탐구한다.

사람들은 동물을 탐구하기를 좋아한다. 그들은 인류와 인류 사회를 이해하고자 할 때도 동물을 탐구한다. 20세기 사람들도 예외는 아니다. 우리는 현대 아메리카라는 테마가 동물의 신체와 삶에 상세하게 반영되어 있음을 볼 수 있다. 우리는 우리 자신을 보기 위해 동물이라는 거울을 닦는다(1978, p. 37).

해러웨이의 프로젝트는 영장류 연구를 통해 젠더와 인종이 어떻게 구축되는지를 탐구한다. 이를 위해 그녀는 '성과 경제학, 재생산과 생산'(1978, p. 37)의 과정을 통해 이루어지는 반영을 분석한다. 오늘날 해러웨이의 연구는 관계적 존재론을 요청함으로써 보다 더 급진적인 전환을 도모하고 있다. 여기서 동물은 더 이상 인간성의 '거울' 역할을 하지 않는다. 인간과 개가 서로를 급진적으로 다시 만들고 있다(Haraway 2003).

동물은 열등한 타자성의 본보기였고, 인간(구체적으로 문화에서 영감을 얻는 부류)은 언어, 의식, 행위 주체성, 문화, 예술 때문에 동물보다 '우월한' 존재였다(Malik 2000; Krantzt 2002). 동물도 인간과 동일한 종류의 존중과 지위를 누릴 자격이 있다고 주장했던 철학자 피터 싱어Peter Singer 같은 운동가는 이제 로봇과 관련해 그와 같은 성찰을 하고 싶어 한다(Lin, Abney and Bekey 2011). '문화'도 인간을 비인간과 구별하는 특질로 간주되었다. 앨런 울프Alan Wolfe에 따르면 막스 베버는 "문화를 원초적으로 규정된 자연적 삶의 굴레로부터 인간을 해방"(1991, p. 1073에서 재인용)하는 것으로 보았고, 뒤르켐은 "인간을 인간답게 만드는 것이 바로 문명이고, 문명은 인간을 동물과 구별시켜주는 것이며, 인간은 오직 문명화될 때만 인간이다"(1991, p. 1073에서 재인용)라고 보았다. 이런 맥락에서 '문명'은 인공적이며 인위적인 것으로 간주되었고, 인간을 동물과 구별하는 특질 중 하나였다. 베버와 뒤르켐은 동물이 타자라는 점을 예증할 뿐만 아니라, 그 구분이 어떻게 인간과 인간 사회를 고양시키는지에 대해 일정한 가치판단을 내리고 있다. 동물과 기계는 결코 분명하게 분리된 적이 없다.

AI는 인간에 대한 기계론적 철학을 지속시키고 있다. 따라서 그것은 17세기와 18세기 유럽 사상에서 나타난 신체에 대한 철학과 실천의 계보를 잇는다. 17세기 과학자 마르첼로 말피기Marcello Malpighi는

"우리 신체의 메커니즘은 끈, 실, 들보, 지레, 피복, 유동액, 저장탱크, 송수관, 필터, 거름망 그리고 여타 유사한 메커니즘들로 구성되어 있다"(Malik 2000, p. 36)라고 주장했다. 프랑스 의사 라메트리Julien Offray de la Mettrie는 1794년 『기계 인간L'Homme Machine』이라는 책에서 인간은 기계와 동일하다고 생각했다. "'기계 인간'이라는 제목은 동물이 영혼 없는 기계에 불과하다는 데카르트의 가설을 구체적으로 참조했으며, 라 메트리는 자신의 작업이 단순히 데카르트의 가설을 인간에게 적용하는 것이라고 주장했다. 그는 동물에게 적용되는 모든 것이 인간에게도 동일하게 적용된다는 점을 반복적으로 보여준다"(Thompson 1996, p. xvi).

AI와 관련된 실천은 인간, 동물, 기계 사이의 경계를 다시 보는 새로운 접근법을 추동했다.

다윈의 이론이 인간에게 동물의 행동과 대조되는 고유하고 특징적인 능력이 있는지를 질문함으로써 사회학을 추동했듯이, 인공지능 인지과학과 신경생물학 분야의 최근 연구는 거의 똑같은 질문(단지 이번에는 기계의 행동과 대조되는)을 제기하고 있다. 인공지능은 일종의 사고실험Gedanken experiment, 즉 일련의 상호연관된 '만약에'라는 질문을 제기하는 노력으로 간주될 수 있다. AI에 매혹되는 이유는 한때 배타적으로 인간의 것이라고 여겼던 활동을 기계가 수행할 수 있는 가능성을 통해 제기되는 철학적 쟁점 때문임이 분명하다(Wolfe 1991, p. 1073).

AI와 관련된 실천은 인간과 기계의 경계를 탐구하고 새롭게 그리는 수단을 제공한다는 점에서 울프가 제안한 것처럼 작용해왔다. 『인간, 야수, 좀비: 인간됨의 의미에 관해 과학이 우리에게 말해줄 수 있는 것과 없는 것*Man, Beast and Zombie: What Science Can and Cannot Tell Us about What It Means to Be Human*』이라는 제목의 책에서, 캐넌 말리크Kenan Malik는 인간성을 개념화하는 방식의 변화에 대해 서구의 과학적 전통, 특히 데카르트의 영향이 갖는 중요성을 평가한다. 과학적 합리주의는 근대적 기획과 모더니티가 변화시킨 인간의 의미에 대한 개념화를 강조한다. 예를 들어 브렌다 파넬Brenda Farnell은 데카르트의 이분법에 도전하면서, "인격과 행위 주체성에 대한 고전적 사고방식, 그리고 몸과 마음을 분리했을 뿐만 아니라 주관과 객관, 정신적인 것과 물질적·행위적인 것, 사고와 느낌, 이성과 감성, 구어와 비구어 사이에 대립 관계를 창출했던 이원론적 사고의 재구축"(1994, p. 930)에 대해 논의한다.

헬름라이히는 AI 이론을 데카르트 이원론이 수반하는 결과로 간주한다.

인공지능이라는 거창한 프로젝트는 인간의 마음과 동일하거나 더 나은 인공적 마음을 창조하는 것이었다. 이 프로젝트는 데카르트적 사고의 신격화였다. 만약 인공지능 프로젝트가 성공한다면, 몸은 마음에서 항구적으로 분리될 것이다. 마음은 끈적끈적하고 제한적이며 지나치게 감상적인 육체로부터 궁극적으로 해방될 것이다. 인공지능은 계산적이고 객관적이며 합리적인 백인 유럽 남성의 이상적 이미지를 통해 구상되었다고 쉽게 주장할 수 있다. 이런 이미지는 대체로 그 대척점에 있는 타자들을 주관적이고 비합리적인 존재로 규정함으로써 구성되는 실체다(1998, p. 131).

하지만 AI의 '거창한 프로젝트'는 또한 인간의 마음이 '분할 가능'하고 그 부분들을 분해해 기계에 시뮬레이션할 수 있다고 가정함으로써 인간 마음의 데카르트적 '불가분성'에 대해 문제를 제기하고 있지 않은가? AI에서 마음은 부분들로 나뉘고 시뮬레이션된다. 따라서 기계가 인간 마음의 능력을 흉내 낸다면, 기계는 인간과 유사한 존재인가 동일한 존재인가? AI 이론가들에게 데카르트의 색깔을 입히면 몸과 마음에 대한 데카르트의 모델을 오해하게 된다. 데카르트는 마음이 특유하고 확장 불가능하며 신체와 다르다고 주장했다. 따라서 마음을 기계로 확장하는 문제는 논쟁적일 수밖에 없다.

데카르트는 신체를 기계로 보았지만 마음은 기계로 보지 않았다.

내가 인간의 신체를 신경, 근육, 혈관, 혈액, 피부 등으로 구성되어 있고 그 내부에는 마음이 전혀 없는 일종의 기계로 간주한다면, 그것은 의지의 방향성에서 기인하는 그리고 결과적으로 마음(신체 조직의 성향에 따라 작동하는 것에 반대되는)에 의존하는 동작들로 구성되는 예외를 제외하고 현재 진행되는 유의 동작을 멈추지 않을 것이다……(Descartes 1993, p. 96).

데카르트의 사고는 이원론적이다. 하지만 AI 이론은 데카르트적 의미에서 완전히 이원론적이지 않다. 데카르트 철학에서는 신체와 마음이 분리되어 있다. 데카르트에게 신체는 '분할 가능한 것'으로 마음의 용기로 작용하고 어떤 내재적 중요성(감각적 인상을 마음에 전하는 경우를 제외하고)도 갖지 않는다. 『성찰*Meditationes de prima philosophia*』에서 데카르트는 절단으로 잃은 신체 일부에서 느끼는 고통을 묘사한다 (Descartes 1993, p. 90).

데카르트는 마음을 이성의 원천이자 '분할 불가능한 것'으로 보았다(1993, p. 97). 그래서 마음은 인간의 특유성과 차별성의 핵심이다. 데카르트에게 인간의 신체는 동물 및 기계와 유사한 속성을 가지고 있다. 신체는 마음과 달리 본질적으로 기계적이다. 17세기 『성찰』에서 데카르트는 다음과 같이 적었다.

> 나는 내 자신이 매우 긴밀하게 결합되어 있는 신체를 가지고 있다. 하지만 한편으로 나는 생각하고 확장되지 않는 사물인 한에서 내 자신에 대해 분명하고 특유한 관념을 가지고 있다. 다른 한편으로 나는 신체가 단지 확장되고 생각은 하지 않는 사물인 한에서 신체에 대한 특유한 관념을 소유하고 있다. 따라서 이 나(즉 내가 나일 수 있게 하는 나의 영혼)는 전적으로 그리고 절대적으로 내 신체와 구별되고 신체 없이도 존재할 수 있다(Descartes 1993, p. 91).

데카르트는 그다음 단락에서 자신의 입장을 좀 더 구체적으로 설명한다.

신체는 본질적으로 항상 분할 가능하고 마음은 전적으로 분할 불가능한 한, 몸과 마음 사이에는 커다란 차이가 존재한다. 사실상 내가 마음(즉 내가 오직 생각하는 사물인 한 바로 나 자신인)을 고려할 때, 나의 내부에서 어떤 부분도 구별할 수 없고 나 자신을 명백하게 하나이자 전체로 이해한다. 그리고 비록 마음 전체가 신체 전체와 통합되어 있는 것처럼 보이지만, 만약 발, 팔 혹은 다른 부분이 신체에서 분리되어도 나는 여전히 내 마음에서 아무것도 분리된 것이 없음을 안다(Descartes 1993, p. 97).

데카르트는 신체의 중요성을 무시하기보다는 축소했다. 그는 "내가 고통을 느낄 때 부정적인 영향을 받고 배고픔과 갈증 등을 느낄 때 먹거나 마셔야 하는 신체를 가지고 있다는 점보다 더 명백하게 (아니면 더 감각적으로) 이런 자연이 내게 가르쳐주는 것은 없다. 또한 이 모든 것에 일정한 진리가 존재한다는 점도 의심할 수 없다"(Descartes 1993, p. 93)라고 적고 있다. 데카르트의 주장은 자연과 존재의 상호연결성이라는 아리스토텔레스적 관점에 대한 반응이었다. 16세기와 17세기를 거치면서 목적을 가진 우주라는 아리스토텔레스적 준거 틀은 '목적 없는 분자들'에 자리를 내주었다(Malik 2000, p. 33).

전통적 AI 이론가들은 신체와 마음을 분리하면서 마음(그리고 신체)에 대해 데카르트가 제안한 것보다 더 기계론적으로 접근한다. 언어학자 레이코프와 존슨은 데카르트의 입장을 그의 철학과 관련해 좀 더 일관성 있게 정리한다. 그들은 데카르트의 이분법이 마음과 신체에 대한 서구의 개념화에 끼친 영향을 "몸에서 분리되고 독립적인 마음을 가진 데카르트의 이원론적 인격은 존재하지 않는다"라고 설명하고, 대신 "오히려 마음은 내재적으로 신체화되어 있다"(1994, p. 5)라고 주장한다. 말리크는 이 주제에 대해 다음과 같이 적는다. "라일의 행동주의는 데카르트의 이원론과 동일한 문제를 수반한다. 데카르트가 마음과 물질을 분리한 것은 마음이 물질에 어떻게 작용하고 믿음이나 욕망이 어떻게 행동을 유발하는지를 이해하기 힘들다는 것을 의미한다. 유사하게 라일이 마음을 물질로 그리고 믿음을 행동으로 융합해버리는 것은 어떻게 하나가 다른 하나에 작용하거나 그것을 유발하는지를 이해하기 힘들게 만든다"(2000, p. 314). 이런 의미에서 데카르트의 분리와 라이엘의 융합은 명백하게 대조되는 두 가지 극단적 관점을 구성한다.

말리크는 또한 데카르트적 이분법에 대한 초창기 도전으로서 행동주의의 영향을 인용한다(2000). 그는 길버트 라일$^{Gilbert Ryle}$이 1949년에 집필한 『마음의 개념$^{Concept of Mind}$』을 끌어온다. 라일의 연구는 데카르트와 함께 시작된 유심론의 '공식 교리', 즉 '기계 속의 유령이라는 도그마'(p. 313)에 대한 도전이었다. 말리크는 라일의 입장을 다음과 같이 정리한다.

라일에 따르면 마음에 관한 논의는 그가 '범주적 실수'라고 지칭하는 것을 수반한다. 라일은 일반성으로서 '마음'에 대해 논의하는 것은 전혀 문제가 없지만, 마음이 우리 머릿속의 특정한 위치에 존재한다고 가정하는 것은 문제가 있다고 주장한다. 이런 실수는 관광객들이 옥스퍼드에서 대학 건물, 잔디, 오가는 사람들을 둘러본 후 대학이 어디에 존재하는지 알고 싶어 할 때 흔히 저지르는 것과 동일한 실수다. 마치 분리된 존재가 있다는 듯 마음에 대해 논의하는 것은 일련의 두뇌 과정이 갖는 추상적인 특징을 마치 그것이 그런 과정들 중 하나인 양 잘못 취급하는 것이라고 라일은 주장한다(2000, pp. 312–313).

이성에 토대를 둔 모델을 포기하면, 마음은 신체화 철학자들과 로봇학자들 사이에서 더 이상 특유하게 인간적이거나 초월적인 것으로 지목되지 않는다. 다음은 로봇학자들에게 신체가 어떻게 AI와 뗄 수 없이 연결되어 있는지를 보여주는 사례다. 나는 로봇학 연구소의 교수에게 인간과 유사한 로봇을 제작하는 것에 대해 설명해달라고 요청했다. 그의 대답은 신체와 밀접하게 연결되어 있었다.

그것이 현실적으로 가능할까? 나는 원칙적으로 인간과 유사한 사물 혹은 실체를 상이한 물질들로 만들 수 있다고 생각한다. 내가 틀렸을 수도 있다. 하지만 최근 우주에 대한 나의 이해는 원칙적으로 그것이 가능하다고 말해준다. 그리고 원칙적으로 그것이 실리콘과 금속으로 만들어질 수 없다는 이유도 찾을 수 없다. 그렇다면 우리 인간이 그것을 할 수 있을 정도로 충분히 똑똑한가라는 문제가 남는다. 너구리를 보면 앞발을 굉장히 민첩하게 사용한다. 너구리는 매듭을 만들고 자물

쇠, 문 등과 같은 여러 가지 물건을 가지고 놀 수 있다. 하지만 우리는 너구리가 앞발을 아주 민첩하게 사용하더라도 기계 너구리를 만들 수 있을 정도로 똑똑하다고 생각하지는 않는다. 그럼에도 원칙상 너구리가 진공청소기 정도는 만들 수도 있을 것이다(웃음). 하지만 너구리는 그 정도로 똑똑하지 않다. 그럼에도 진공청소기가 만들어질 수도 있을 것이다. 너구리는 진공청소기를 만들 수 있을 정도로 충분히 민첩한 앞발을 가지고 있다. 능력이라는 측면에서 그렇다……알다시피 너구리가 매듭을 풀고 물건을 가지고 노는 것을 볼 수 있기 때문이다. 하지만 너구리는 진공청소기를 결코 만들 수 없다. 그것을 만들 정도의 정신적 능력이 없기 때문이다. 너구리의 손(앞발)은 충분히 훌륭하다. 현재 나는 육체로 만들어지지 않은 인간 같은 실체를 제작할 수 있다고 믿는다. 그것은 실리콘과 금속으로 만들어져 존재할 가능성이 있다. 따라서 비유적으로 보면 진공청소기가 존재할 수 있지만 너구리가 실제로 그것을 만들 정도로는 똑똑하지 않다. 이는 분리된 두 가지 질문이다. 금속으로 인간 같은 실체를 만들 수 있다. 하지만 우리가 그것을 만들 수 있을 만큼 똑똑한가?(로봇학자 패트릭 케인Patrick Kane[가명] 교수 인터뷰).

케인 교수는 AI의 성공이 그 창조자의 신체와 연결되어 있다고 본다. 달리 말해 똑똑한 종은 자신을 재발명하는 방법을 알아야 하고 그것을 할 수 있는 신체적 능력이 있다는 뜻이다. 위 인용문에서 인간이 너구리와 다른 특별한 신체를 가지고 있다는 케인 교수의 설명은 그 후에 그가 인간이 할 수 있는 것에 대해 부여한 의미에서 강조된다.

신체가 마음을 제약할 수도 있을 것이다. 하지만 인간 활동의 산물이 단순히 인간이 가진 마주 보는 손가락$^{opposable\ digits*}$의 결과에 지나지 않을까? 이런 의미라면 너구리의 성공뿐만 아니라 한계도 그들의 신체와 연결되어 있다. 하지만 신체와 그 산물 사이에 진정으로 인과관계가 존재할까? 케인 교수는 행동 기반 기계론에 대해 아래와 같이 설명을 이어간다.

우리는 진공청소기를 만들 정도로 충분히 똑똑하다. 하지만 스스로를 복제할 만큼 똑똑한 피조물은 없다는 괴델의 불완전성의 정리같이 우주에 대한 근본 정리가 존재할 수도 있을 것이다. 이와 같은 보편 법칙이 있을 수도 있겠지만 내 생각에는 없을 것 같다. 하지만 확실히는 모르겠다. 우리는 무작위 발생을 통해 구성되었기 때문에 그런 복잡한 과정을 포착하는 방법을 밝혀낼 수 있고, 또 그래서 우리 자신을 복제할 수도 있을 것이다. 하지만 저 멀리 알파 센타우리$^{Alpha\ Centauri}$ 별 사람들이 이렇게 말할 수도 있을 것이다. 저 귀엽고 작은 인간들이 도대체 뭘 하고 있지? 와우! 저들이 휴머노이드 로봇을 제작할 거라고 생각하네. 하하하! 그들은 결코 그걸 할 수 없을 테지만 그들이 옳을 수도 있을 것 같다……그들이 인간을 제작할 만큼 똑똑할 수도 있을 것이다……나는 우리 인간들이 믿을 수 없을 정도로 오만하다고 생각한다. 우리는

---

* 'opposable thumbs(마주 보는 엄지)'에서 비롯한 표현이다. 인간의 손은 동물 중에서 엄지가 나머지 다른 손가락을 마주 보고 움직일 수 있는 정도가 가장 높아 도구를 만들거나 조작할 수 있는 능력이 가장 뛰어나다.

오만하다. 우리는 우리가 모든 것을 이해할 수 있을 정도로 똑똑하다고 생각한다. 그리고 우리는 모든 것을 이해할 정도로 똑똑하지 않을 수도 있다……하지만 그렇지 않을 수도 있을 것이다. 우리는 결코 인간만큼 똑똑해질 수 없는 너구리처럼 덫에 걸려 있다. 아마 우리는 어쩌다 보니 우리와는 다르지만 우리보다 훨씬 더 똑똑하게 진화한 알파 센타우리의 상상적인 존재만큼 결코 똑똑해질 수 없는 덫에 걸렸을 수도 있다.

이제 케인 교수는 지능의 과정 내에 존재하는 하나의 요인으로서 '보다 똑똑해지는 것'에 대해 말한다. 따라서 그는 마음의 중요성을 완전히 포기하지 않고 그것을 신체와 기계적으로 연결한다.

이성에 기반한 AI의 성공과 단점은 무엇일까? 한스 모라벡Hans Moravec에 따르면 "인공지능은 합리적 사고의 의식적 표면을 성공적으로 모방했고, 이 과정에서 그 아래 깊이를 알 수 없는 무의식적 과정의 광활한 바다가 존재함을 명백하게 드러냈다"(1998, p. 24). 그렇다면 우리는 이미 알려지고 모델화가 가능한 것을 재생산하는 것만 가능하지 않을까? 전통적 인공지능 모델은 지능에 대한 '하향식' 접근법으로 인해 비판받아왔다. 하지만 모라벡은 "진정으로 지적인 기계를 제작한다는 것은 대양을 합리적인 꼭대기부터 적응적인 바닥까지 탐구한다는 것을 의미한다"(1998, p. 24)라고 주장하면서, 이성에 기반한 하향식 접근법을 포기하지 않는다. 브룩스도 "이제 컴퓨터는 상징 대수학을 더 훌륭하게 해내고……일군의 수학적 컴퓨터 프로그램을 더 훌륭하게 설계한다고……한마디로 컴퓨터는 이전에는 고도로 훈련된 수학적 인간 전문가의 영역이었던 많은 것을 수행하는 데 이전보다 더 훌륭해졌다"(Brooks 2002, p. 170)라는 사실에 동의한다. 철학자 휴버트 드레이퍼스(1992)와 해리 콜린스Harry Collins(1998)는 AI가 목적에 도달하기 위해 충족해야 할 도전을 개괄했다. 콜린스는 "우리는 우리의 로봇 같은 활동을 무한정 확장할 수 있다"(Dreyfus 1992, p. 717)라고 주장하면서, 그 분야의 많은 사람과 마찬가지로 우리가 인간 행동의 적합한 모델을 찾을 수만 있다면 기계 같은 지능의 범위를 확장하는 일이 가능하다고 믿는다. 하지만 대체 적합한 모델은 무엇일까? 드레이퍼스는 AI에서 가장 성공적인 것을 충족시킨 활동들에 더 관심이 있다. 하지만 다음과 같은 이유로 문제가 있다고 설명한다. 인간 행동을 기계에 복제할 수 있는지 여부가,

> 인간 같은 행동의 '디지털화' 여부에 달려 있기 때문이다. 디지털화는 이런 이론적 방식으로 포착할 수 있는 구조를 가진 영역이다. 이 영역의 대척점에는 법칙이나 규칙을 통해 연결되는 맥락과 분리해서 포착할 수 있는 구조가 없는 영역이 있다(1992, p. 717).

드레이퍼스의 '디지털화' 이론은 인간의 특유성과 인간 지능의 기계적 시뮬레이션 사이의 논쟁에 대해 생각해볼 만한 유용한 방식을 제공해준다. 인간 행동을 디지털화하려면 그것을 맥락과 분리된 이론적 법칙과 구조의 도움을 통해 포착해야 할 필요가 있다. 드레이퍼스는 인공지능의 모든 문제를 충족시켜주는 AI의 능력을 비판적으로

바라본다.

평면 적재plane loading는 기하학과 시행착오의 조합을 통해 포착할 수 있고, 분광학은 이론적 구조를 가지고 있으며, 컴퓨터 구성요소의 선택은 다양한 기능을 가진 구성요소를 조합하는 방법에 대한 룩업테이블look-up tables과 휴리스틱 룰heuristic rules을 통해 맥락과 상관없이 수행할 수 있다. 따라서 모든 전문 지식이 직관적인 것은 아니다. 하지만 이것이 어떤 전문적 행동은 행동에 특유한 행위behavior-specific action로 변환될 수 있고 다른 전문적 행동은 그럴 수 없기 때문이 아니다. 오히려 특정 전문 영역에 대한 이론이 있고, 하나의 이론을 이용할 수 있을 때 전문가(그리고 컴퓨터)는 단지 패턴 인식만을 활용해 적당히 넘어가지 않고 그 이론을 활용할 수 있다. 이 분야 전문가들은 디지털화가 가능한 방식으로 행동했기 때문에 대체 가능했다. 하지만 그들은 이 영역이 디지털화가 가능한 구조를 가지고 있었기 때문에 디지털적으로 행동했다(1992, p. 721).

드레이퍼스는 인간 행동의 '디지털화'가 가능한 측면에 관심이 있는데, 인간의 일부 행동은 기계화나 멘털 모델링mental modeling에 적합하다고 제안한다. 하지만 드레이퍼스 또한 상이한 유형의 전문적 행동들expert behaviors을 구분하는데, 이들 행동 모두를 규칙으로 공식화하기는 어렵다. 이런 의미에서 "사고는 대체로 무의식적이다" 그리고 "추상적 개념은 대부분 은유적이다"(1999, p. 1)라는 레이코프와 존슨의 주장은 "마음도 본질적으로 신체화되어 있다"(1999, p. 1)라는 이유로 이성-기반 규칙의 공식화에 입각한 AI의 재생산 그리고 아마도 모든 종류의 AI 재생산에 한계가 있음을 의미한다. AI 분야에서는 체스 챔피언 가리 카스파로프Garry Kasparov가 체스 게임에서 IBM 딥블루 컴퓨터에게 패배한 것이 전통적 AI 모델의 성공이자 그에 대한 도전으로 간주되었다. 체스는 규칙 기반 게임이지만, 체스 챔피언은 규칙을 마스터하고 쉽게 분류되지 않는 직관과 경험에 의존한다. 만약 체스 챔피언의 성공이 직관 때문이라면 인간을 이긴 컴퓨터가 규칙 기반 프로그램을 초월할 수 있거나 직관 자체가 규칙에 기반해 있음을 뜻한다.

나는 이번 장에서 AI를 신체화 시스템과 탈신체화 시스템으로 제작하려는 실천 유형들과 그것들 간의 충돌에 초점을 맞춰 논의를 진행했다. 행동 기반 로봇학은 신체가 논리적으로 구축된 마음의 단순한 용기가 아니고, 마음은 그것이 포괄하는 신체에 긴밀하게 연결되어 있으며, 이런 신체가 기계의 지능에 기여한다고 본다. 나는 또한 군국주의가 AI의 발달과 얼마나 긴밀하게 연동되어 있는지를 보여주려고 시도했다. 1장에서 다룬 인간 주인에게 저항해 반란을 일으키는 로봇과 매우 유사하게, 기계가 파괴라는 생각은 단순히 사이언스픽션SF에 나오는 허구적인 이야기만은 아니다. 정확히 말해 로봇은 실제로 파괴적이고 또 그렇게 창조되고 있기 때문이다. 또한 우리는 튜링의 생애를 통해 튜링 자신의 분리detachment가 초기 컴퓨팅에서 발휘한 그의 창조적 상상력과 어떻게 맞물려 있는지를 살펴보았다.

1. 2011년 IBM 슈퍼컴퓨터 왓슨[Watson]이 미국 텔레비전 퀴즈쇼 〈제퍼디[Jeopardy!]〉에서 대중에게 처음 선보였다. 왓슨의 제작사 IBM은 퀴즈쇼에서 왓슨의 능력을 보여줌으로써 이 새로운 슈퍼컴퓨터의 잠재력을 과시하길 바랐다. 〈제퍼디〉의 퀴즈 포맷은 답에 대응해 질문하는 형식이다. 참가자들은 올바른 질문을 추측하는 방식으로 경쟁해서 현금이나 여타 상을 받는다. IBM의 설계자들은 왓슨의 지적 능력을 입증할 준비가 되어 있었다. 왓슨과 다른 슈퍼컴퓨터의 차이는 자연언어를 이해할 수 있는 능력이었다. 말해진 답들은 텍스트 기반 답안으로 변환되어 왓슨의 거대한 지식 데이터베이스에 입력된다. 언어, 특히 구어는 흔히 문자화되고 정형화된 컴퓨터 언어와 반대된다. 번역, 해석, 표현의 정확한 수치에 입각해 작동하는 기계를 통해 구어를 재생산하는 것이 어렵기 때문이다. 왓슨이 성공한 결정적인 측면은 그 퀴즈쇼에서 우승할 수 있을 정도로 충분히 많은 경우에 대해 '옳은' 문제를 분별할 수 있었다는 점이다. 왓슨의 공식 웹사이트에서는 아래와 같이 설명하고 있다.

> 왓슨 같은 컴퓨터 시스템을 구축하는 데 수반되는 어려움은 단서 언어를 이해하고, 질문의 의도를 파악하며, 인간 언어 수백만 줄을 변별한 후 하나의 정확한 답을 3초 이내에 제시할 수 있는 능력을 컴퓨터에 구현하는 일이다(IBM 왓슨 공식 웹사이트).

IBM 프로젝트 QA에 의해 개발된 왓슨은 비록 일부 수정되긴 했지만, 이 영역에서 성공적인 사례로 찬사를 받았고 AI 기계로서의 잠재력을 보여주었다. 왓슨은 컴퓨터와 AI 분야 이론화의 부산물이었다. 왓슨의 데뷔는 영화 〈2001: 스페이스 오디세이〉가 픽션의 형태로 제시했던 AI에 대한 꿈이 실현된 것일까?

| 참고 자료 |

Birdwhistell, RL 1971, *Kinesics and context: essays on body-motion communication*, Allen Lane, The Penguin Press, London.

Brooks, R 1999, *Cambrian intelligence: the early history of the new AI*, MIT Press,

Cambridge, Mass.

Brooks, R 2002, *Flesh and machines: how robots will change us*, Pantheon Books, New York.

Brooks, R & Stein, LA 1993, "Building brains for bodies", *MIT AI lab memo* #1439.

Chomsky N 1972, *Studies on semantics in generative grammar*, Mouton, The Hague.

Christian B 2011, *The most human human: a defence of humanity in the age of the computer*, Viking, London.

Clark, AC 1990, *2001: a space odyssey*, Legend, London.

Collins, HM 1998, "Socialness and the undersocialized conception of society", *Science, Technology & Human Values*, vol. 23, no. 4.

Csordas, T 1994 "Introduction" in *Embodiment and experience: the existential ground of culture and self*, ed. T Csordas, Cambridge University Press, Cambridge, pp. 494 – 516.

Csordas, T 1999, "The body's career in anthropology" in *Anthropological theory today*, ed. H Moore, Polity Press, London, pp. 172 –205.

Darwin, C 1998, *The expression of the emotions in man and animals*, 3rd edn. HarperCollins, London.

Descartes, R 1993, "Meditations on first philosophy" in *Focus*, ed. S Tweyman, Routledge, New York.

Dreyfus, HL 1992, "Response to Collins, artificial experts", *Social Studies of Science*, vol. 22, no. 4, pp. 717 –726.

Dreyfus, HL & Dreyfus, SE 1986, *Mind over machine: the power of human intuition and expertise in the era of the computer*, The Free Press, New York.

Farnell, B 1994 "Ethno-graphics and the moving body", *MAN, Journal of the Royal Anthropological Institute*, vol. 29, no. 4, pp. 929 –974.

Featherstone, M & Burrows R 1995, "Cultures of technological embodiment: An introduction" in *Body & Society*, Vol. 1(3-4), pp. 1 –19.

Fukuyama, F 2002, *Our posthuman future: consequences of the biotechnology revolution*, Profile Books Ltd, London.

Garnham, A 1987, *Artificial intelligence: an introduction*, Routledge & Kegan Paul, London.

Gibbs, RW 2006, *Embodiment and cognitive science*, Cambridge University Press,

Cambridge.

Ginsburg, F & Rapp, R 2013, "Disability worlds", *Annual Review of Anthropology*, vol. 42, pp. 53-68.

Haraway, DJ 1991, *Simians, cyborgs, and women: the reinvention of nature*, Fee Association Books, London.

Haraway, DJ 1992, *Primate visions: gender, race, and nature in the world of modern science*, Verso, London.

Haraway, DJ 2003, *The companion species manifesto: dogs, people, and significant otherness*, Prickly Paradigm Press, Chicago.

Helmreich, S 1998, *Silicon second nature: culturing artificial life in a digital world*, University of California Press, Berkeley.

Ingold, T 1996, "General introduction" in *Key debates in anthropology*, ed. T Ingold, Routledge, London.

Krantz, SL 2002, *Refuting Peter Singer's ethical theory: the importance of human dignity*, Praeger, Westport, Conn.

Kurzweil, R 2000, *The Age of spiritual machines*, Penguin Books, New York.

Kurzweil, R 2013, *How to create a mind: the secret of human thought revealed*, Duckworth Overlook, London.

Lakoff G 1987, *Women, fire, and dangerous things: what categories reveal about the mind*, University of Chicago Press, Chicago.

Lakoff, G & Johnson, M 1980, *Metaphors we live by*, University Chicago Press, Chicago.

Lakoff, G & Johnson, M 1999, *Philosophy in the flesh: the embodied mind and its challenge to western thought*, Basic Books, New York.

Lin, P, Abney, K & Bekey, GA 2011, "Introduction" in *Robot ethics: the ethical and social implications of robotics*, The MIT Press, Cambridge, Mass.

Malik, K 2000, *Man, beast and zombies: what science can and can't tell us about human nature*, Weidenfeld and Nicolson, London.

Minsky, M 1967, *Computation: finite and infinite machines*, Prentice-Hall, Englewood Cliffs, N. J.

Minsky, M 2007, *The emotion machine: commonsense thinking, artificial intelligence, and the future of the human mind*, Simon & Schuster, New York.

Mol, A 2002, *The body multiple*, Duke University Press, Durham.

Moravec, H 1998, *ROBOT: mere machine to transcendent mind*, Oxford University Press, Oxford.

Nitchie, EB 1913, *Lip-reading principles and practise: a hand-book for teachers and for self instruction*, Frederick A. Stokes Company, New York.

Nitchie, EH 1950, *New lessons in lip reading*, Lippincott, Philadelphia.

Strathern, P 1997, *Turing and the computer*, Arrow, London.

Thompson, A 1996, "Introduction" in *Julien Offra de la Mettre: machine man and other writings*, ed. and trans. A Thompson, Cambridge University Press, Cambridge, pp. viii–xxv.

Turing, AM 1950, "Computing machinery and intelligence", *Mind*, vol. 59, no. 236, pp. 433–460.

Turkle, S 2011, *Alone together: why we expect more from technology and less from each other*, Basic Books, New York.

Walker, FR 1999, *Lip reading*, Diamond Twig, Newcastle upon Tyne.

Weiner, N 1961, *Cybernetics: or control and communication in animal and the machine*, MIT Press, Cambridge, Mass.

Wolfe, A 1991, "Mind, self, society, and computers: artificial intelligence and the sociology of mind", *American Journal of Sociology*, vol. 96, no. 5, pp. 1073–1096.

| 인용한 영화 |

2001: A Space Odyssey 1968, dir. Stanley Kubrick.

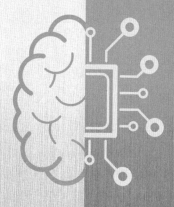

영화 〈AI: 인공지능AI: Artificial Intelligence〉(2001)은 로봇 아이와 인간 엄마의 관계를 다룬 이야기다. 이 영화는 스탠리 큐브릭Stanley Kubrick과 스티븐 스필버그Steven Spielberg가 공동 감독한 작품으로 관객들에게 지능과 관계성에 대해 생각해볼 기회를 제공한다는 점에서 큐브릭 감독의 이전 영화 〈2001: 스페이스 오디세이〉의 테마를 확장한 작품이기도 하다. 이 영화는 지적인 비인간 생명 형태(외계인 서사에 대한 스필버그의 관심이 반영된)를 묘사한 스필버그 감독의 영화 계보를 따르기도 한다. 19세기 피노키오 이야기가 이 영화적 허구에 배경을 제공한다. 피노키오는 이 영화의 로봇 캐릭터와 마찬가지로 '생명'을 추구하고 '진짜 소년이 되고 싶어 하는' 인공적 실체다. 피노키오 이야기에서 피노키오는 제페토 할아버지가 나무로 만든 공작품으로서 신체 관절들이 나사로 연결되어 있다. 메카 사Mecha Corporation의 미래 AI 제품인 데이비드는 피노키오 이야기를 현대의 기술적 맥락에 맞게 재창작하여 금속, 전선, 회로, 트랜지스터로 만들어졌고 인간의 피부와 유사한 합성 피부로 덮여 있는 인공지능이다. 데이비드는 아이를 원하는 커플들을 위해 설계된 프로토타입 반려 로봇companion robot이다. 반려 관계와 아이에 대한 열망이라는 테마가 이 두 이야기의 중심이다. 피노키오를 만든 제페토는 고도로 숙련된 공예가로 목재 인형 소년을 제작한다. 피노키오는 여성의 생물학적 재생산 능력에 도전할 수 있는 남성의 인공적 창조 활동의 생식력fecundity을 나타낸다. 이 테마는 〈AI: 인공지능〉의 영화적 픽션을 통해서도 드러난다. 즉 제페토의 다른 얼굴인 메카 사의 CEO도 로봇을 제작함으로써 인공적 재생산에 참여하고자 한다.

〈AI: 인공지능〉은 어린아이 로봇에 대한 한 엄마의 열망을 다룬다. 어린아이 로봇 데이비드에게는 '시러스Cirrus, 소크라테스, 입자, 데시벨, 허리케인, 튤립, 모니카, 데이비드, 모니카'라는 암호가 설정되어 있는데, 이 암호를 말하는 순간 데이비드는 엄마에 대한 사랑의 느낌을 항구적으로 각인하게 된다. 이 각인은 해리 할로의 새끼 동물 실험, 그리고 어떤 동물은 출생 시 처음 본 사물에 집착한다는 사실을 보여주기 위해 거위와 오리에 대한 일련의 실험을 수행한 콘라트 로렌츠Konrad Lorenz를 떠올리게 한다(Pearce 2009). 영화 이야기로 돌아가면, 엄마 모니카는 로봇 데이비드에게 그만큼 강한 사랑을 돌려줄 수 없다. 그녀는 데이비드를 하나의 기계로 보고, 혹시 데이비드가 그녀의 다른 아이 마틴을 해칠까 봐 두려워한다. 그런데 모니카는 데이비드를 메카 사에 반납해서 해체되도록 하지 않고 숲속에 버린다. 이야기는 여기서 끝나지 않는다. 데이비드는 그 후 다시 엄마와 함께 살기 위해 엄마를 찾아 나서는 긴 모험을 감행한다. 위험한 모험을 이어나가던 그는 애정 로봇인 지골로 조(주드 로 분) 같은 다른 로봇들과 조우하기도 한다. 이 영화의 메인 로봇 캐릭터 둘이 인간에게 사랑, 친밀감, 접촉을 제공하는 역할을 한다는 점이 인상적이다.

인류학자로서 볼 때 이 영화는 인간-기계 관계와 애착에 대해 중요한 질문을 던지도록 한다. 기계가 타인의 그럴듯한 대안이 되는 일이 진정으로 가능할까? 로봇이 우리의 애인, 자녀, 치료사, 친구가 될 수 있을까? 나는 MIT 실험실에서 '반려종'이라는 용어를 우연히 듣게 되었다. 사회과학자들도 여러 유형의 중요한 타자significant otherness를 성찰하기 위한 준거 틀을 제공해왔다. 도나 해러웨이의 저서 『반려종 선언』은 인간-비인간 관계성에 관한 주장을 담고 있다. 이 반려종이라는 용어와 실험실 프로젝트의 우연한 일치는 시사하는 바가 크다. 이는 사회적 관계성에 관한 인류학적 이론화와 로봇학 사이의 연결 지점을 보여준다. 관계성을 비인간(개, 로봇, 기계)으로 확장하는 경향은 인류학과 로봇학에서 동시에 발생하고 있다.

로봇은 MIT 실험실과 외부 연구자들에 의해 어린아이 같은 존재, 반려자, 친구 그리고 다양한 유형의 특별한 동반자로 재이미지화된다. 여기서 관계성의 테마에 일정한 가치가 부여되는데, 이는 주로 돌봄자-아이 관계를 모방하고 그와 닮은 기계를 설계하는 것을 둘러싸고 구성된다. 아동, 아동발달, 역량 그리고 성인과 유대감을 형성하고 그들로부터 지원을 받는 능력이 로봇학자들에게 흥미로운 질문으로 자리매김했고, 그들은 자신이 설계한 기계의 발달을 위해 이런 이슈들을 성찰해왔다. 2003년부터 2005년 사이 MIT에서 현장 조사를 수행하면서, 아동 로봇이 이전 것과 최근 것을 포함한 전 세계 많은 실험실의 특징으로 자리매김했다는 사실을 알 수 있었다. 이에는 사회적 상호작용이 가능한 로봇 키즈메트Kismet와 머츠Mertz(MIT), 밴디트 Bandit 로봇(미국 남캘리포니아대학), 카스파KASPAR(영국 하트퍼드셔대학), 로봇컵RobotCub(유럽 여러 연구소), 아시모ASIMO(일본 혼다), 바이오미메틱 베이비Biomimetic Baby 혹은 CB2(일본) 등이 포함된다. 비록 로봇을 의도적으로 유아나 어린아이와 유사하게 설계하지 않는다 하더라도, 많은 이들이 여전히 아동발달 심리학과 후생유전학적epigenetic 로봇학의 개념을 통합하고 있다.

로봇 아동기

MIT 인공지능연구소(현재는 컴퓨터과학-인공지능연구소)는 NE43 빌딩(현재는 철거되고 없음)에 자리 잡고 있었다. NE43 빌딩의 여러 층은 AI와 로봇학을 연구하는 다양한 집단의 연구실로 사용되었다. 로봇학 실험실은 NE43 빌딩의 꼭대기 층에 위치했다. 한 연구자가 내게 설명해주었듯이 MIT의 각 건물에는 고유한 코드가 부여되어 있어 모든 위치를 코드를 통해 특정할 수 있다. MIT가 건물 위치 검색을 위해 코드를 사용하는 것은 MIT 내부 논리의 한 측면을 보여준다. 코드와 숫자는 MIT가 논리적 · 몰인격적 합리성이 실천을 규정하는 장소라는 관념을 강화한다. NE43은 이제 더는 로봇학 연구소의 소재지가 아니다. 1960년경에 건축된 이 빌딩은 최초의 인공지능연구소를 품고 있었다. 하지만 2004년 초 NE43의 연구소와 연구자들은 스타타 센터(32번 빌딩)로 이사했다. 이 건물은 프랑크 게리가 급진적인 반이원론적 건축 디자인 기법으로 설계했다는 이유로 캠퍼스에서 유명세를 떨치고 있다(Gilbert-Rolf & Gehry 2002; Wright & Thompson 2004; Mitchell 2007).

나는 NE43과 스타타 센터에서 민족지 연구를 수행했는데, 로봇과 처음 조우한 것은 NE43 빌딩에서였다. NE43의 9층 복도를 따라 걸어가면 건물이 하강하고 있다는 느낌을 받는다. 벽들은 한때 온전한 포스터를 붙였던 스카치테이프와 함께 남아 있는 수많은 포스터 테두리 조각들로 인해 마치 모자이크처럼 보인다. 신형 로봇 프로젝트를 알리는 새로운 포스터가 이들 잊힌 이미지를 대체하고, 겹겹이 붙어 있는 다양한 프로젝트 포스터들은 언젠가 조직된 학회나 워크숍을 광고하다가 이제 여기 남아 벽을 형형색색으로 장식하고 있다. NE43의 실험실 구역은 그야말로 혼돈 자체다. 와이어, 리드, 전선, 회로기판, 트랜지스터, 스크린, 데이터뱅크 들이 공간을 채우고 있어서 이 장소를 묘사하기에 가장 적합한 표현은 아마도 '무질서한 혼돈'일 것이다. NE43 빌딩 9층에서 엘리베이터를 내려 두번째 문을 통과하면 완전히 다른 세계로 진입하는 것 같다. 이 층에는 개방적으로 설계된 공간과 밀폐된 사무실이 뒤섞여 있다. 이 층에 입주한 연구자와 교수진은 대부분 문을 열어놓고 일한다. 이 9층의 사무실 구역에서 다른 구역으로 이동하면 로봇 실험실들이 나타난다. 바로 이곳에서 나의 첫 로봇 마리우스Marius를 만났다.

마리우스는 여러 연구자가 아이디를 모아 만든 작품이다. 이 실험실의 교수는 재상연판 〈2001: 스페이스 오디세이〉를 관람한 후 휴머노이드 로봇을 제작하겠다는 열정을 품게 되었다. 마리우스는 키가 약 173센티미터이고 전형적인 기계처럼 생겼다. 꽉 조이는 벨크로 보디스가 몸통 부분을 덮고 있는 것을 제외하면 와이어와 카메라 들이 노출되어 있어 눈으로 볼 수 있다. 마리우스에 부착된 신체 부분들은 때에 따라 차이가 난다. 어떤 때에는 팔이 하나였다가 두 개가 되고, 손이 하나였다고 둘이 되기도 한다. 확실한 것은 바닥에 고정되어 움직이지 않는다는 점이다. 카메라 20여 개와 케이블이 마리우스 뒤에 줄지어 늘어져 있는데, 이들이 모든 복잡한 데이터를 처리한다.

비록 마리우스는 영화 〈터미네이터〉의 터미네이터처럼 생겼지만, 놀랍게도 그런 외양이 그다지 부정적으로 다가오지는 않는다. 〈터미네이터〉와 유사한 영화들이 마리우스의 디자인 철학에 영감을 준 것으로 보인다. 여하튼 마리우스는 터미네이터처럼 반문화적인 로봇으로 보일 것이다. 하지만 나는 마리우스를 보다 순수한 어떤 것으로 보도록 설득당했던 것 같다. 마리우스 근처에는 퍼즐, 테디베어, 책 같은 어린이 장난감이 흩어져 있는데, 이런 물건들은 로봇 실험실에 있음 직한 아이템이 아닌데도 흔하게 볼 수 있었다. 이는 로봇학자들이 마리우스를 작은 어린아이처럼 대하고 있음을 방증한다.

연구자들은 로봇을 제작하는 과정에서 제작 방식 및 로봇과의 상호작용 규칙에 관한 전반적인 철학을 발전시켜왔다. 이들 철학적 모델은 다름 아닌 아동발달 심리학에서 가져왔다. 특히 로봇학자들은 어린아이를 닮은 기계를 개발하고 있다. 얼굴 모양, 아동의 인지모델, 양육과 놀이에 수반되는 사회화 테크닉 등 어린아이 같은 특질을 로봇에 부여한다. 사회적 로봇학 전문가로 잘 알려진 신시아 브리질(2002)이 주장하듯이 일부 사례에서 연구자들은 스스로 로봇의 부모라고 상상하기도 한다. 브리질은 여러 동료와 함께 1990년대 말과 2000년대 초 MIT의 이전 AI 실험실에서 소셜 로봇 키즈메트를 설계했고, 자신을 그 기계의 '엄마'로 간주했다. 로봇학자들은 로봇을 어린아이처럼 제작하는 것이 매우 효과적이라고 믿고 있다. 인간 대화 상대가 로봇을 어린애로 인정하고 또 그렇게 관계를 형성하면 몇 가지 이점이 있다. 대화 상대는 성인의 위치에서 후원자 혹은 '스캐폴딩 scaffolding'* 역할을 함으로써 로봇이 환경을 학습하는 데 도움을 줄 가능성이 더 높아지고, 이 과정에서 성인과 로봇 아이 사이에 권장되는 정서적 결속이 발생하게 될 것이다. 로봇학자 브라이언 스카셀라티 Brian Scassellati의 설명을 들어보자.

> 인간은 완전한 사고 시스템, 완전한 동작 시스템, 혹은 완전한 감각 시스템조차 결여된 상태에서 태어난다. 대신 인간은 발달 과정을 거쳐 보다 복잡한 환경에서 보다 어려운 과업을 수행할 수 있게 되면서 성인의 상태로 진행해간다(2001, p. 29).

인간이 기계의 발달을 지원하는 데 흥미를 느끼는 이유가 무엇일까? 로봇학자들은 신체적으로 어린아이를 닮은 로봇을 제작함으로써 로

---

* 학습자에게 적합한 인지적 가이드와 도움을 제공함으로써 학습을 촉진하는 활동.

봇이 위협적인 존재라는 문화적 이미지를 깨고자 한다. 로봇의 위협적인 이미지는 〈터미네이터〉 4부작(1984, 1991, 2003, 2004)과 〈매트릭스〉 3부작(1999, 2003, 2003) 같은 영화가 배경으로 작용했다. 이들 영화에서 로봇과 인공지능 기계는 패권을 다투는 과정에서 인간에게 위협적인 존재로 작용할 뿐만 아니라 인간을 파괴하거나 통제하려고 한다. 로봇학자들은 로봇을 어린아이처럼 만듦으로써 인간과 기계 사이의 친밀감과 호감을 확장할 수 있다고 믿는다. 로봇학자들은 로봇이 인간과 경쟁하거나 위협하는 존재이자 자신을 창조한 인간을 공격할지도 모르는 존재라는 문화적 인식을 분명하게 의식하고 있다. 이런 의미에서 어린아이 같은 로봇은 덜 위협적으로 와닿을 뿐만 아니라 대안적인 느낌 그리고 일정 수준의 관심과 동정심을 유발한다. 다시 말해 유아처럼 보이는 로봇은 그것과 상호작용하는 인간들 사이에서 완전히 다른 종류의 사회적 구성물을 활성화할 수 있다. 성인은 유아와 특별한 방식으로 상호작용한다. 어린아이들의 언어능력 부족과 이동성 결여는 사람들이 그들과 상호작용하는 데 장애로 작용하지 않는다(Bee 1975). 로봇 연구자들은 인간 성인과 로봇 아이 사이에 편안한 관계가 형성되게 함으로써 함으로써 아동-성인 관계의 자연스러운 결과를 도출하고자 한다. 이를 로봇 라디우스Radius와 관련해 조명해보도록 하자.

소셜 로봇으로 설계된 라디우스의 경우, 주변을 지나다니는 사람들과의 활발한 상호작용을 유도하기 위해 MIT의 공적 공간에 설치되어 있다. 라디우스는 분명하게 어린아이처럼 보이도록 제작되었다. 라디우스는 큰 눈에 눈썹과 입을 가진 회색빛 얼굴을 하고 있어서 흔히 유령 캐스퍼Casper*와 비교된다. 라디우스와 상호작용하는 이들은 주로 성인이며, 이 둘 사이의 상호작용은 성인 측에서 많은 노력을 해야 하는 어렵고 답답한 과정이다. 라디우스는 사람들이 지나다니는 복도에 설치되어 있기 때문에 불특정 다수가 이 로봇과 어떻게 상호작용하는지를 관찰할 기회가 많았다. 지나가는 몇몇 사람들은 라디우스와의 상호작용 상황을 촬영해서 유튜브 같은 사이트에 올리기도 했다. 그 영상 중 하나를 보면 한 유럽계 남성과 여성(이들의 억양으로 판단할 때)이 라디우스와 대화를 시도하는 장면이 나온다. 이 남성과 여성은 라디우스의 혼란스러운 행동을 이해하려고 집요하게 시도한다. 이 커플은 "제발 내 눈을 봐"라는 말을 끊임없이 반복하면서 라디우스의 눈을 들여다보려고 하지만 한 세팅에서 다른 세팅으로 혼란스럽게 변환하는 모습만을 보게 된다. 그들은 "제발 나를 똑바로 봐", "내 눈을 봐", "너는 너무 멀리 있어"라고 끊임없이 요구해서 라디우스가 인간 아이였다면 울음을 터뜨려버릴 지경이었다. 나는 이 영상을 보면서 라디우스에게 동정심을 느꼈고 라디우스가 성인들과 관계 맺을 수 있기를 희망했다. 이 영상은 몇 분간 지속되는데 성인 남녀는 반복적으로 라디우스와 관계를 맺으려고 시도한다. 하지만 이들 방문객과 라디우스의 시도에도 불구하고 진정한 의미의 상호작용 관계는 끝내 형성되지 못한다. 즉 그들 사이의 상호작용 행위는 동

---

* 1995년 개봉한 영화 〈캐스퍼Casper〉에 나오는 귀여운 꼬마 유령.

조 수준까지 나아가지 못했다.

로봇학자들은 연구 아이디어를 구상, 기획, 실행할 때 아동발달 이론과 모델을 활용한다. 로봇학 분야에는 이런 연구 영역을 구체적으로 다루는 포괄적 하위 분야인 후생유전학적 로봇학epigenetic robotics이 있다. 이 분야는 연례 학술대회를 조직하고 전문 학술지를 발간할 정도로 활성화되어 있다. 후생유전학적 로봇학은 아동심리학 모델과 아동발달 모델을 활용해 로봇을 연구하는 분야다. 후생유전학은 장 피아제Jean Piaget가 아동심리학 분야에 도입한 개념으로 "유전자보다 유기체와 환경 간의 상호작용"을 강조한다(Zlatev & Balkenius 2001, p. 1). 피아제는 "지능을 모든 인지 기능이 지향하는 평형상태의 한 형태로 정의하고자 한다"(1962, p. 110)라고 주장했다.

피아제는 지능 발달을 네 단계로 구분했다. "첫째, 언어가 출현하기 이전의 감각운동기, 둘째, 진정한 조작에 선행하는 3세에서 7세 사이의 전조작기, 셋째, 7세에서 12세 사이의 구체적 조작기(구체적 대상을 지향한다), 마지막으로 12세 이후의 형식적 조작기"(1962, p. 110)가 그것이다. 로봇학자들은 아동발달의 첫 두 단계에 입각해 로봇 발달을 연구하고 있다. 피아제가 말하는 감각운동 발달의 중요성은 신체화와 연결되어 있다. 어린아이들의 공간적 · 인과적 · 정서적 활동이 사람과 사물로 구성된 세계와 상호작용하는 과정에서 추동되기 때문이다(Gibbs 2006, p. 8). 감각운동기는 어린아이가 자기 신체에 대한 통제력을 획득하는 일차 단계이기 때문에 가장 중요하다. 로봇은 자기 신체에 대한 통제력이 부족하기 때문에 감각운동기의 아동과 흔히 비교된다. 피아제가 설명하듯이 "언어발달 이전에도 지능적이라 할 수 있는 행위가 존재한다……12개월이나 그 이상 된 유아가 자신에게 너무 멀리 떨어져 있지만 카펫이나 담요 위에 놓여 있는 대상을 원할 때 그 대상에 닿기 위해 카펫이나 담요를 끌어당기는 행위가 바로 지능적 행동이다"(1962, p. 110). 피아제는 어린아이가 자신이 원하는 것을 얻기 위해 어떻게 중간 매개체를 활용하는지에 주목하면서, 어린아이가 공간, 시간, 인과성의 관념을 발달시키는 감각운동기의 중요성을 강조한다(1962, p. 112). 따라서 로봇학은 아동발달 이론과 신체화 그리고 인지과학의 혼합물이다.

로봇 관련 글들은 어린아이 같은 이미지를 중요하게 다루고 아동-성인 관계를 로봇-인간 관계의 유비적 플랫폼으로 인용한다. 「부모의 스캐폴딩을 통한 잡기 학습Learning to Grasp with Parental Scaffolding」(Ugur et al. 2011)이라는 논문을 쓴 저자들은 로봇의 잡기grasping 시도가 돌봄자의 가이드를 통해 개선되는 실험을 제안한다. 스캐폴딩은 발달심리학에서 비롯한 용어로, 어린아이의 인지발달에 도움이 되는 (성인) 돌봄자의 지원(Ugur et al. 2011)을 뜻하며 로봇학계에서 자주 인용되는 개념이다(Breazeal & Scassellate 2000; Breazeal & Velásquez 1998). 자신의 신체를 통제할 능력이 없는 유아는 수년 동안 성인의 지속적인 도움이 필요하다(Bee 1975). 전형적으로 발달 중인 유아는 시각, 청각, 미각, 촉각을 기본으로 가지고 있지만, 이들 감각은 아동이 성인 및 주변 환경과 상호작용할 때 형성되고 배양된다(Bee 1975, pp. 73–76). 성인과 아동 사이의 사회적 스캐폴딩은 로봇학자들이 소셜 로봇 시스템을 개발할 때 모방하는 구축적 구조다.

인간의 유대

로봇이 인간의 사회적 관계에 존재하는 틈을 반려자, 애인, 자녀, 치료사로 채워주는 방식을 성찰하려면 인간이 어떻게 서로를 만들고 한 인간이 다른 인간과 연결되는 경이로운 느낌을 설명하기 위해 어떤 이론들이 제시되었는지를 이해할 필요가 있다. 인간은 어떻게 서로에 대한 유대와 애착을 형성할까? 아동발달은 관계적이다. 어린아이는 돌봄자 없이 생존할 수 없기 때문이다. 아동발달은 많은 부분을 수반하는 복수의 현상으로 인지, 감각운동, 느낌, 행위 주체성, 감각의 발달이 동시에 발생하는 과정이다(Stawarska 2009). 아동발달은 항상 관계적이기 때문에 관계성이 가장 중요하다. 애착의 첫번째 단계는 신생아와 돌봄자 사이에서 이루어진다. 피아제의 아동심리 이론은 유아와 아동발달의 인지적 · 감각운동적 · 행위 주체적 측면을 탐구했고(Piaget 1930, 1929), 존 볼비(1981)는 애착의 느낌을 구성하는 요소들을 탐구했다. 볼비에 따르면 아동은 유아기 때 애착을 학습하고 이는 후에 가족 혹은 돌봄 상황 외부에 있는 타자들과 관계를 형성할 때 참조하는 모델로 자리매김한다. 하잔Cindy Hazan과 캠파Mary I. Campa(2013)가 주장하듯이 "유아기에 일차적 돌봄자와 맺는 관계의 질이 이후 한 인간이 타자와 관계 맺는 방식에 지속적인 영향을 미칠 수 있다는 증거가 압도적으로 많다"(p. 2). 애착장애 유형에 관한 연구를 통해 심리학적 증거가 수집되고 애착장애를 치유하는 전략이나 테크닉이 개발된다(Bowlby 1981; Ainsworth 1967; Ainsworth et al. 1978; Hazan & Campa 2013; Dykas & Casidy 2013; Brisch 2012; Pearce 2009). 한편 타자와 유대를 형성하는 데 어려움을 겪는 아동이 있는데, 이 증세를 묘사하는 용어가 바로 자폐증이다. 자폐증은 사회적 상호작용과 사회적 신호를 이해하는 데 심각한 어려움을 겪는 상태를 말한다(Baron-Cohen 1995, 2003).

'유대bond'라는 용어의 어원은 연결하고 결속한다는 뜻의 12세기 영어 '묶다bind'에서 비롯되었다. 이는 한 실체가 다른 실체와 연결되는 것으로 해석할 수 있다. 유대는 우리가 보거나 만질 수는 없지만 인간 존재의 중요한 측면이다. 하지만 유대가 무엇이고 그것을 어떻게 창출하는지의 문제는 논쟁적인 주제다(Marrone 1998). 이에 대해 철학자 마르틴 부버Martin Buber(937)는 관계의 철학을 제안했다. 그는 유대 관계를 두 가지 종류, 즉 나-그것I-It 관계와 나-너I-Thou 관계로 묘사했다. 부버는 나-그것 관계가 타자로부터 무엇인가를 취하는 경험과 부분성에 토대를 둔다면 나-너 관계는 존재 전체와 함께 발생하며 대화적이라고 믿었다. 부버에게 "모든 진정한 삶"은 한 존재와 타자(인간, 자연, 영혼) 사이의 교환과 조우에서 발생하는 '만남이다'(1937, p. 11). 부버는 타자와의 관계에서 현존이 갖는 중요성을 강조하면서 "사랑은 오직 너의 '내용', 즉 너라는 대상에 대해서만 너와 관계하는 방식으로 나에게 집착하지 않는 것이다. 사랑은 나와 너 사이에 존재한다"(1937, pp. 14-15)라고 설명한다.

아동심리학자 존 볼비는 중요하고 배려 깊으며 애정이 풍부한 돌봄자에 대한 아동기 애착이 아동의 건강한 발달에 결정적이라는 점을 논쟁적으로 주장했다. 성인의 애착 유형은 아동기 애착과 관계없어 보이지만, 볼비는 후자가 전자를 직접적으로 규정하고 발달시킨다고 주장한다(1981). 안정적이면서 일관되게 사랑을 주는 돌봄자가 없는 아동은 성년기에 애착을 형성하는 데 어려움을 겪는다(Hazan & Campa 2013). 최근 연구들은 초기 애착 유형이 성인이 관계 맺는 스타일을 어떻게 규정하는지를 탐구하기 시작했다(Pearce 2009).

아동-돌봄자 간의 유대가 인간관계 형성에 왜 이토록 근본적일까? 연구자들은 아동이 발달을 위해 상당히 긴 시간 동안 성인에게 의존하기 때문이라고 주장한다(Ainsworth et al. 1978; Dykas & Cassidy 2013). 아동의 정서적 · 생존적 · 인지적 필요는 성인의 지원 없이 충족되기 어렵다. 애정은 돌봄자와 아동을 결속하는 일종의 아교로 작용하기 때문에 유대를 구성하는 중요한 요소다(Bowlby 1981). 볼비의 연구는 중요한 의의를 가졌고, 아동기 애착 분야에서 선구적인 연구들을 촉발했다. 하지만 그의 연구는 아동-돌봄자 간의 유대가 근접성의 자동적인 결과라는 관념으로 인해 비판의 대상이 되기도 했다. 애착적 유대가 형성되려면 돌봄자와 아동 사이에 특별한 연결이 필요하다. 메리 에인스워스Mary Ainsworth는 「낯선 상황 실험Strange Situation Experiment」이라는 유명한 논문에서 이 쟁점을 보다 심도 있게 탐구했다(Ainsworth et al. 1978). 이 실험에서 그녀는 방을 떠났다가 다시 돌아오는 부모에게 아이들이 반응하는 방식을 관찰한 결과 아동들이 스트레스, 무관심, 기쁨의 감정을 보여준다는 것을 발견했다. 그녀는 이 실험을 통해 애착 유대의 세 가지 주요 유형, 즉 안정형, 회피형, 양가적/불안형을 제안했다. 안정적 애착은 타자와의 관계에서 기쁨과 편안함이 특징적으로 나타난다. 하지만 아동이 회피형과 양가적/불안형 애착을 발달시킬 때는 관계가 혼란스럽고 공포스럽게 느껴질 수 있다(Brisch 2012). 일부 연구자들은 필리프 아리에스Philippe Aries와 그의 유명한 저서 『아동의 세기Centuries of Childhood』(1973)에 주목하며 아동기가 존재의 특수한 형태라는 관념 자체에 의문을 제기해왔다. 현대의 아동기는 발달의 독특한 국면으로 간주되고 아동은 성인과 근본적으로 다른 존재로 여겨진다.

아동기 애착 분야에서 수행된 여러 연구가 문제성 있는 애착 유형(아동과 성인 모두)을 다루고 있다. 폭력, 성적 학대, 질병, 방치가 삶의 일반적 특징인 가정에서 양육된 아동은 대인관계와 심리적인 문제를 안고 성장할 가능성이 훨씬 더 커진다(Bowlby 1981). 더욱이 아동기의 초창기 트라우마는 전 생애에 걸쳐 영향을 끼쳐 정신병, 인지장애, 안락하고 안전한 성인 관계 형성의 장애 등을 겪을 가능성을 높인다(Pearce 2009; Reis 2013). 따라서 유대는 단순히 근접성의 자동적 결과가 아니라 돌봄자와 아동 사이에 형성된 특별한 종류의 관계이고, 이런 유형이 이후 성년기까지 이어진다. 애착이 돌봄자와 아동 사이에 처음으로 형성되고 그 후 다른 관계로 확장되는 애정적 유대의 결과라는 관념은 최근의 관계성과 사회성에 관한 모델을 성찰하는 데 중요한 의미를 가진다. 로봇학자들은 아동-돌봄자 관계를 모방하고 로봇 기계를 아동으로 간주함으로써 인간 발달 과정에서 아동기가 갖는 중요성에 주목하도록 만들고 있다.

사회관계 로봇

그다음으로 로봇 연구자들은 사회적 신체들이 상호작용할 때 발생하는 사회적 역동성에 관심을 가진다. 그들은 구체적인 신체 부분, 즉 눈 그리고 인간의 몸과 손을 모방한 신체 형태 등 의사소통적 상호작용을 강조하는 신체 측면에 초점을 맞추고 있다.

　라디우스와 마리우스 같은 로봇은 이런 유형의 의사소통적 신체 사양을 염두에 두고 제작되었다. 로봇 신체를 구축하는 일은 사회적으로 상호작용하는 신체의 모델화를 향해 한 걸음 다가가는 것이다. 인간의 신체는 커뮤니케이션 관련 정보를 담고 있다. 다시 말해 신체에는 내부에서 작동하는 익숙한 사회적 상호작용의 준거 틀이 부여되어 있다. 인간의 신체 형태는 행동 및 수행과 관련된 특정한 기대를 수반한다. 머리를 위아래로 끄덕이고, 손가락으로 가리키고, 비슷한 방향을 바라보고, 몸의 방향을 정하고, 미소 짓고, 얼굴을 찌푸리고, 머리를 한쪽으로 기울이거나 뒤로 젖히며, 눈썹을 치켜올리는 단순한 행동, 이 모든 것이 협조, 관심의 공유, 동의나 혐오, 놀람, 호기심 등을 나타낸다. 전혀 복잡하고 세련된 행동을 하지 않더라도 로봇의 간단한 행동을 통해 여러 '내면적' 상태 혹은 '관계적' 상태에 관한 정보가 소통될 수 있다. MIT 연구자들은 인간이 로봇 기계와 의사소통적 행동에 기반한 대화를 할 수 있도록 시도함으로써 기계를 단순한 인형 같은 상태에서 한 단계 더 끌어올리고자 했다. 이런 시도 가운데 가장 눈에 띄는 것이 MIT 인공지능 연구실의 신시아 브리질과 여러 동료가 제작한 로봇 키즈메트다.

키즈메트는 MIT 인공지능연구소가 설계한 최초의 소셜 로봇이다. 키즈메트는 화남, 지루함, 행복함 같은 인간의 감정 표현을 모방해서 얼굴을 움직일 수 있는 머리 부분을 장착한 연구 플랫폼이다. 이 로봇은 인간의 기본 감정 몇 가지를 흉내 내는 얼굴 표정을 제한적으로 취할 수 있다. 키즈메트는 로드니 브룩스의 행동 기반 로봇학 모델에서 영감을 받아 제작되었는데, 얼굴 표정과 (머리에 한정된) 신체 움직임을 통해 행동함으로써 감정을 소통할 수 있도록 설계되었다. 로봇이 특정한 사회적 상호작용을 수행하려면 인간이 동일한 종류의 상호작용에서 사용하는 것과 같은 신체 부분을 필요로 한다. 키즈메트에게 코딩된 사회적 상호작용 레퍼토리는 대체로 인간의 행동을 모방했지만 모두 그렇지는 않다. 이 로봇은 몸을 움츠려서 공포를 보여주는 등의 일반적인 동물의 행동도 모방했다. 키즈메트에 적용된 기술은 단순하지만 지극히 효과적이다. 키즈메트에는 인간 대화 상대와의 상호작용 패턴을 통제하는 일련의 드라이브가 장착되어 있다. 이들 '드라이브'는 무작위로 배열되어 있고, 키즈메트는 행동을 바꿈으로써 행복하거나 슬프거나 흥미가 있는 것처럼 보일 수 있다. 키즈메트는 드라이브가 무작위로 배열되어 있기 때문에 한 드라이브에서 다른 드라이브로 이동할 수 있다. 제작자들은 키즈메트에 또 다른 요소를 추가했다. 그들은 상황에 적합한 드라이브/감정을 선택하도록 도와주는 감각 장치를 운용함으로써 키즈메트가 반응적이도록 만들었다. 키즈메트가 한 대화 상대와 상호작용할 때 대화 상대의 행동이 키즈메트의 사회적 · 감정적 반응에 영향을 줄 수 있다. 키즈메트가 자신의 감정적 배열을 바꾸는 기능은 이 로봇과의 근접성과 상호작용에 달려 있다. 누군가 너무 가까이 다가가면 스트레스를 표현하고, 너무 멀리 떨어져 시야 범위에서 벗어나면 지루함을 나타낸다. 로드니 브룩스는 키즈메트에 대해 다음과 같이 설명했다.

키즈메트는 인간과 하나의 동일한 토대*equal basis* 위에서 상호작용할 수 있고, 사람들이 그것을 휴머노이드 피조물로 받아들인다는 점에서 세계 최초의 진정한 소셜 로봇이다. 사람들은 키즈메트와 눈을 맞추고, 키즈메트는 사람들과 눈을 맞춘다. 사람들은 키즈메트가 말하는 억양을 통해 그것의 기분을 읽고, 키즈메트는 사람들이 말하는 억양을 통해 그들의 기분을 읽는다. 누구든 키즈메트에게 다가가면 둘 사이에 자연스러운 사회적 상호작용이 시작된다. 사람들은 키즈메트에게 말을 걸고 제스처를 보여주며 그것과 사회적으로 행위한다. 키즈메트도 사람들에게 말을 걸고 제스처를 보여주며 그들과 사회적으로 행위한다. 사람들은 적어도 한동안은 키즈메트를 또 다른 존재로 대한다. 키즈메트는 살아 있다. 아니 살아 있을지도 모른다. 사람들이 키즈메트를 그렇게 대한다(2002, p. 65; 이탤릭체 강조는 필자).

키즈메트는 연구자들이 기계와의 사회적 상호작용에 대해 생각할 수 있도록 해주었다. 내 대화 상대는 키즈메트 자체가 아니라 키즈메트 제작에 관여한 사람들이었다. 나는 박물관 전시 케이스 유리 벽 밖에서 그리고 키즈메트가 작동하는 장면을 촬영한 비디오를 통해서만 키즈메트와 접촉했다. 키즈메트에게 활력이나 생명 같은 특질을 부여하기 위해 브리질은 상상을 통해서이긴 하지만 관람객들에게 특정한 감정이나 생각을 촉발하는 믿을 만한 캐릭터를 창조하는 데 능숙한 디즈니 사 애니메이터들의 작업을 참조했다(Breazeal 2002, p. 163). 애니메이션 테크닉은 소셜 로봇을 만드는 데 특별한 방식으로 활용된다. 여기서 눈이 매우 중요하다. 애니메이터들은 감정적 표현을 소통하기 위해 흔히 눈을 활용하고 카툰에서도 눈의 크기가 과장된다.

연구자들은 신체의 특정 부분을 특정한 활동과 동일시한다. 로봇에게 사회적 표현의 특징을 부여하면 대화 상대자들이 로봇과 새로운 방식으로 관계한다고 느낄까? 키즈메트에 코딩된, 인간 같은 사회적 특징들이 그것과 상호작용하는 사람들로 하여금 키즈메트가 단순한 기계 이상의 존재라고 확신하도록 만들까? 혹은 키즈메트 제작자들은 사람들이 키즈메트와 상호작용할 때 그것이 '살아 있다'거나 '감정적'이라고 생각하도록 '속이는 것'일까? 보다 더 중요한 질문은 '도대체 이것이 문제가 될까?'라는 것이다.

만약 로봇이 인간과 설득력 있는 상호작용을 수행할 수 있다면, 그것이 이런 소셜 로봇의 지위를 바꿀까? 브리질은 다음과 같은 질문을 던진다.

하나의 기계가 더 이상 단순한 기계가 아니고 그 생물학적 대응물에 부여되는 것과 동일한 존경과 배려를 받을 수 있는 지적이고 '살아 있는' 실체인 경우는 언제일까? 인간은 아니지만 하나의 인격처럼 보이는 사회적으로 지적인 인공물을 사회는 어떻게 대하게 될까? 우리가 이들 기계를 궁극적으로 어떻게 대하고 그들에게 인격적 지위를 부여할 것인지 여부는 우리 자신과 사회에 대해 성찰하도록 만들 것이다(2002, p. 240).

관계적 컴퓨터 기계에 대한 관심은 일찍부터 시작되었다. 요제프 바이첸바움은 1963년 컴퓨터 프로그램 엘리자ELIZA를 치료 도우미 용도로 개발했다. 엘리자는 질문에 반응함으로써 다시 질문을 생성하는 방식으로 작동한다. 바이첸바움은 일부 사람들이 엘리자와 너무 쉽고 자연스럽게 상호작용하는 모습을 보고 컴퓨터 프로그래머로서 자신의 도덕성에 대해 비판적인 윤리적 평가를 내렸다. 그는 과학 공상가인 칼 세이건Carl Sagan이 기계가 치료사를 대체할 가능성에 대해 논하자 훨씬 더 불쾌해했다(1984, p. 5). 바이첸바움은 그런 치료적 영감에 대해 다음과 같이 불쾌함을 표현했다. "정신과 의사가 치료사인 자신을 공감하는 인간이 아니라 규칙 등을 따르는 정보 프로세서로 본다면 그의 환자 이미지는 도대체 어떻게 되는 것일까?"(Brooks 2002, p. 167에서 재인용). 바이첸바움의 엘리자는 관계적 기계를 통해 인간과 기계가 어떻게 통합될 수 있는지의 문제뿐만 아니라, 전문화된 실천들(정신분석이나 인지행동치료)이 컴퓨터 프로그램으로 모델화되고 번역되는 규칙에 어떻게 적용될 수 있는지에 대해서도 조명하도록 실마리를 제공한다. 바이첸바움은 자신이 만든 프로그램의 인기에 격하게 반응하면서, 엘리자를 상담이나 정신과 치료의 토대로 활용할 수 있다는 정신과 전문가들의 주장에 반대했다. 바이첸바움은 오늘날 무수한 종류의 상담치료 프로그램을 이용할 수 있다는 사실을 알게 되면 충격을 받을 것이다. 예를 들어 110파운드*만 지불하면 컴퓨터 기반 상담치료 시스템인 '블루 비곤Blues Begone' 프로그램을 구입할 수 있다. 로봇은 이제 자폐증 아동의 사회적 스킬 발달을 돕는 치료 행위자로 상상되기도 하고 대체치료사substitue therapist 역할도 한다.

소셜 로봇학은 1990년대 초 휴머노이드 로봇학의 하위 분야이자 인간과 기계의 상호작용에 대한 통찰의 결과로 발달해왔다. 내가 현장 조사를 위해 MIT의 연구실에 처음 들어간 것은 2003년 5월이었다. 당시 나는 연구실의 로봇학자들이 휴머노이드 로봇을 만들려는 계획을 세우고 있으며 그중 일부는 소셜 로봇이라는 말을 듣고 감명을 받았다. 나는 그들이 어린 시절 내가 기대했던 종류의 새롭고 정교한 가사로봇을 만들고 있다고 생각했다. 1950년대의 낭만적 삶을 다룬 1970년대 애니메이션 〈젯슨 가족The Jetsons〉은 우주여행과 하이테크적 삶을 그리고 있는데, 당연히 가사 도우미 로봇 로시Rosie가 등장한다. 로시는 매우 정교하게 만들어졌지만 그녀의 일차 목적은 가족의 잡다한 가사 일을 돕는 것이었다. 로봇을 바라보는 관점에서 발생한 이와 같은 변화는 로봇의 목적과 로봇이 사회에서 차지하는 위

---

* 한화로 18만 원 정도.

치에 대한 가장 중요한 재평가라 할 수 있다. 로봇에 관한 문화적 상상은 특정한 유형의 사회적 구성을 허용하는 방향으로 의미심장하게 변화해왔는데, 이 과정에서 로봇은 암묵적으로 관계성을 존재론적 동력으로 삼는, 가능한 인격 프로세서로 상상되었다. 관계성의 이론화에서 실체들은 관계 속에서 변화의 형질을 획득하고, 기계, 불활성 실체 혹은 기능적 대상으로서 그 실체들의 존재론적 지위는 상이한 우주론적 질서화를 통해 특수한 종류의 행동유도성affordance*을 부여받게 된다.

이들 테마는 인간-기계 관계성 연구의 선구자 중 한 사람인 셰리 터클(1984)의 연구를 통해 조명할 수 있다. 터클은 특정한 정서적 느낌을 불러일으키는 대상을 '관계적 인공물relational artifact'로 묘사하고 그것을 이해하는 데 필요한 준거 틀을 발전시켰다. 관계적 인공물에는 퍼비Furbie 인형이든 로봇이든 악기든 상관없이 우리가 관계를 맺는 여하한 대상이 모두 포함된다. 그런 관계적 인공물의 하나가 바로 다마고치Tamagotchi다. 다마고치는 1996년 '다마고치 엄마'로 유명해진 아키 마이타Aki Maita가 만들었다. 다마고치는 손에 잡히는 크기의 사이버 애완 기계인데 사용자는 그것이 살아 있도록 먹이고 돌봐야 한다. 만약 사용자가 다마고치의 명령을 따르지 않으면 이 가상의 피조물은 더 이상 기능하지 않게 된다. 이런 맥락에서 다마고치는 그것이 살아 있도록 하기 위해 사용자가 기계에 대해 어느 정도까지 책임을

---

* 인지심리학, 산업디자인, 환경심리학, 인공지능, 컴퓨터공학 등 다양한 분야에서 사용되는 용어로 유기체, 특히 인간과 사물 사이의 상호작용에서 특정한 행동을 유도한다는 뜻으로 쓰인다.

저야 하는지를 보여준다. 다마고치는 먹이를 주지 않으면 '사망'한다. 다시 말해 다마고치를 정규적으로 보살펴주지 않으면 시스템이 다운된다. 다마고치의 첫번째 버전은 피조물의 '사망'과 함께 완전히 종결되었다. 하지만 후속 버전들에서는 사용자가 기능을 리셋할 수 있도록 했다. 일부 젊은 사용자들은 '사망한' 다마고치를 묘지로 가져가 장례를 치러주기도 했다. 이렇게 가상의 반려동물에게까지 죽음의 권리를 확장하는 일이 인간과 기계 간 경계의 변화를 나타내는 것일까?

다마고치는 배고픔, 행복, 죽음을 시뮬레이션한다. 즉 배고픔, 놀이, 죽음, 감정을 시뮬레이션함으로써 가상 피조물의 행동에 관여하고 그것을 해석할 수 있는 공통의 준거 틀을 사용자에게 제공한다. 로봇과 가상의 피조물은 사람들에게 동일한 느낌을 자극한다. 로봇 장난감 영역(그리고 현재 여러 실험실 기반 연구 플랫폼)에서 보다 놀라운 사실은 로봇이 다른 로봇을 인식할 수 있도록 설계된다는 점이다. 어떤 로봇은 동종의 또 다른 로봇을 인지하고 그것과 상호작용하는 스크립트를 활성화할 수 있다. 이제는 단종된 아이보AIBO* 로봇 개는 다른 아이보뿐만 아니라 주인도 인식할 수 있다. 한 아이보가 다른 아이보 '개'와 접촉하면 서로 짖기도 하고 함께 '놀기도 한다'. 아이보가 다른 아이보뿐만 아니라 소유자도 인식한다는 사실은 흥미로운 발전

---

* 강아지형 로봇 아이보는 1999년 일본 소니 사에서 처음 출시되었다가 회사의 수익성이 악화되면서 2006년 마지막 모델 ERS-7M3을 끝으로 생산이 중단되었다. 소니 사는 회사의 수익 구조가 개선되자 2018년부터 보다 진화한 스펙의 아이보 시리즈를 다시 출시하고 있다.

이다. 사실 이런 활동은 아이보의 '사회적' 필요가 인간과 다른 기계에 의해 충족될 수 있다는 점을 시사한다.

관계성 이론은 반본질주의적 이론화의 결과로서 역동적인 상호작용의 장에 특권을 부여한다. 본질주의가 인격이나 사물이 어떤 종류의 특질을 보유한다고 보는 관점이라면, 본질주의자의 역할은 그런 특질들을 범주화하고 명명하는 일이다. 반본질주의는 실체에 특별히 본질적인 것은 없으며 실체 자체가 관계 속에서 창조되는 것이라고 주장한다. 이는 새로운 관계 이론인데, 이 이론 내에서는 실체들 사이의 관계가 피조물의 행위 주체성의 가장 중요한 요인이 된다.

로봇학자 스카셀라티는 '로봇을 위한 마음 이론ToM, a theory of mind'을 제안하고 로봇이 신체화된 마음으로 행동하는 데 필요한 것들을 개괄했다.

> *활성animacy의 속성*: 움직임의 공간성과 시간성에 기초해 활성 사물과 비활성 사물을 구별하는 능력.
>
> 공동의 주목: 다른 누군가가 주목하고 있는 동일한 물체에 주목하는 능력.
>
> *의지의 속성*: 물체의 쌍들이 보여주는 움직임을 욕망 혹은 공포같이 단순한 의지 상태라는 측면에서 묘사할 수 있는 능력(Scassellati 2001, p. 17)

이런 의인화 과정을 구성하는 중요한 요소 중 하나가 로봇에 특정한 마음 이론을 적용하는 것이다(Scassellati 2001, p. 15). 소셜 로봇학은 로봇의 외적이고 가시적인 행동에 방점을 둔다. 로봇학자들은 지능과 사회성을 가시적인 영역에 위치시킨다. 인간을 하나의 관계 속으로 끌어들이기 위해 물리적 신체가 행동과 조합된다. 로봇학자들은 유사한 상황에 처한 인간의 유사한 특성을 모방적으로 재생산한다. 여기서 로봇은 신체와 감정을 통해 의사소통한다. 로봇의 대화 상대는 외부 영역에서 발생하는 것을 통해 로봇의 '내면' 상태를 판단한다.

동일한 논의가 또 다른 이론, 즉 사회과학 이론을 통해서도 이루어지는데 인간에게 미치는 영향이라는 측면에서 사물을 탐구하는 행위자-네트워크 이론ANT이 바로 그것이다. 스트래선의 설명처럼, "행위자-네트워크 이론은 사회적 관계 그리고 인간의 사회적 스킬 내에서 이루어지는 사회적 관계의 자기-강화적 표현self-empowering manifestation이 인공물과 테크닉(그것이 구미의 일상 언어에서 사용되는 의미의 인격이든 사물이든 동물이든 혹은 사건이든 상관없이)의 특질을 소환하고 결과적으로 그 효율성을 등록하는 방식에 주목한다"(1999, p. 17). 스트래선은 겔Gell의 예술 연구를 다음과 같이 설명한다. "구미인들은 흔히 행위 주체성이 불활성 실체에 적용될 때 그것이 부적절하게 인격화되었다고 생각한다. 하지만 그것은 우리가 행위 주체성을 의지나 의도와 연결시키기 때문이다"(1999, p. 17). 이어서 스트래선은 "타자에게 미치는 영향에 관한 한, 인격을 바라보는 방식과 동일한 방식으로 하나의 예술적 대상을 바라볼 수 있을 것이다. 예술적 대상은 역량을 체화한다"(1999, p. 17)라고 주장한다.

행위자-네트워크 분석은 관련된 실체들에 내재하는 차이와 상관없이 이 가시적인 영역에서 출발한다. 사실 행위자-네트워크 분석은 주로 수행이라는 측면에서 실체의 유형에 접근한다. 따라서 가시적인 영역이 활동의 장소가 된다. 행위자-네트워크 이론은 또한 급진적인 반본질주의적 입장을 취해왔다. 존 로John Law가 설명하듯이 "행위자-네트워크는 본질적 차이와 전쟁을 치르는 기호학적 기계다. 그것은 관계의 수행적 특성, 그리고 그런 관계 속에서 구성되는 대상들에 관한 주장을 해왔다"(Law 1999, p. 7). 라투르는 이를 '상호객관성interobjectivity'이라는 관념을 통해 표현한다. 라투르에 따르면 "하나의 국지적인 상호객관의 조우에서 특별히 인간적인 것은 아무것도 없다"(Latour 1999, p. 18).

내가 관심을 가지는 것은 그런 관계들을 묘사하는 상호객관성과 수행성이라는 개념이다. 로봇학자들 또한 소셜 로봇을 제작하는 과정에서 수행적이고 상호객관적인 측면들에 의존하기 때문이다. 이런 의미에서 잠재적으로 상이한 실체들이 대칭성을 가지게 된다. 라투르는 "대칭성은 변환을 통해 보존된 것에 의해 정의된다. 인간과 비인간 사이의 대칭에서, 나는 행위 주체들이 서로 겹치면서 주고받을 수 있는 일련의 능력과 특성을 상수로 간주한다"(1999, p. 182)라고 주장한다. 만약 인간과 비인간 실체들이 상호 관계 속에서 의미를 도출한다면, 그것들이 가진 의미는 방법론적으로 가시적 영역을 맥락적 어셈블리지contextual assemblage의 장소로 설정하는 관계에 의존한다.

비인간의 인간화

일반적으로 인간은 사회적 행위 주체성과 내러티브를 비인간적 현상에 투사할 수 있는 자발적 인지능력spontaneous cognitive capacity(비록 이것이 일부 자폐증 아동이나 성인들에게는 힘든 일이겠지만)을 가지고 있다 (Kanner 1943; Baron-Cohen 1995). 프리즈 하이더Fritz Heider와 메리앤 지멜Marianne Simmel의 유명한 연구인 「외형적 행동에 관한 실험적 연구 An Experimental Study of Apparent Behavior」(1944)에서, 저자들은 피실험자들에게 단순한 애니메이션을 보여주며 무슨 일이 일어났다고 생각하는지 묘사해보라고 요청했다. 애니메이션은 개폐 가능한 꼭짓점을 가진 검은 직사각형 하나 그리고 상호작용하는 기하학적 도형 세 개, 즉 큰 삼각형, 작은 삼각형, 원반을 표현했다. 기하학적 모양은 애니메이션 화면에서 무작위로 움직이고, 피실험자는 그 대상들의 외형적 행동에 관해 설명하도록 요청되었다. 흥미롭게도 거의 모든 피실험자가 애니메이션에 사회적 내러티브를 부여했다. 애니메이션에는 인간 형태의 모양이 전혀 없었지만 도형의 움직임과 역동성은 사회적으로 영감을 받은 내러티브를 촉발하기에 충분했다. 많은 피실험자가 가족 내러티브를 도형에 투사했다. 그들은 작은 도형을 어린아이로, 큰 도형을 부모나 성인으로 보았다. 더욱이 많은 실험 참가자가 큰 도형의 움직임을 작은 도형에게 불리하게 작용하는 일종의 무자비한 행동으로 해석했다. 하이더와 지멜은 피실험자들의 설명에서 의식적으로 의도된 내러티브는 없었다고 주장한다. 이미지들을 논리적으로 들여다보면 그저 스크린 여기저기를 돌아다니는 도형에 불과하지만, 인간은 모든 곳에서 사회적 내러티브를 본다.

스튜어트 거스리Stewart Guthrie의 책 『구름 속의 얼굴Faces in the Clouds』 (1995)은 책의 내용, 즉 비인간 존재를 의인화하고 그것에 생명력과 의도성을 부여하는 인간의 인지적 경향을 아주 적절하게 표현하는 제목이 붙여져 있다. 거스리는 어떻게 인간 중심의 지각적 인지가 비인간 동물과 사물들에 적용되어 인지의 자연적·직관적 경향성을 보여주는지에 관심을 둔다. 인지적·사회적 상태를 인간을 초월해 부여하는 것은 인간의 상상력이 그런 상태를 비인간 동물과 사물에 부여하는 방향으로 열려 있음을 보여준다. 이 지점에서 휴머노이드 로봇학은 하나의 역설에 직면하게 된다. 대상이 인간과 더 유사할수록 대상과 그것을 통해 재현하고자 하는 것 사이에 더 많은 등가성이 기대되기 때문이다. 현재의 논의와 관련해 보면 어떤 기계가 인간과 더 유사할수록 그 기계가 인간처럼 행동할 것이라는 기대도 더 커지게 된다.

거스리는 종교, 예술, 철학, 과학 등 다양한 방면에서 의인화를 탐구한다. 하지만 나는 휴머노이드 로봇과 관련된 의인화 개념에 관심이 있다. 데니스 비달Denis Vidal(2007)은 종교와 로봇 사이의 연결성을 탐구했다. 의인화는 복수의 의미를 가진 개념이고 수많은 분야(그중 몇 가지만 언급하면 종교, 주술, 동물행동학 연구 등)에서 중요하다(de Waal 1996, p. 7). 비록 로봇은 전자공학, 기계공학, 컴퓨터과학 분야의 전문가들이 실험실에서 제작하지만 단순한 기술적 대상으로만 끝나지 않는다. 오히려 로봇은 제작자들이 배타적으로 통제할 수 없는 의미를 담고 있는 문화적 대상이다.

비인간에게 인간 같은 특질을 부여하는 인간의 경향성에도 불구하고, 의인화는 인류학계(Haraway 1992, 2003)와 여타 학문 분야(de Waal 1996)의 일부 학자들에게 문제적인 개념이다. 의인화는 물질 및 비인간과의 관계에서 인간을 주요 행위 주체로 설정하기 때문이다. 하지만 다른 무엇이 주요 행위 주체일 수 있을까? 인류학적으로 볼 때, 동물들의 생활 세계를 인간의 관점에서 바라보는 것은 이들 상이한 존재에 특유한 의미들을 혼동하거나 간과할 수 있다(de Waal 1996). 그러면 비인간은 단지 인종, 성, 젠더, 계급이라는 규범적 범주들을 담는 용기로 환원된다. 이는 앞서 논의한 하이더와 지멜(1944)의 사례, 즉 훈육적 육아 스타일이 도형 이미지에 투사되는 사례에서 살펴본 것과 마찬가지다. 해러웨이는 유인원, 사이보그, 개(1992, 2003)에 관한 연구에서 이런 지각 작용을 강하게 비판하지만, 그 후에 역사, 계보, 공존의 지도를 그리면서 그것을 동물들에게 확장한다. 내 생각에 혼종성hybridity에 대한 강조(Latour 1993; Law 2001)와 관계적 자연/문화 혼합물(Haraway 2003)은 구미인들이 비인간 동물, 기계, 사물과 일상적으로 상호작용하는 과정에서 작동하는 의인화의 다양한 방식을 적절하게 설명하지 못한다. 더욱이 인격과 사물 사이의 혼종성과 관계성을 강조하는 학자들은 의인화 과정에 내재하는 인간의 상상력을 축소해버린다. 인간 관찰자는 의인적 실체가 구성되는 방식에 결정적인 역할을 수행한다. 인간이 사물과 상호작용하고 그런 사물이 생각, 느낌, 행동을 촉발할지라도, 이들 실천은 여전히 인간의 사회성을 통해 매개된다(Gell 1998; Guthrie 1995). 따라서 의인화는 인간과 인간의 특징을 가진 테크놀로지의 상호작용을 이해하는 단순한 프레임이 아니다. 그것은 또한 인간과 비인간의 상호작용을 조명하는 데 인간의 사회성이 갖는 중요성을 다시 생각해보는 수단이기도 하다.

의인화는 인간의 특징을 비인간 동물이나 사물에 부여하는 여러 가지 유형의 과정을 지칭한다. 하나의 개념으로서 의인화는 특히 동물과의 관계에서 광범위하게 논의되어왔다(Silverman 1997; Moynihan 1997; de Waal 1996). 거스리(1995)에게 의인화는 인간이 타자의 상태에 관해 '추측'하거나 다른 인간을 포함한 타자에게 마음 이론을 부여하는 인지-지각적 과정이다. 자폐증 연구에 따르면 타인에게 마음 이론을 부여하는 데 실패하는 것은 동물과의 사회적·의사소통적 어려움으로 귀결될 수 있다(Baron-Cohen 1995). 자폐아에게 특징적인 속성은 그 증상을 가진 아동들이 경험하는 상이한 사회성(사회성의 부재가 아닌)에서 비롯하는 은유적 의미(하나가 다른 하나를 대신해서 표시할 수 있는 것)를 파악하는 데서 겪는 어려움으로 알려져 있다(Ochs and Solomon 2010). 인간은 마음 이론을 이용해 타인의 생각, 의도, 행동을 이해할 뿐만 아니라, 자신의 사회성을 비인간에게 적용하고 구름 속에서 얼굴을 보기도 한다(Guthrie 1995).

로봇학은 이런 인간의 인지-지각적 직관을 의식적으로 이용해 로봇을 제작하고 그렇게 제작된 로봇을 지지해달라고 호소한다. 다른 식으로 표현하면 로봇학자들은 인간과 로봇-기계 간 관계(이 관계 내에서 성인은 돌봄 제공자, 양육자, 부모의 역할로 재조성된다)를 성인과 아동 간 관계로 재구조화하려고 시도하면서 아동의 의인擬人적 특징을 취해 자신들이 창조하는 기계에 부여한다.

이 장에서는 로봇을 어떻게 어린아이로 상상하는지, 그리고 아동 발달 모델이 로봇의 발달 모델로 어떻게 활용되지를 보여주고자 했다. 로봇 기계에는 성인들이 기계를 아동으로 생각하도록 만드는 관계적 측면이 존재한다. 이로 인해 인간과 기계가 함께 특별한 종류의 관계적이고 유대적인 실체로 인식된다. 만약 기계가 아동의 역할을 수행하는 것으로 상상된다면, 우리는 교환의 정서적 측면에 방점을 두는 인간 개념과 인간적 유대에 관한 이론으로 되돌아가야 한다.

Ainsworth, M 1967, *Infancy in Uganda*, Johns Hopkins Press, Baltimore.

Ainsworth, M, Blehar, MC, Waters, E & Wall, S 1978, *Patterns of attachment: a psychological study of the strange situation*, Lawrence Erlbaum Associates, New Jersey.

Ariès, P 1973, *Centuries of childhood*, Penguin Books, London.

Baron-Cohen, S 1995, *Mindblindness*, MIT Press, Cambridge, Mass.

Baron-Cohen, S 2003, *The essential difference: men, women, and the extreme male brain*, Basic Books, New York.

Baron-Cohen, S 2011, *Zero-degrees of empathy: a new understanding of cruelty and kindness*, Allen Lane, London.

Bee, H 1975, *The developing child*, Harper & Row, New York.

Bowlby, J 1981, *Attachment and loss*, vol. 1, Harmondsworth, Middlesex, London.

Breazeal, C 2002, *Designing social robots*, The MIT Press, Cambridge, Mass.

Breazeal, C & Scassellati, B 2000, "Infant-like social interactions between a robot and a human caretaker", *Adaptive Behavior*, vol. 8, no. 1, pp. 49–74.

Breazeal, C & Velásquez, J 1998, *Toward teaching a robot "infant" using emotional communicative acts*, MIT AI Lab Publications. Available from: ⟨http://www.ai.mit.edu/ projects/ntt/projects/NTT9904–01/documents/Breazeal-Velasquez-SAB98.pdf⟩.

Brisch, KH 2012, *Treating attachment disorders: from theory to therapy*, 2nd edn. The Guildford Press, New York.

Brooks, R 2002, *Flesh and machines: how robots will change us*, Pantheon Books, New York.

Buber, M 1937, *I and thou*, trans. RG Smith, T. & T. Clark, Edinburgh.

de Waal, F 1996, *Good natured: the origins of right and wrong in humans and other animals*, Harvard University Press, Cambridge, Mass.

Dykas, MJ & Cassidy, J 2013, "The first bonding experience: the basics of infant caregiver attachment" in *Human bonding: the science of affectional ties*, eds. C Hazam & MI Campa, The Guildford Press, New York.

Gell, A 1998, *Art and agency: an anthropological theory*, Clarendon Press, Oxford.

Gibbs, RW 2006, *Embodiment and cognitive science*, Cambridge University Press,

Cambridge.

Gilbert-Rolfe, J & Gehry, F 2002, *Frank Gehry: The city and music*, Routledge, New York.

Guthrie, SE 1995, *Faces in the clouds: a new theory of religion*, Oxford University Press, New York.

Haraway, DJ 1992, *Primate visions: gender, race, and nature in the world of modern science*, Verso, London.

Haraway, DJ 2003, *The companion species manifesto: dogs, people, and significant otherness*, Prickly Paradigm Press, Chicago.

Hazan, C & Campa, MI 2013, "Introduction" in *Human bonding: the science of affectional ties*, eds. C Hazam & Campa, The Guildford Press, New York.

Heider, F & Simmel, M 1944, "An experimental study of apparent behavior", *American Journal of Psychology*, vol. 57, no. 2, pp. 243–249.

Kanner, L 1943, "Autistic disturbances of affective contact", *Nervous Child*, vol. 2, pp. 217–250.

Latour, B 1993, *We have never been modern*, trans. C Porter, Harvester Wheatsheaf, New York.

Latour, B 1999, "On recalling ANT", in *Actor network theory and after*, eds. J Law & J Hassard, Blackwell Publishers/The Sociological Review, Oxford.

Law, J 1999, "After ANT: complexity, naming and topology" in *Actor network theory and after*, eds. J Law & J Hassard, Blackwell Publishers/The Sociological Review, Oxford.

Law, J 2000, *Networks, relations, cyborgs: on the social study of technology*. Available from: ⟨http://www.lancaster.ac.uk/sociology/research/publications/papers/law-networks-relations-cyborgs.pdf⟩[13 November 2014].

Marrone, M 1998, *Attachment and interaction*, Jessica Kingsley Publishers, Philadelphia.

Mitchell, WJ 2007, *Imagining MIT: designing a campus for the twenty-first century*, The MIT Press, Cambridge.

Moynihan, MH 1997, "Self-awareness, with specific references to coleoid cephalopods" in *Anthropomorphism, anecdotes, and animals*, eds. R Mitchell, NS Thompson, & HL Miles, SUNY, Albany.

Ochs, E & Solomon, O 2010. "Autistic sociality", *Ethos*, vol. 38, no. 1, pp. 69–92.

Pearce, C 2009, *A short introduction to attachment and attachment disorder*, Jessica Kingsley

Publishers, London.

Piaget, J 1929, *The child's conception of the world*, Kegan Paul, Trench, Trubner & Co. Ltd., London.

Piaget, J 1930, *The child's conception of causality*, Kegan Paul, Trench, Trubner & Co. Ltd., London.

Piaget, J 1962, "The stages of the intellectual development of the child", *Bull. Menninger Clin.*, vol. 26, pp. 120–128.

Reis, HT 2013, "Relationship well-being: the central role of the perceived partner responsiveness" in *Human bonding: the science of affectional ties*, eds. C Hazam & MI Campa, The Guildford Press, New York.

Scassellati, B 2001, *Foundation for a theory of mind for a humanoid robot*, MIT Department of Electrical Engineering and Computer Science, Cambridge, Mass.

Silverman, P 1997, "A pragmatic approach to the Inference of Animal Mind' in *Anthropomorphism, anecdotes, and animals*, eds. R Mitchell, S Nicholas, Thompson & HL Miles, SUNY Press, Albany.

Stawarska, B 2009, *Between you and I: dialogical phenomenology*, Ohio University Press, Athens.

Strathern, M 1999, *Property, substance and effect: anthropological essays on persons and things*, Athlone Press, London.

Turkle, S 1984, *The second self: computers and the human spirit*, Granada, London.

Ugur, E, Celikkanat, H, Sahin, E, Nagai, Y & Oztop, E 2011, "Learning to grasp with parental scaffolding", *Proceedings of the 11th IEEE-RAS International Conference on Humanoid Robots*, pp. 480–486.

Vidal, D 2007, "Anthropomorphism or sub-anthropomorphism? An anthropological approach to gods and robots", *The Journal of the Royal Anthropological Institute*, vol. 13, no. 4, pp. 917–933.

Weizenbaum, J 1984, *Computer power and human reason: from judgment to calculation*, Penguin, Harmondsworth.

Wright, SH & Thompson, EA 2004, "Digital tools went into it; innovation will come out: MIT celebrates Stata Center", *MIT News Office*, 12 May.

Zlatev, J & Balkenius, C 2001, "Introduction: Why 'epigenetic robotics'? Proceedings of the first international workshop on epigenetic robotics: modeling cognitive development in robotic systems", *Lund University Cognitive Studies*, vol. 85, pp. 1–4. Available from: ⟨http://www.lucs.lu.se/LUCS/085/Zlatev.Balkenius.pdf⟩.

| 인용한 영화 |

AI: Artificial Intelligence 2001, dir. Stanley Kubrick and Steven Spielberg.

2001: A Space Odyssey 1968, dir. Stanley Kubrick.

The Matrix 1999, dir. The Wachowskis.

The Matrix Reloaded 2003, dir. The Wachowskis.

The Matrix Revolutions 2003, dir. The Wachowskis.

The Terminator 1984, dir. James Cameron.

Terminator 2: Judgment Day 1991, dir. James Cameron.

Terminator 3: Rise of the Machines 2003, dir. Jonathan Mostow.

Terminator Salvation 2004, dir. McG.

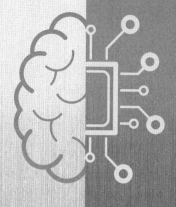

4장

아이작 아시모프Isaac Asimov의 소설을 영화화한 〈아이, 로봇I, Robot〉 (2004)은 로봇이 사람의 일을 대신하고 모든 영역에서 로봇이 일상화되어 있는 2035년을 배경으로 한다. 이 미래 사회에서 로봇은 아시모프의 로봇학 3원칙에 따라 작동한다.

첫째, 로봇은 인간을 해칠 수 없다. 혹은 행동하지 않음으로써 인간에게 해가 되도록 내버려두면 안 되고, 인간이 위험에 처하면 구해야 한다.

둘째, 로봇은 첫번째 원칙을 위반하지 않는 한도 내에서 인간에게 복종해야 한다.

셋째, 로봇은 첫번째와 두번째 원칙을 위반하지 않는 한도 내에서 스스로를 보호해야 한다(1979, p. 31).

이들 법칙은 1940년대에 출판된 단편 소설 「런어라운드Runaround」를 통해 처음 소개되었다(Asimov 1979). 영화의 주연인 비인간 캐릭터는 단순한 로봇 이상이길 원하는 로봇 소니다. 그는 권리와 인정을 원하고 자신이 단순한 기계 이상이라고 느낀다. 자신을 만든 공학자나 프로그래머가 의도한 것 이상을 욕망하는 로봇은 여러 로봇 픽션에 단골로 등장하는 테마일 뿐만 아니라, 인간과 기계의 관계를 성찰할 때도 중요한 테마다. 기계가 어떻게 인간이 될까? 로봇이 인간이 되려면 어떤 일이 발생해야 할까?

로봇과 AI 시스템은 감정 없이 '순수한' 인지적 이성 능력을 발휘하는 차갑고 계산적인 논리적 로봇으로 그려지거나, 아니면 관계를 욕망하고 완벽함을 사랑하는 합리적인 로봇으로 캐릭터화된다. 로봇과 기계에 관한 문화적 내러티브는 인간과 기계의 차이를 강조할 수도 있지만, AI 로봇학과 컴퓨터과학자들은 인간을 단지 매우 복잡한 기계로 바라보면서 인간과 기계의 유사성을 강조한다. 즉 인간이 기계와 근본적으로 다른 것이 아니라 하나의 복잡한 기계에 불과하다는 것이다. 이 역설적인 사고방식에는 또 다른 측면, 즉 남성은 비사회적이기 때문에 기계의 상태에 더 가깝고 여성은 사회적이기 때문에 기계적인 것과 가장 거리가 멀다는 관념을 내포하고 있다. 이들 관념은 AI, 컴퓨팅, 로봇 과학에 매료되는 인격 유형 그리고 그런 인격 유형이 다시 기계에 투영되는 방식에 새겨진다.

MIT 안팎의 너드

MIT를 찾은 한 방문객이 컴퓨터, AI, 로봇학 실험실에서 충분히 긴 시간을 보낸다면 어디서 누군가 "그는 너드^{nerd*}야"라고 하는 말을 반

---

* 똑똑하고 천재적이지만 사교성과 사회성이 부족해 주로 외톨이면서 기이하고 특이하게 보이는 괴짜를 일컫는 단어다. 뒤에 나오는 긱^{geek}과 동의어다.

드시 듣게 될 것이다. 너드는 대체로 젠더상 남성인 '그'를 지칭하는데 항상 그런 것은 아니다. MIT에는 이 용어와 관련해 다소 비통상적인 젠더 평등이 존재한다. 어느 날 밤 보스턴 지역에 있는 한 바에서 만난 로봇학자가 내게 너드의 이미지를 그려주며 그 특징을 매우 상세하게 설명해주었다.

그들은 외모에 그다지 관심이 없다. 대체로 그들은 MIT에서 반바지와 티셔츠 차림에 샌들을 신고 다닌다. 그들은 또한 흔히 사회적으로 괴상해 보이기도 한다.

MIT CSAIL의 연구자들은 서로를 가리키며 너드라는 용어를 사용하는데, 특히 현저하게 몰인격적이거나 반사회적인 누군가의 성격 특성을 강조하고 싶을 때 더 자주 사용한다. 《옥스퍼드 영어사전》에 따르면 너드는 "바보 같고 유약하거나 재미없는 사람"(OED 1991, p. 976)을 뜻한다. 사전적 의미를 넘어 누군가에게 너드라는 꼬리표가 붙으면 모욕(사회적으로 괴상하고 유머 감각이 없으며, 비위생적이고 지저분해서 어울리고 싶지 않은 인물을 지칭할 때)이 될 수도 있고, 반대로 그 사람을 긍정적으로 지칭하는 뜻(매우 똑똑하고 탁월한 능력의 전문가)이 될 수도 있다. 흔히 너드라는 캐릭터에 투사된 긍정적이거나 부정적인 의미는 다양한 맥락에서 함께 쓰인다. 독자 중 누군가가 너드를 단순히 CSAIL이라는 환경에서 학생들이 다른 학생들을 지칭할 때 사용하는 표현에 불과하다고 생각한다면 명확한 오류를 범하게 된다.

나는 MIT에서 지내는 동안 거의 매일 연구소의 스태프, 연구원, 혹은 교수가 그런 유형의 인물을 너드라고 부르는 걸 들었다. 너드와 관련된 표현이나 인물 묘사는 MIT 연구실 안과 밖에서 흔하게 사용된다.

MIT 같은 장소에서는 너드나 긱geek*이라는 스테레오타입이 너무나 흔해 대학 당국이 관련 프로그램을 만들어 이 꼬리표를 제거하기 위한 활동을 조직할 정도다. MIT 학생들에게 너드 스테레오타입이 현저하지 않았다면 대학 당국이 명시적으로 그것을 해결하기 위한 활동을 조직할 이유가 없을 것이다. MIT는 매년 대학의 자율활동 기간Independent Activities Period, IAP이 되면 다양한 활동 중 하나로 매력학교charm school를 운영한다. 이 코스에 참여하는 사람들은 주로 남성이지만 더러 여성 참가자도 있다. 아래는 한 매력학교 조직자가 너드에 관해 진술한 내용이다.

문: 일부 사람들이 MIT 학생들은 너드이고, 이 프로그램은 그 문제를 다루기 위해 설계된 것이라고 말합니다. 그것이 이 프로그램을 운영하는 이유가 맞나요?

답: 아닙니다. 우리가 가르치는 수업은 모두를 위해 설계되었습니다. 우리 모두가 에티켓, 매너, 커뮤니케이션, 대인관계 기술에 관해 뭔가 배울 게 있다고 생각합니다. 너드 스테레오타입은 현실을 오도할 뿐만 아니라 MIT에서 사람들이 가지고 있는 다양하고 역동적인 네트

---

* 너드와 동의어로 탁월한 지적 능력을 가진 괴짜를 뜻한다.

워크를 포착하지 못하도록 만듭니다. 기본적으로 집에서든 학교에서든 모든 이가 이런 수업을 듣는 것은 아닙니다. 따라서 우리는 이 수업이 그런 네트워크를 통해 확산할 수 있는 중요한 삶의 기술이라고 느끼고 있습니다(MIT 매력학교, 일시 미상).

매력학교 수업에는 "성공을 위한 액세서리 착용과 옷 입는 법, 쑥스러움 극복하기, 데이트 에티켓 그리고 담소와 경청법"(매력학교 FAQ)이 포함되어 있다. 하지만 과학기술자들의 타입캐스팅typecasting*은 내가 인터뷰한 사람들에게만 한정되어 있지 않다. 타입캐스팅은 대중문화나 심리학 텍스트에서 일상적으로 묘사될 뿐만 아니라 사회학적 과학 연구에서도 발견된다(Helmreich 1998). 미국 문화에서는 인기 텔레비전 프로그램이나 영화를 통해 이들 문화적 이미지가 재생산된다. 2005년에는 한 미국 방송국이 '미모의 여성들'과 '똑똑한 남성들'이 짝을 이뤄 진행하는 리얼리티쇼 〈미녀와 긱Beauty and the Geek〉을 방영했다. 이 쇼에서 긱/너드 문화가 '매력'을 특별히 여성적인 특질로, '지성'을 특별히 남성적인 특질로 평가함으로써 젠더 이분법을 재생산한다. 〈미녀와 긱〉은 젠더화된 여성의 아름다움과 지능의 결여 그리고 남성의 지능과 신체적 매력의 결여라는 내러티브를 재생산한다. 너드와 긱 내러티브는 젠더 이슈 외에 백인과 아시아인을 의미심장하게 재현하는 과정에서 계급 이슈를 드러내기도 한다(Kelty 2005).

---

* '형 변환'으로 번역되는 컴퓨터 용어로 상황과 필요에 따라 자료 유형data type이 다른 것으로 변환되는 것을 뜻한다. 여기서는 너드 스테레오타입을 가진 사람들을 매력적인 인물로 변환시키는 것을 뜻한다.

영화에도 너드와 긱 장르가 존재하는데, 전형적인 예가 〈너드의 복수 Revenge of the Nerds〉 3부작(1984~1992)이다.

미국 문화에서 너드에 대한 문화적 스테레오타입은 권력, 위세, 천재의 비전, 비즈니스적 예리함 등이 교차하며 혼합되어 있어 매우 복잡한 양상을 보여준다. 빌 게이츠, 스티브 잡스, 마크 저커버그는 모두 이런 '너드적 세계 질서Nerd World Order'의 상징이다. 이 너드적 세계 질서 내에서 사회적 괴짜로 알려진 인물들이 원자화된 소비자들을 온라인 디지털 사회 영역을 통해 재연결되도록 해주는 사회적 테크놀로지(랩톱, 셀폰, 아이팟)를 창조했다. 너드와 긱은 무엇인가? '너드'라는 용어는 1950년에 출판된 수스 박사Theodor Seuss Geisel의 책 『내가 만약 동물원을 운영한다면If I Ran the Zoo』에서 유래했다. 하우트만Gustaaf Houtman과 자이틀린David Zeitlyn은 이를 다음과 같이 설명한다.

'너드'는 1950년 수스 박사가 『내가 만약 동물원을 운영한다면』에서 처음 사용했다. 여기서 이 용어는 왜소하고 우스꽝스러우며 늘 불편하고 화난 표정의 휴머노이드 피조물을 지칭했다. "그 후 나는 단지 그들에게 보여주기 위해 카트루Ka-Troo로 배를 타고 가서 잇커치It-Kutch, 프리프Preep, 프루Proo, 너클Nerkle, 너드Nerd 그리고 시어서커Seersucker도 데려올 것이다." 1970년대에 들어와 너드는 먼저 재미없는 사람을 지칭하는 단어로 대중화되었다. 그 후 IT 혁명이 재기발랄한 히피들을 진지한 사업가로 변신시키면서 〈너드의 복수〉 같은 영화가 너드에게 지성을 부여해 안경을 쓰고 운동에 소질은 없지만 천재성으로 세상을 뒤집어버리는 괴짜 수학 천재(운동에 능하고 스포츠를 좋아하는 유쾌한 '조크jock'에 반대되는)로 변모시켰다(1996, p. 2).

셰리 터클은 컴퓨터를 사용자가 친밀감을 느끼도록 만드는 특별히 관계적인 인공물로 정의한다. 그에 따르면 "사람들은 관계를 위해 기계의 세계에 의지할 수 있다……그리고 반응적이고 상호작용적인 컴퓨터는 인간의 친밀성을 위협하지 않으면서 반려 관계를 제공한다"(Turkle 1984; Levy 2009, p. 68에서 재인용). 인간-기계 상호작용에 관한 연구는 인간과 기계 사이의 관계를 탐구하고, 그 과정에서 획득한 정보를 사용자 친화적인 테크놀로지를 개발하는 데 주로 활용한다(Suchman 2006, 1987). 슈만은 1987년에 쓴 글에서 인간-기계 상호작용의 의미와 테크놀로지에 인간적 특질을 불어넣는 경향성을 설명한다. 심지어 MIT 미디어랩 로절린드 피카드Rosalind Picard가 발전시킨 정서적 컴퓨팅affective computing이라는 분야도 존재하는데, 이 분야는 컴퓨팅을 정서적인 영역으로 탐구한다(Picard 1997).

너드가 사교에 서툰 인물일 수 있다. 하지만 사회성 부족은 대부분 스스로 선택한 결과가 아니고, 그중 일부는 심각한 사회적 고립의 결과다. "학교에서 인기가 없으면 아이들은 비참해진다(야후 창립자가 자신의 학창 시절과 너드라는 별명에 대해 회상하면서 한 말). 그들 중 일부는 너무 비참해서 자살하기도 한다"(Graham 2004, p. 2). 그레이엄Paul Graham은 이어서 왜 너드가 특정한 선택을 하게 되는지를 설명한다.

인기가 없어서 고통을 많이 받긴 하지만, 내 생각에 대부분의 너드는 인기를 얻기 위해 지능을 포기하지는 않을 것이다. 그들에게는 평균적 지능이라는 생각 자체가 참을 수 없는 것이다. 하지만 대부분의 아이들은 그런 거래를 받아들일 것이다. 그들 중 절반에게는 그것이 한 단계 승급하는 셈이 된다. 심지어 상위 80퍼센트대에 있는 학생(당시 모든 학생에게 그렇게 보였던 것처럼 지능이 스칼라양이라고 가정할 때)이라 하더라도, 모든 이들에게 사랑받고 칭찬받는 대가로 성적을 30점 낮추는 걸 누가 선택하지 않을까?……너드는 두 가지 준칙을 따른다. 그들은 확실히 인기를 원한다. 하지만 그들은 똑똑함을 훨씬 더 많이 원한다 (2004, p. 4).

과도한 지능이 사교 및 대인관계 스킬의 부족과 관련 있는 것처럼 보이는 이유는 무엇일까? 슈테판 헬름라이히는 인공생명 연구자들에 관한 연구에서 이런 사실을 발견했다. "내 생각에 과학자들은 통상 일종의 사회성 장애를 가지고 있다. 따라서 그들은 실제 사회적 상호작용과 그들이 잘하지 못하는 것에 주의를 기울이지 않아도 되는 시스템을 구축하고 그 안에 머물기를 즐긴다"(Helmreich 1998, p. 69).

극단적 시스템 구축자?

(남성) AI 로봇학자들은 다른 분야 학자들과 구별되는 일련의 특징을 가지고 있을까? 『본질적 차이_The Essential Difference_』(2003)와 『맹심_Mindblindness_』(1995)의 저자인 사이먼 배런코언은 그렇다고 믿는다. 그

는 과학기술 전문가들이 디테일에 주목하고 패턴을 발견하며 시스템을 설계하려는 강박적 집중과 같은 특정한 스킬을 필요로 한다고 주장한다. 이런 성향은 자폐 스펙트럼 증상autism spectrum condition, ASC을 가진 아동과 성인에게 과도하게 발견되는 심리적 특징이기도 하다. 『본질적 차이』에서 배런코언은 남성과 여성에게 공감EQ (공감지수)과 체계화SQ(체계화지수) 스킬을 묻는 설문지를 설계했다. EQ 스케일에서 전형적인 질문의 예는 "나는 다른 누군가가 대화에 끼어들고 싶어 하는 것을 쉽게 알아차릴 수 있다." 그리고 "나는 다른 사람을 배려하는 것을 진정으로 즐긴다."(Fine 2011, p. 15에 인용됨, 이탤릭체 강조는 저자) 등이 있다. 전형적인 SQ 질문의 예로는 "나는 집 전기선에 문제가 생기면 스스로 고칠 수 있을 것이다." 그리고 "나는 신문을 읽을 때 미식축구 리그 점수나 주식시장 지수 같은 정보표를 눈여겨본다." (Fine 2011, p. 15에 인용됨, 이탤릭체 강조는 저자) 등이 있다. 배런코언은 자폐증이 남성적 뇌의 극단적인 형태이며 남성적으로 젠더화된 뇌는 과학과 기술에 탁월한 능력을 보여줄 수 있는 인지적 토대를 생성한다고 주장한다. 계속해서 그는 정확히 여성들은 시스템에 초점을 두는 유형의 뇌를 소유하고 있지 않기 때문에 일반적으로 과학 분야에서 뒤떨어진다고 주장한다(Fine 2011). "여성의 뇌는 지배적으로 공감적일 수밖에 없다. 남성의 뇌는 이해력과 시스템 구축에 뚜렷하게 맞춰져 있다"(Baron-Cohen, Fine 2011, p. xix에서 재인용). 『젠더라는 망상 Delusions of Gender』의 저자인 코델리아 파인Cordelia Fine에 따르면 인성과 스킬에서 나타나는 젠더 차이의 생물학적 측면을 배타적으로 강조하는 배런코언은 남성과 여성의 젠더화를 강화하는 사회문화적 차이를 삭제해버린다. 그는 남성들이 보여주는, 공감에는 둔하고 시스템에는 민감한 성향이 과학기술 분야에서 그들이 이룬 성취의 차이를 명확하게 보여준다고 믿는다(Baron-Cohen 2003b, 2000). 사회적 혹은 반사회적인 인격과 젠더는 MIT에서 수행한 나의 연구에도 현저하게 드러나는 특징이었다.

그렇다면 우리는 과학자나 기술자가 되는 데 필요한 스킬의 세트를 출발점으로 삼아야 한다. 때로 훌륭하고 위대한 과학기술자가 되는 데 필요한 스킬이 한 개인을 특별히 사랑받거나 사회적으로 능숙하게 만드는 특질은 아닐 것이다. 〈스타트랙Star Trek〉의 스포크 박사나 〈빅뱅 이론The Big Bang Theory〉의 셸던 쿠퍼는 사회적 조우가 낯설고 어려우며 화를 돋우는 대신 과학의 논리적 완성에 집중하는 것을 선호하는 캐릭터들이다. 배런코언(1995, 2003b) 같은 일부 학자는 반사회성이 더 훌륭한 과학자와 기술자를 만들기 때문에 사실상 과학기술에 유익하다고 주장한다. 정확하게 말해 배런코언 같은 심리학자가 의지하는 이런 사회성 모델은 개인 간 커뮤니케이션 수준에서 나타나는 사회적 상호작용에 대한 무관심의 발로다. 이 모델의 한 예는 천재성으로 잘 알려진 탁월한 컴퓨터과학자 조지George와 관련해 드러났다.

조지는 MIT의 한 건물에 살았다. 그는 정년 보장이나 공식적인 직위가 없었는데도 교수들은 그를 그 건물에 계속 거주하도록 허용했다. 조지는 놀라운 지적 능력 때문에 수백만 달러에 달하는 권위 있는 포상금을 받아 안락하게 살아갈 수 있었다. 조지는 그 건물뿐만 아니라 MIT에서도 미래가 불투명했다. 수년간 그의 기이한 습관이 알려졌으나 MIT 고위 당국자들은 그것을 무시했다. 하지만 의문들이 제기되었다. 2004년에 학생, 스태프, 교수들의 이사가 예정되어 있었는데도 그의 기이한 라이프스타일이 묵과될 수 있었을까? 그의 괴짜 습관이 새로운 거주지에서도 동일한 방식으로 양해될 수 있었을까? 조지는 무료 소프트웨어와 반소유권주의를 지지하는 별난 사람이자 선지자적 컴퓨터과학자로 묘사되었다. 한편 조지는 개인위생 문제로 유명하고, 사회적 상호작용에 어려움이 있는 사람으로 간주되었다. 같은 연구실의 한 여성 멤버는 그의 행동 방식이 워낙 괴짜 같아서 그가 말을 걸어올 때마다 너무나 불편한 느낌이 든다고 내게 토로하기도 했다.

조지는 내가 MIT에서 발견한 보다 극단적인 형태의 컴퓨팅 인격을 구체화한 사례였다. 아마도 그의 사례는 컴퓨터적 인간형은 뭔가 '다르다'라는 주장을 떠받칠 수 있을 것이다. 너드나 긱 같은 인격 범주가 존재한다면 MIT는 그런 사례를 흔하게 발견할 수 있는 장소다.

지저분함 그리고 개인위생에 대한 규범을 거부하는 것과 지능 사이에는 신비한 연결성이 존재한다. 유명한 역사적 예가 그리스의 코스모폴리탄 사회를 거부하고 욕조 안에서 생활한 견유학파 철학자 디오게네스Diogenes(BCE 412–323경)다. '진정한' 지식과 매너, 위생, 사회성을 규정하는 규범 및 전통의 거부 사이에 존재하는 신비적이고 문화적인 연결은 서구의 문화적 내러티브에 깊숙이 자리매김하고 있으며, 이의 현대 버전을 너드의 개인주의적이고 게으른 행동 양식에서 발견할 수 있다.

과학기술 인류학자들은 과학과 기술적 실천에 '사회적인 것'이 부재한다는 입장을 논박하며 다양한 형태, 예를 들어 정자와 난자(Martin 1991), 인공지능(Forsythe 2001), 핵 테크놀로지(Gusterson 1996), 디지털 문화(Helmreich 1998), 과학 문화(Hess 1995; Law 2001), 유전자(Keller 2000) 등에 사회적인 것이 현전한다고 주장한다. 과학기술 인류학자에게 사회적인 것은 단지 개인들 사이의 역동적인 커뮤니케이션만을 뜻하지 않는다. 그들에게 사회적인 것은 존재의 모든 측면에 스며들어 있고 그래서 과학기술 영역에 투사되는 인종, 젠더, 계급, 섹슈얼리티의 모델이기도 하다. 사회적인 것은 단순히 한 개인이 다른 개인과 상호작용하는 특수한 방식으로 환원되지 않는다. 인간의 생생한 경험이 갖는 복수성이 바로 사회성이다(Enfield & Levinson 2006).

내가 탐구하는 사회성은 개인들 사이의 영역, 전형적으로 한 개인과 다른 개인 사이에서 이루어지는 상호작용 유형들 내에서 실천되고 경험되는 것이다. 하지만 이 영역에서도 인간의 생생한 존재가 상호작용을 규정하게 된다. 개인 간의 상호작용은 복수의 사회성이 작용하는 소우주다. 개인 간의 대화적 상호작용 수준에서, 사람들 사이의 조우와 회합 그리고 상호작용은 중요하며 궁극적으로 존재의 토대를 제공한다(Stawarska 2009; Buber 1937). 이들 문제에 대한 해답은 아마 MIT 과학자들의 일상적 실존을 통해 표현되는 생생한 사회적 삶의 유형들 속에 존재할 것이다. MIT에서는 실험실을 자기 집처럼 사용하는 연구자들이 드물지 않은데, 이는 개인적 삶과 공적 삶 그리고 집과 작업장 사이의 경계를 자연스럽게 허물어버린다. NE43 빌딩 (CSAIL 연구자들의 첫번째 연구동)에서는 연구실에 침구류를 가져다 놓은 경우를 흔하게 볼 수 있다. 앞서 언급한 조지는 연구실이 마치 자신의 항구적인 주거 공간인 양 그 안에서 잠을 잔다. 9층에는 로봇학자들이 가끔 누워 자는 매트리스가 놓여 있고, 빌딩 여기저기 놓인 소파에도 (밤낮 구분 없이) 누군가 잠을 자는 모습을 흔하게 볼 수 있다. CSAIL의 많은 과학자들에게는 잠자는 곳으로서 집과 일하는 곳으로서 직장을 나누는 분명한 구분이 존재하지 않는다. 전형적인 하루는 오전 10시경에 시작되고 밤 10시경에 끝나지만 일부는 하루 일과가 밤늦게까지 혹은 밤새도록 지속되기도 한다.

일부 과학자들이 밤을 새우며 작업하는 경우는 흔히 볼 수 있다. 흥미롭게도 로봇학 실험실에서는 밤샘 작업을 하거나 거기서 잠을 자는 사람이 남성 연구자가 아니라 여성 연구자다. 나는 어느 날 새벽 4시에 그들 중 몇몇과 이 현상에 대해 이야기를 나누었다. 그들의 의견에 따르면 여성 연구자들의 경우 함께 작업할 때(스트레스가 상당한 상황에서도) 느끼는 편안함에서 비롯된 결과인 것 같다. MIT 문화에 관한 글을 쓴 한 작가가 표현하듯 "MIT 학생들은 달빛 아래에서 먹고, 자고, 생각하고, 백일몽을 꾸고, 사교한다. 밤의 검은 장막이 발명의 자극제다"(Peterson 2003, p. iv).

헬레나[Helena]와 찰리[Charlie]는 랩에서 잠을 자야 할 때 세면도구뿐만 아니라 잠옷을 가져와 갈아입기도 한다. 헬레나와 찰리는 프로젝트를 위해 끊임없이 일하는데, 특히 찰리는 지난 10개월 동안 실험실에서 쉬지 않고 작업을 해왔다고 말한다. 찰리에게는 사회적 삶이 거의 없다. 여기서는 일에 완전히 몰입하기가 쉽다. 프레젠테이션용 데모(연구 결과나 진행 상황을 공식적으로 보여주는 행위)를 준비하거나 프로그램 버그를 해결하고 문제를 풀어야 하는 등 항상 무언가 할 일이 있다. 나는 랩에서 하루 20시간 이상, 가끔은 며칠 동안 계속 머물러야 하는 경우가 있었다. 일부 과학자들은 쉬지 않고 이틀 연속, 때로는 더 길게 작업하기도 했다. 개인적 삶에 대한 무관심은 때로 화장에 대한 무관심에도 반영된다. 화장품은 연구 과제를 해결하려는 여성 과학자에게 유용한 상품이 아니다. 나는 화장을 젠더 차원에서 가치 판단하려는 의도가 전혀 없다. 하지만 누군가 실험실에서 계속 잠을 자야 할 때는 가끔 기본 위생을 포기할 수도 있다고 생각한다. 로봇학은 여성 엔지니어와 컴퓨터과학자들이 다른 분야에 비해 상대적으로 많은 관심을 가지는 기술 분야다. 내가 현장 조사를 수행한 MIT의 로봇학 실험실은 남녀 성비가 50대 50에 가까운 양상을 보여주었다(연구자들의 프로젝트 테마가 완료되거나 새로운 연구자가 실험실로 입주함에 따라 이 비율은 변화하기도 한다). 이런 현상은 CSAIL 연구 네트워크에 포함된 다른 많은 집단과 분명한 대조를 보여준다. 다른 곳에서는 여성 멤버의 수가 다양하게 나타나긴 하지만 남성들의 수가 집단 내에서 현저하게 더 많다. 내가 한 로봇학 교수에게 그의 랩은 왜 그렇게 성비가 다른지 물어보았을 때, 그는 그것을 젠더 이슈로 접근하지 않고 최고 후보자들을 선택한 결과라며 랩의 젠더 구성을 설명했다.

MIT 캠퍼스는 또한 그 바운더리 내에 사회의 소우주를 구축함으로써 희미한 존재론적 경계를 생성하기도 한다. MIT 캠퍼스에는 많은 시설이 갖춰져 있어 캠퍼스를 전혀 떠나지 않고도 공부하고, 먹고, 운동하고, 사교 생활을 할 수 있다. 나는 여기서 컴퓨터과학자들에게 너드 꼬리표가 붙는 이유가 단순히 일의 강도 때문만이 아니라 그들이 다루는 대상과 그들이 일할 때 대상을 대하는 방식 때문이기도 하다고 주장하고 싶다. 컴퓨터 프로그램 ELIZA를 창조한 요제프 바이첸바움은 다음과 같이 말했다.

나는 많은 프로그래머가 자신의 컴퓨터와 맺는 강한 정서적 유대가 흔히 그 기계에 잠시만 노출되어도 형성된다는 사실을 오랜 경험을 통해 알고 있다. 내가 깨닫지 못했던 것은 상대적으로 단순한 컴퓨터 프로그램(ELIZA를 말함)에 지극히 짧게 노출되어도 매우 정상적인 사람들에게 강력한 망상적 사고를 유발할 수 있다는 것이다. 나는 바로 이런 통찰 때문에 인간과 컴퓨터의 관계에 관한 질문에 새로운 중요성을 부여하게 되었다(1984, p. 7).

인간-컴퓨터 상호작용 연구자 커뮤니티는 일차적으로 기계(Suchman 2006; Turkle 2011; Weizenbaum 1984)와 로봇(Turkle 1984)을 스크립트화된 실행을 하도록 프로그래밍하기 전에 이루어지는 개인들 사이의 상호작용을 분석한다. 이 컴퓨터과학자들은 연구에 집중하고 많은 시간을 실험실에서 보내지만, 모든 시간을 연구와 교육에만 투자하지는 않는다. 일부는 사교 활동과 일상 잡일을 하고, 친구를 만나고, 먹고, 자고 혹은 운동하는 데 사용한다.

로봇학자들이 랩에서 소비하는 시간의 총량은 하루 종일 혹은 밤샘이나 며칠이 될 수도 있다. 랩에서 소비하는 시간이 많아 연구자들은 MIT 바깥 사람들과 사회적 활동을 거의 하지 못한다. 로봇학자들은 일할 때 흔히 기계(컴퓨터나 로봇)에 직접 작업한다. 연구자들은 글을 쓰고 자신이 개발하는 로봇에 적용할 프로그램을 편집하는 데 많은 시간을 사용하고, 흔히 이들 과제를 수행하는 데 하루 종일이 걸리기도 한다.

컴퓨터과학자들이 기계와 비통상적인, 아마도 '친밀한', 관계를 형성한다는 사실은 자율활동 기간IAP에 랩의 연구자들이 제작한 비디오를 통해서도 잘 드러난다. MIT IAP의 일부인 AI 올림픽은 스태프와 교직원들의 오락 활동을 촉진한다. AI 올림픽 기간 동안 컴퓨팅과 인공지능 연구자들은 무작위 집단들로 그룹화된다. 그다음 연구자들은 대본을 만들어 비디오를 제작하고 그것을 IAP 마지막 며칠 동안 상영한다.

이들 비디오가 다루는 가장 중요한 이슈는 논쟁의 여지 없이 데이트 관련 주제다. 비디오는 제작자 자신들에 관한 것이고, MIT 랩에서 일하는 연구자들의 인식을 성찰하기도 하고 비판하기도 한다. 그 중 한 비디오는 특히 '열애' 중인 '너드' 한 연구자를 조명하고 있다. 이 비디오는 여러 측면에서 역설적이다. 첫째, 그것은 남성으로 분장한 여성이 주인공인데 그의 열애 대상이 다름 아닌 키즈메트(MIT의 이전 인공지능연구소에서 제작한 로봇)로 밝혀진다는 내용이다. 키즈메트는 철제 스탠드에 얹혀 있는 탈신체화된 머리에 그렘린 같은 얼굴을 한 괴상한 피조물이다. 이야기가 전개되면서 그 연구자는 '그의' 데이트를 위해 어떻게 옷을 입고, 행동하고, 수행하는지를 단계적으로 배워나간다. '그'와 일군의 친구들이 서점에 있는 장면이 나오는데 그들이 보고 있는 책들에는 데이트 안내서와 카마수트라가 포함되어 있다. '그의' 발전을 다룬 뉴스는 인터넷 인스턴트 메시지를 통해 다른 이들에게 알려진다. 다음 단계에서 그 '남자'는 로봇과 데이트, 즉 키스를 한다. 그리고 영화의 앤딩크레디트에서는 인간과 로봇이 낙하산을 타고, 여행하고, 해안에서 일몰을 함께 보는 장면을 보여준다.

젠더와 너드

젠더와 과학의 관계는 인류학 그리고 사회학적 과학 연구에서 훌륭하게 논의되어왔다(Haraway 1991; Hess 1995; Martin 1991; Traweek 1988; Forsythe 2001). 인류학에서는 과학의 젠더적 성격 그리고 젠더화된 모델이 '객관적인' 과학적 실천으로 스며들어가는 방식에 초점을 맞춘 연구가 이뤄졌다(Keller 2000). 컴퓨터과학과 인공지능 분야에 적합한 인성이 한 세미나 시리즈의 중심 이슈가 되기도 했다. 이번에는 너드와 긱 이슈가 젠더 테마와 연결되었는데, 고등학교 학생들 사이에서 젠더화된 사회적 관계가 컴퓨터과학을 전공으로 선택하는 데 미치는 영향을 다뤘다. 마거릿은 NE43 빌딩에서 진행된 세미나 시리즈에서 여성 이슈와 컴퓨팅을 주제로 발표했다. 마거릿은 20대 대학원생으로 그녀의 프로젝트는 작은 이동 로봇을 설계하는 것이었다. 마거릿의 강연은 컴퓨팅 분야에서 남녀 성비에 관한 통계수치 그리고 보다 많은 여성이 이 분야의 전공을 선택하도록 하는 노력(적극적 우대 정책 같은) 등 몇몇 이슈를 다루었다.

마거릿의 강연에서 한 테마가 청중들(대부분 남성) 사이에 강력한 반응을 일으켰다. 마거릿은 자신이 '너드 요인nerd factor'이라고 이름 붙인 컴퓨팅의 한 문제를 설명했다. 일부 사례에서 여학생들은 MIT에 지원해서 컴퓨터과학을 공부할 수 있는 자격을 갖췄지만 자신의 전공 선택이 개인적인 희생을 감수해야 한다고 느끼기 때문에 선택을 포기했다. 고등학교 여학생들은 컴퓨터과학을 전공으로 선택할 때 비정상적인 반응을 경험했다. "학생들의 전언에 따르면 사람들은 흔히 여고생이 컴퓨터과학에 소질이 있다는 사실에 놀라워하거나 그녀를 '너드'로 간주했다"(Francioni 2002, p. 2).

컴퓨터과학은 MIT에서 여학생 수강률이 가장 낮은 분야 중 하나다. MIT 온오프라인 학술지 《테크The Tech》에 실린 한 논문에 따르면 코스 VI(전자공학과 컴퓨터과학)를 수강하는 학생들의 성비가 여전히 현저한 불균형을 보인다. "전체적으로 코스 VI를 수강하는 학부생 중 31.65퍼센트만이 여학생이다. 또한 코스 VI-I(전자공학)은 37퍼센트, 코스 VI-II(전자공학과 컴퓨터과학)는 32.2퍼센트, 코스 VI-III(컴퓨터과학)는 29.1퍼센트만 여학생이다." 더 놀라운 것은 그다음에 제시된 MIT의 재학생 수치다. 학부생 4,153명 중 여학생이 1,885명(45.4퍼센트)이다. 대학원의 경우 여학생은 전체 "6,146명 중 1,907명(31퍼센트)"밖에 되지 않는다(McGraw-Herdeg 2008, p. 1). 이들 수치는 MIT에 학부생보다 대학원생이 대략 50퍼센트 더 많다는 사실과도 연결해서 고려해야 한다(McGraw-Herdeg 2008).

MIT에서 전자공학과 컴퓨터과학을 전공하는 여학생의 비율이 낮은 이유는 서로 교차하는 다수의 복합적인 요인들 때문이다. 놀랍게도 그중 중요한 요인 하나는 이들 전공의 사회적 '이미지 문제'와 연결되어 있다. 조사에서 질문을 받은 학생들은 이들 전공을 사회적으로 괴상한 유형이라고 답했다. 마거릿은 MIT가 여성 교수와 스태프를 적극 고용함으로써 이 문제를 보정하려고 시도해왔다고 설명했다. MIT의 이전 컴퓨터과학 실험실은 "5년 이내에 여성 교수, 스태프, 학부생 연구 기회 프로그램Undergraduate Research Opportunities Programs, UROPS의 수를 배로 늘려야 한다"라고 권고했다(Howe 2003, p. 25). 그들은 기꺼이 그렇게 하길 원했다. 하지만 고등학교 이상 수준에서 여학생들이 이들 분야의 전공을 선택하지 못하도록 막는 다른 이슈는 없을까?

'너드 요인'은 여성들이 컴퓨터과학과 인공지능 분야의 전공을 회피하는 중요한 이유였다. 하지만 여성 지원자들에게 불리한 다른 요인(기계와의 사적인 관계)도 있었다. 마거릿은 컴퓨터과학자를 선별하는 과정이 흔히 남성 지원자에게 유리하게 작용한다는 점을 강조했다. 남성 지원자들은 지원 과정에서 남다른 변별성을 보여줄 수 있는 형태의 고독하고 집약적인 컴퓨터-로봇 작업에 참여하기 때문이다. MIT에 합격하는 지원자는 SAT$^{Scholastic\ Aptitude\ Test}$ 성적이 좋을 뿐만 아니라 통상적으로 성적을 훨씬 뛰어넘는 열정을 보여주기도 한다. 이는 고등학생들이 컴퓨터와 수많은 시간을 보내야 한다는 것을 의미한다. 컴퓨터과학자들은 컴퓨터 앞에서 수많은 시간을 헌신적으로 보낸다. 랩의 한 교수가 내게 들려준 아동기 이야기가 이런 측면을 잘 보여준다. 그는 어린 시절 기술적 대상을 끊임없이 만지작거리며 분해하고 조립하는 일을 반복했다.

자폐증 같은 사회적 장애와 지능 사이에는 묵시적이거나 명시적인 연결성이 존재한다. 남성은 여성만큼 사회적 상호작용이 필요하지 않기 때문에 단순히 컴퓨팅 분야에서 여성들보다 더 능력을 발휘할까? 몇몇 심리학자들은 이를 성차라는 측면에서 설명하려고 시도해왔다. 배런코언(2003a)에 따르면 남성은 '체계화'(S 유형 뇌), 즉 추상적 사고 체계 내에 존재하는 패턴을 발견하고 이해하는 능력(컴퓨터과학 분야에서 의심할 여지 없이 남성들에게 어드밴티지를 부여하는 스킬)을 더 빨리 발달시키고, 반면 여성(E 유형 뇌)은 태생적으로 남성보다 더 공감적이다. 배런코언의 이 같은 설명은 한편으로 사회적 차이에 대한 자연주의적 설명을 영속화한다. 이 점에서 배런코언은 컴퓨터과학 프로그램을 전공하는 여성 비율이 더 낮게 나타나는 현상을 설명하지 못한다. 여성들의 과학기술 과목 수강율이 낮은 이유는 이 분야에서 여성들의 능력이 부족하기 때문이 아니라 고등학교, 대학원 그리고 그 이상 수준에서 이 분야를 전공하는 것에 대해 그들이 취하는 전반적인 태도 때문이다. 다른 한편으로 대학 진학 때까지 남학생이 여학생에 비해 실제로 일정 정도의 어드밴티지를 누린다. 이 어드밴티지는 일상적인 공부가 아니라 기계와 보내는 시간을 통해 얻는 것으로 보인다. 남성은 여성보다 더 많은 시간을 컴퓨터에 할애하는 경향이 있다(Kubey, Lavin & Barrows 2001). 마지막으로 몇몇 컴퓨터과학자는 너드 요인 그리고 컴퓨터와 인공지능 과학자의 이미지 문제에 대해 논의하는 것을 명백히 불편하게 느끼는 것처럼 보였다. 결국 이같이 사회적으로 구성된 스테레오타입은 가끔 폭력적인 결과를, 그리고 많은 경우 개인적으로 불편한 결과를 초래한다. 많은 똑똑한 개인들에게 MIT는 고등학교 때 겪은 문제를 망각할 수 있는 안전한 장소였다. 그레이엄은 자신의 고등학교 시절을 다음과 같이 서글프게 회상했다.

위계질서상 높은 위치에 있는 일군의 아이들은 너드를 색출해 괴롭힘으로써 자신들만의 결속을 다진다. 외부자를 공격함으로써 자신들을 내부자로 만든다. 이것이 바로 괴롭힘의 가장 나쁜 사례가 집단을 통해 발생하는 이유다. 아무 너드에게나 물어보라. 아무리 가학적이라 하더라도 어떤 개인적인 괴롭힘보다 일군의 아이들이 행하는 괴롭힘이 훨씬 더 나쁜 경험을 하도록 만든다(2004, p. 6).

고등학교에서 어린 남녀학생이 직면하는 나쁜 경험에 비춰 보면 MIT 같은 대학 캠퍼스는 수용성의 파라다이스처럼 보일 것이다. 너드 범주가 사회적 구성의 결과라면 그것은 북미 문화에서 실제로 효과를 발휘하는 사회적 구성이다.

MIT: 다른 하나의 세계?

셰리 터클은 1980년대에 처음 MIT에 도착했을 때 MIT가 '다른 하나의 세계'처럼 느껴졌다고 묘사했다. 『제2의 자아: 컴퓨터와 인간의 정신』에서 터클은 다음과 같이 적고 있다.

MIT에 도착한 후 얼마 지나지 않아 내가 다른 하나의 세계에 있다는 충격적인 인식을 하도록 만든 사건이 발생했다. 그날 아침 나는 심리치료를 받는 한 환자와 함께 있었다. 그 환자는 수개월 동안 경험해온 몰인격화, 공허, 절망의 느낌을 표현하기 위해 '기계가 되는' 이미지를 사용하고 있었다. 그날 저녁 나는 신임 MIT 교수를 환영하는 파티에 참석했다. 거기서 컴퓨터과학을 전공하는 내 학생들 중 여학생 한 명을 만났는데, 그녀는 기계가 생각할 수 있을까에 관한 열띤 대화를 듣고 있었다. 그녀는 점점 더 참을성을 잃고 "나는 뭐가 문제인지 모르겠어요. 나는 기계이기도 하고 생각하기도 합니다!"라고 소리쳤다(1984, pp. 328-329).

터클이 받은 충격은 그녀가 MIT에서 발견한 네트워크와 상당한 관련이 있다. 그 네트워크는 인간이란 무엇이고 기계란 무엇인지, 그리고 그 둘 사이의 경계와 구별이 어디에 존재하는지에 대한 그녀(그리고 나)의 가정에 도전장을 던졌다. 내가 인공지능-로봇학자들과 나눈 대화에서는 많은 이들이 인간 존재에 대해 기계적인 가정을 하고 있었고, 학술적 대화와 일상적 대화에서 인간과 기계 간 유비를 끊임없이 사용했다. 이 연구자들에게 인간 같은 로봇을 만드는 프로젝트는 정확하게 인간 또한 기계, 즉 단지 다른 종류의 기계(비록 분명히 더 복잡하고 신비하지만)일 뿐이기 때문에 가능하다. 인간-기계의 복잡성과 신비는 궁극적으로 인간-기계를 그것이 가진 신체적 · 정신적 · 정서적 형태로 만든 생물학적 · 자연적 진화의 오래된 역사에서 비롯한 결과였다. 다시 말해 인간의 신체, 지각, 고유 수용성 감각proprioception은 기나긴 진화 과정에서 비롯한 것이다. 과학자와 기술자 들은 인간적인 것의 생물학적이고 프로그램화 · 스크립트화된 구성요소를 자신들만의 고유한 방식으로 발견하고, 인간성을 생물학적 · 기술적 개입을 통해 재배열하고 있었다. 그다음 인공지능-로봇학자들은 그것을 다시 인간적인 문제로 전환했다. 한편 그들은 인간보다 더 복잡하지는 않더라도 적어도 인간만큼 복잡한 로봇을 제작할 수 있다고 확신했다. 그 과정에 존재하는 유일한 불확실성은 그것이 언제 가능할 것인지의 문제다. 그리고 그것이 가능하려면 지적인 돌파구뿐만 아니라 하드웨어와 소프트웨어의 개선도 필요하다고 생각한다. 로드니 브룩스는 이러한 전망을 다음과 요약한다.

나는 내 자신과 자식들 모두 기계에 지나지 않는다고 믿는다. 모두 우주 내의 거대한 자동기계Automaton의 일부다. 내가 만나는 사람들 또한 모두 기계, 즉 묘사 가능하고 이해 가능한 규칙에 따라 상호작용하면서 피부라는 큰 가방을 채우고 있는 생체분자들이다. 나는 내 아이들을 보고 있을 때 그들을 그런 방식으로 이해할 수 있고 또 그렇게 생각하도록 나 자신을 압박하기도 한다. 나는 그들이 세계 안에서 상호작용하는 기계들이라는 것을 알 수 있다(2002, p. 174).

많은 인공지능학자와 컴퓨터과학자들이 견지하는 기계론적 믿음은 인간과 기계의 경계를 독특한 방식으로 구성한다. 그들의 관념에는 '인간'과 '기계' 사이의 명확한 이분법이 존재하지 않는다. 인간과 기계는 단지 지각 그리고 지능과 능력의 수준에서 차이가 날 뿐이다. 브룩스는 다음과 같이 계속한다. "모든 것은 기계적이다. 인간은 물리학과 화학의 법칙에 따라 상호작용하는 생체분자들로 구성되어 있다. 우리는 자신이 스스로의 통제하에 있다고 생각하고 싶어 하지만 사실은 그렇지 않다. 인간이든 휴머노이드든, 피와 살로 만들어졌든 금속으로 만들어졌든, 우리는 모두 기본적으로 사회적 기계에 지나지 않는다"(Henig 2007에서 재인용).

기계/인간 이분법은 사회과학 이론에서 다양한 방식으로 재구성되어왔다. 스트래선의 설명처럼 "인류학자들은 기계와 인간을 분석적으로 구분하는 다양한 방식이 인위적이거나 자민족중심주의적 성격을 띤다는 사실을 분명하게 드러냄과 동시에, 자신이 혼합된 성격의 내러티브에 점점 더 관용적인 문화 세계 속에 살고 있음을 깨닫게 된다. 나는 인간과 비인간 현상의 조합에 대해 말하고 있다"(1996, p. 519).

해러웨이의 사이보그는 그녀의 책『사이보그 매니페스토: 20세기 후반의 과학, 기술 그리고 사회주의적 페미니즘A Cyborg Manifesto: Science, Technology, and Socialist-Feminism in the Late Twentieth Century』(1991)을 통해 화려하게 데뷔했다. 해러웨이는 인간과 기계를 분리하지 않고 자연과 문화의 하이브리드로 접근한다. 이 책의 서두에 실린 유명한 이미지는 시사하는 바가 크다. 이 이미지는 소용돌이치는 은하계를 배경으로 동물을 머리에 걸친 한 여성이 컴퓨터 키보드에 손을 얹고 있는 모습을 표현하고 있다. 해러웨이의 우주론은 인간, 동물, 사물의 경계를 무화시켜버리는 것이다. 해러웨이는 이 목적을 명시적으로 밝히고 있다. 그녀는 휴머니즘의 본질주의, 인간의 특유성에 대한 믿음, 합리적 행위 주체성과 근원적 자율성, 즉 인간이 우월한 종이라는 모든 표식에 의문을 제기한다. 과학적 휴머니즘 비판에서 존 그레이John Gray가 설명하듯이 과학적 휴머니즘은 인간을 창조자의 피조물로 간주하는 종교와 결별하는 대신 다윈의 진화론에 집착한다. 그레이(2002; 2011)가 강조하듯이 인간을 신의 영역에서 분리해 자연의 영역에 포함시키는 것은 사실상 인간의 특유성에 대한 주장을 약화한다. 인간이 자연의 일부이면서 동시에 자연과 전적으로 다를 수는 없기 때문이다.

이 장에서 나는 기계의 사회적 구성과 융합된 반사회적인 것의 흥미로운 역설이 어떻게 존재하게 되었는지를 보여주고자 했다. 우리는 MIT에서 관찰되는 남녀의 젠더화된 차이와 유사성에 주목함으로써 남성을 반사회적 존재로 그리고 여성을 사회적 존재로 간주하는 관념에 진지한 관심을 가져야 한다. 하지만 이 스테레오타입화된 관념이 '사회적 기계' 수준에서 붕괴한다는 사실을 발견했다. 컴퓨팅, 인공지능, 로봇학이 지배적인 남성적 분야에서 여성도 그 프레임 속으로 진입하는 분야로 변화해가는 모습은 발견하지 못했다. 그럼에도 우리는 테크놀로지, 특히 '사회적' 기계 분야가 남녀 모두에 의해 추동되는 현상은 목도할 수 있었다. 심지어 '사회적' 테크놀로지의 발달이 그 분야에 더 많은 여성이 참여하게 되면서 빚어진 결과라는 결론을 내릴 수도 있을 것 같다. 테크놀로지 분야에서 젠더, 사회성, 비사회성과 관련해 역설적이고 상호 충돌하는 복수의 내러티브가 부상하고 있다. 이들 아이디어는 컴퓨터과학, 인공지능, 로봇학 연구자들이 겪은 생생한 경험 수준에서 지속되고 있고, MIT의 학생, 스태프, 교수들의 일상생활 세계에 스며들어 있다. 이는 기술적인 인간형(남성과 여성 모두)을 '너드' 혹은 '긱'으로 범주화하는 현상을 통해 조명할 수 있었다.

| 참고 자료 |

Asimov, I 1979, *I, Robot*, Oxford University Press, Oxford.

Baron-Cohen, S 1995, *Mindblindness*, The MIT Press, Cambridge, Mass.

Baron-Cohen, S 2000, "The cognitive neuroscience of autism: implications for the evolution of the male brain" in *The cognitive neuroscience*, 2nd edn. ed. M Gazzaniga, MIT Press, Cambridge, Mass.

Baron-Cohen, S 2003a, *The essential difference: men, women, and the extreme male brain*, Basic Books, New York.

Baron-Cohen, S 2003b, "Why so few women in math and science" in *Autism research centre papers*. Available from: ⟨http://www.autismresearchcentre.com/docs/papers/2009_BC_WhySoFewWomenInScience.pdf⟩.

Brooks, R 2002, *Flesh and machines: how robots will change us*, Pantheon Books, New York.

Buber, M 1937, *I and thou*, trans. RG Smith, T. & T. Clark, Edinburgh.

Enfield, NJ & Levinson, SC 2006, "Introduction" in *Roots of human sociality: culture, cognition and interaction*, eds. NJ Enfield and SC Levinson, Berg 3PL, New York.

Fine, C 2011, *Delusions of gender: how our minds, society, and neurosexism create difference*, W. W. Norton, New York.

Forsythe, D 2001, *Studying those who study us: an anthropologist in the world of artificial intelligence*, Stanford University Press, Stanford, California.

Francioni, JM 2002, "A conference's impact on undergraduate female students" in *SIGCSE Bulletin Inroads*, vol. 34, no. 2. Available from: ⟨http://cs.winona.edu/Francioni/papers/sigcseBulletin02.pdf⟩[13th November 2014].

Graham, P 2004, *Hackers and painters: big ideas from the computer age*, O'Reilly, Cambridge.

Gray, J 2002, *Straw dogs: thoughts on humans and other animals*, Allen Lane, London.

Gray, J 2011, *The immortalization commission: science and the strange quest to cheat death*, Allen Lane, London.

Gusterson, H 1996, *Nuclear rites: a weapons laboratory at the end of the Cold War*, University of California Press, Berkeley.

Haraway, DJ 1991, *Simians, cyborgs, and women: the reinvention of nature*, Fee Association

Books, London.

Helmreich, S 1998, *Silicon second nature: culturing artificial life in a digital world*, University of California Press, Berkeley.

Henig, RM 2007, "The real transformers", *The New York Times*, 29 July. ⟨http://www. nytimes.com/2007/07/29/magazine/29robots-t.html?scp=9&sq=robin%20 marantz%20henig&st=cse⟩[28th December 2014].

Hess, DJ 1995, *Science and technology in a multicultural world: the cultural politics of facts and artefacts*, Columbia University Press, New York.

Houtman, G & Zeitlyn, D 1996, "Information technology and anthropology", *Anthropology Today*, vol. 12, no. 3, pp. 1–3.

Howe, J 2003, "Where are all the women?" part of "The Seminar on Dangerous Ideas" MIT. ⟨http://www.ai.mit.edu/lab/dangerous-ideas/Spring2003⟩[28th December 2014].

Keller, EF 2000, *The century of the gene*, Harvard University Press, Cambridge, Mass.

Kelty, C 2005, "Geeks, social imaginaries, and recursive publics", *Cultural Anthropology*, vol. 20, no. 2, pp. 185–214.

Kubey, RW, Lavin MJ and Barrows JR 2001, "Internet use and collegiate academic performance decrements: early findings", *Journal of Communication*, vol. 51, no. 2, pp. 366–382.

Law, J 2001, *Networks, relations, cyborgs: on the social study of technology*, Lancaster University, Lancaster, UK.

Levy, D 2009, *Love+sex with robots: the evolution of human-robot relationships*, Duckworth, London.

Martin, E 1991, "The egg and the sperm: how science has constructed a romance based on stereotypical male-female roles", *Signs*, vol. 16, no. 3, pp. 485–501.

McGraw-Herdeg, M 2008, "Gender ratios vary widely across MIT courses", *The Tech* 14 October. Available from: ⟨http://tech.mit.edu/V128/N47/women.html⟩[25 July 2014].

MIT Charm School n.d., *Frequently asked questions*. Available from: ⟨http://studentlife. mit.edu/sao/charm/faq⟩[13 November 2014].

Oxford Encyclopedic English Dictionary 1991, eds. JM Hawkins & M Allen, Clarendon

Press, Oxford.

Peterson, TF 2003, *Nightwork: a history of hacks and pranks at MIT*, MIT Press, Cambridge, Mass.

Picard, R 1997, *Affective computing*, MIT Press, Cambridge, Mass.

Stawarska, B 2009, *Between you and I: dialogical phenomenology*, Ohio University Press, Athens.

Strathern, M 1996, "Potential property: intellectual property rights and property in persons", *Social Anthropology*, vol. 4, no. 1, pp. 17–32.

Suchman, L 1987, *Plans and situated actions: the problem of human-machine communication*, Cambridge University Press, Cambridge.

Suchman, L 2006, *Human and machine reconfigurations: plans and situated actions*, Cambridge University Press, Cambridge.

Traweek, S 1988, *Beamtimes and lifetimes: the world of high energy physicists*, Harvard University Press, Cambridge, Mass.

Turkle, S 1984, *The second self computers and the human spirit*, Granada, London.

Turkle, S 2011, *Alone together: why we expect more from technology and less from each other*, MIT Press, Cambridge, Mass.

Weizenbaum, J 1984, *Computer power and human reason: from judgment to calculation*, Penguin, Harmondsworth.

| 인용한 영화 |

I, Robot 2004, dir. Alex Proyas.

The Day the Earth Stood Still 1951, dir. Robert Wise.

Revenge of the Nerds 1984, dir. Jeff Kanew.

Revenge of the Nerds II: Nerds in Paradise 1987, dir. Joe Roth.

Revenge of the Nerds III: The Next Generation 1992, dir. Roland Mesa.

Revenge of the Nerds IV: Nerds in Love 1994, dir. Steve Zacharias.

| 인용한 텔레비전 프로그램 |

Beauty and the Geek 2005 – 2006, The WB, USA.
The Big Bang Theory 2007 – present, CBS, USA.
Star Trek: The Original Series 1966 – 1969, NBC, USA.

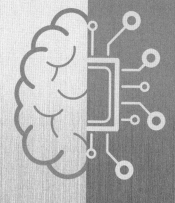

〈메트로폴리스〉는, 비록 영어로 번역된 대본에는 '로봇'이라는 용어가 등장하지 않지만, 로봇을 묘사한 가장 초기의 영화 고전임에 틀림없다. 이 영화에는 로봇 캐릭터 마리아를 지칭하기 위해 로봇 대신 '인간-기계'라는 용어가 사용된다. 로봇의 창조자인 마법사 로트방은 영감을 받아 인간 주인에게 복종하고 노동하는 기계 종을 창조한다. 그는 로봇을 창조하는 과정에서 손을 잃지만 로봇을 완성하고 나서 "미래의 노동자 즉 기계 인간을 창조했는데, 손 정도는 잃을 만한 가치가 있지 않은가? 내게 24시간만 더 주면 누구도 인간과 구별하지 못할 기계를 만들 수 있다"라고 기세등등하게 선언한다. 로봇을 다룬 문화적 허구들은 일정한 형태의 상실, 희생 혹은 종말을 강조한다. 이런 결핍이 로봇 관련 문화적 내러티브에 다양한 방식으로 반영된다. 병들었거나 장애를 가진 사랑하는 사람을 대체하려는 욕망(〈AI: 인공지능〉 2001) 혹은 인간의 노동을 대체하는 종속적인 노동 군체(〈메트로폴리스〉 1927; 〈I, 로봇〉 2004; 〈월-E Wall-E〉 2008)를 예로 들 수 있다.

이 장에서는 어떻게 인간 자아의 일부가 분리되어 로봇 기계에 투사되는지를 탐구한다. MIT 로봇학자들은 트라우마적 경험, 장애, 상실을 수반하는 자신의 개인적 문제들을 배경으로 로봇을 개발하고,

이들 테마는 로봇학자들의 실천, 기계의 설계 그리고 로봇 개발을 위해 계획한 실험에 자연스럽게 반영된다.

기계 속의 자아

휴머노이드 로봇은 인간의 형태를 닮도록 설계된다. 이런 닮음은 어디서부터 시작되는가? 로봇학 실험실에서는 신체화가 매우 중요하다. 따라서 로봇학자는 제작할 로봇에 대해 생각할 때 가장 먼저 자기 자신을 떠올릴지도 모른다. 로봇 설계가 인간 형태의 모방과 관련되어 있기에 로봇학자들은 자기 자신을 첫번째 참고 대상으로 활용할 것이라는 진술이 자명해 보인다. 하지만 인간과 유사한 형태를 만들면서 자기 자신의 주체성(자신의 생각, 느낌, 신체, 경험)에 의존한다는 사실이 로봇학자들에게는 명백하지 않다. 이런 주체성은 기계 제작자를 역으로 참조하는 다양한 방식(일부는 익숙하지만 다른 일부는 인식하기 어려운)으로 기계 안에서 작용한다. 이것이 아마 로봇 기계의 설계가 실제 인간의 모습과 매우 거리가 멀어지는 경향을 보여주는 이유일 것이다. 때로 그것은 MIT 실험실에서 로봇학자들이 기계적 형태를 강조하고 싶어 하는 경우처럼 의식적인 노력의 결과이기도 하다. 하지만 여타 다른 효과도 작용할 수 있지 않을까? 이 지점에서 부캐트먼Scott Bukatman의 주장이 유용해 보인다.

신체의 재구성을 강박적으로 재연하는 것은 생명-기술 장치의 복수적

중첩multiple superimposition을 통해 주체를 끊임없이 재정의하는 것을 전제로 한다. 하지만 인간이 진부해지는 이 시대에, 마침내 신체와 주체 양자 모두에 대해 놀라울 정도로 일관적인 상상/이미지화가 부상하고 있다(2000, p. 98).

부캐트먼은 신체가 탐구의 장이 되면서 그것을 규정하는 인간 주체로부터 분리할 수 없어졌고, 이것은 다시 '생명-기술 장치들'에 재배치된다고 주장한다. 로봇은 생명-기술 장치이고, 이런 의미에서 로봇의 생물학적 측면이 로봇학자들의 주체성에 의해 규정된다. 휴머노이드 로봇은 인체 형태와 닮은 몸을 가지고 있다. 비록 실험실 로봇과 산업 로봇이 다양한 형태를 취하지만, 로봇에 대한 문화적 상상은 현저하게 인간을 닮아 있다. 나는 로봇학 분야에 관한 연구 프로젝트를 시작할 당시 MIT 랩에서 완전한 휴머노이드 로봇을 볼 수 있을 것이라 기대했다. 하지만 2003년에 실험실 로봇 형태를 처음 본 이래로 인체를 모사한 완전한 휴머노이드 로봇을 거의 보지 못했다(현재는 일본에 이런 형태의 휴머노이드 로봇이 많이 있다). 역설적으로 완전한 휴머노이드 형태를 볼 수 있는 경우에도, 그것은 단지 '전시용'에 불과하거나 목적상 과도하게 인간 모습을 하고 있는 경우가 흔하다. 전체 외관을 인간 형태로 보이게 하려는 목적 외에 다른 기능이 없는 다리가 그 훌륭한 사례다. 즉 완전한 휴머노이드를 볼 기회가 있다 하더라도 로봇 신체의 여러 부분이 특정한 기능 없이 전체 형태에 부가되어 있는 경우가 많다.

MIT 로봇학 랩은 로봇 신체 부분 실험실로 가장 특화되어 있는데, 여기서는 부분들이 전체의 역할을 한다(Mol 2002; Strathern 1988). MIT 로봇학자들은 신체 전체가 아니라 부분을 제작한다. 휴머노이드 로봇 제작의 복잡성으로 미뤄볼 때 부분을 제작하는 것이 보다 효과적인 전략이고, 제작된 다양한 부분을 재조립해서 전체를 만들 것이라고 생각할 수 있다. 하지만 랩에서는 사정이 이런 식으로 전개되지 않는다. 로봇학자들은 흔히 상이한 신체 부분들을 하나로 통합하는 결합 작업에 저항한다. 따라서 로봇 손에는 팔이 없고 로봇 몸통에는 얼굴이나 머리가 없다. 상이한 분야의 로봇학자들이 하나의 로봇을 개발하기 위해 함께 모인 경우가 단 한 번 있었는데, 결국은 성격상의 갈등 그리고 지적 노력과 시간을 둘러싼 경쟁으로 인해 유의미한 결실을 맺지 못한 채 종결되었다. 이런 노력은 로봇 신체의 한계와 기회가 그것을 창조하는 사람과 긴밀하게 맞물려 있다는 사실을 보여준다.

설계되는 로봇의 유형과 상관없이 로봇 설계의 첫번째 기항지는 항상 로봇학자다. 이 경우 로봇과 인간의 관계가 매우 친밀하고, 연구자는 자신의 복제본을 창조하는 과정 전체에 걸쳐 자기 스스로를 참조한다. 예를 들어 기계손을 만드는 것이 목적이라면 로봇학자는 자기 손을 구부려서 잡거나 들고 무게를 판단하거나 힘을 주는 능력 같은 중요한 특징을 보여주려고 할 것이다. 내가 만난 로봇학자들도 당연히 그런 로봇의 기능을 내게 설명할 때 자신의 손을 움직이거나 뒤틀어서 기계손이 어떻게 움직이는지를 보여주었다. 만약 로봇학자들이 사회적 휴머노이드 로봇을 제작하기를 원한다면 그들은 인간의 표현 행위와 그런 행위가 관찰자에게 전달하는 의미에 대해 생각할 것이다. 사회적 기계를 만드는 로봇학자에게 얼굴 표정은 수많은 커뮤니케이션 단서들을 제공한다. 그들은 인간의 커뮤니케이션에서 얼굴 표정이 수행하는 역할에 대해 설명했고, 내게 그런 행위를 보여주는 과정에서 자신의 입술을 움직여 미소를 짓거나 찡그리는 모습을 연출했다.

로봇학자들은 개인 간 커뮤니케이션에 대해 생각할 때 의도를 소통하고 관심과 필요를 표현하기 위해 신체가 어떻게 사용되는지를 탐구한다. 그들은 때로 인간이 어떻게 손, 몸, 눈을 사용해 관심을 공유하는지를 보여주고자 자신의 손을 들어 올려 가까이 있는 사물을 손가락으로 가리키고 내 시선이 그쪽으로 움직이길 기다린다. 로봇학자의 생생한 존재가 기계 제작의 참조점으로 작용한다. 로봇학자들은 움직임에 대해 생각할 때 문이나 주전자 뚜껑을 열고 관심을 표현하는 등의 일상 활동이 수반하는 행위의 단순한 시퀀스를 재창조한다. 그들은 마음속으로 그런 과정을 상상할 수도 있지만 사건을 언어로 묘사해야 하는 상황이 되면 신체 조작을 통해 그 시퀀스를 표현하기 시작한다. 더욱이 그들은 시퀀스를 연행하면서 슬로모션으로 움직이거나 각 포인트에 정지하면서 자신을 마치 기계처럼 보여준다. 즉 슬로모션 행동이 기능이나 형태를 포착하는 데 중요한 장이 된다. 감각의 기술적 재생산은 소리, 이미지, 텍스트를 조각조각 나누고, 그 후 이들 형태가 의미 있는 방식으로 조합될 수 있도록 그 과정의 가속화를 필요로 한다(Taussig 1993).

인간 행동의 단순한 시퀀스가 휴머노이드 로봇에게는 복잡성의 지뢰밭이다. 연구자는 자신을 참조해 손, 얼굴, 몸의 언어를 표현한다. 하지만 기계 단계로 넘어가면 언어가 변하기 시작한다. 즉 언어가 기술적인 형태를 취하게 된다. 이 단계에서도 동일한 논의가 반복되지만 여기서는 어떤 기계 시스템을 이용해야 하는지, 얼마나 많은 모터가 필요한지, 모터를 움직이는 데 얼마나 높은 전압이 필요한지, 어떤 회로가 필요한지 등 로봇학, 공학, 컴퓨터과학의 언어로 논의가 진행된다. 그다음 이들 로봇학자가 수행하는 신체화된 실천 유형이 기계적인 것으로 변환된다. 즉 이런 실천이 비활성 와이어, 금속, 회로를 사용해 로봇 기계에 모사된다. 로봇학자는 인간 행동을 기계적 형태로 번역할 때 그 행동을 자신에게 되돌려줄 수 있는 기계를 만들어야 한다.

기계화된 부분이 먼저 준비된 후 고정된 형태로 로봇학자에게 다가온다. 로봇학자들은 이들 장치를 더 정밀하게 만들기 위해 작업장을 왔다 갔다 하면서 돌아다닌다. 로봇이 움직일 수 있도록 해주는 와이어와 회로에 금속이 고정된다. 이 실체들 사이에 특정한 관계가 형성되고, 각 부분은 최대한 적합하게 서로에게 맞춰진다. 로봇학자들은 자신이 어떤 특별하거나 초월적인 능력을 가진 로봇을 설계하고 있지 않다는 점을 분명히 강조한다. 그들의 설계 목적은 해당 영역의 인간 행동을 모방하거나 그와 유사하게 만드는 것이다. 로봇학자들은 자신의 아이디어를 물리적 플랫폼으로 전환하는 단계, 즉 기계를 구축하기 시작하는 단계부터 수많은 기술적 문제에 봉착하게 된다. 그들은 시스템의 물리적 부분을 제작해야 하고, 기계를 작동하고 통제하는 소프트웨어와 컴퓨팅 기술을 구성해야 한다. 추가로 로봇학자는 로봇의 행동을 결정하고 기획해야 한다. 이 구성 요소들은 하나의 시스템으로 근사하게 작동하는 로봇을 생산하기 위해 함께 유기적으로 작동해야 한다.

로봇학자들은 다음과 같은 질문을 던져야 한다. 어떤 문제를 해결하기 위해 기계를 설계하는가? 로봇의 겉모습을 어떻게 만들까? 로봇의 신체는 어떤 모양으로 할까? 로봇을 움직이게 하려면 모터가 몇 개 필요할까? 어떤 코딩 시스템을 사용할까? 코딩 시스템은 로봇에 특정한 행동을 부여하기 위해 설계되는 특수한 기계언어로 핵심적인 중요성을 가진다. 로봇학자들은 또한 로봇이 일정한 방식으로 움직이는 데 몇 개의 '자유도Degree of Freedom, DoF'가 필요한지도 물어야 한다. 자유도는 로봇이 수행할 수 있는 움직임의 수를 지칭하고, 삼차원 공간에서 신체가 수행할 수 있는 움직임을 표시하는 기술적 용어다. 예를 들어 로봇이 머리를 왼쪽에서 오른쪽으로 돌릴 수 있다면 이것이 하나의 자유도다. 이 로봇이 머리를 아래위로도 움직일 수 있다면 또 하나의 자유도를 추가로 갖게 된다(Ross et al. 2011, p. 30). 이들 움직임의 포인트를 합산해 로봇이 수행할 수 있는 동작 수를 전체 수치로 나타낸다. 로봇이 수행할 수 있는 동작이 많을수록 보다 많은 자유도를 갖게 된다. 하나의 로봇은 추가로 이런 동작을 관찰자에게 되돌려주어 그 행위가 하나의 동작 또는 다른 특정한 동작으로 해석될 수 있도록 해야 한다. 모든 방향을 향해 무작위로 움직이는 로봇은 관찰자를 당혹스럽게 만든다. 복수 동작이 적절하게 함께 작용해야 한다. 즉 로봇은 필요한 순간에 머리를, 예를 들어 중앙에서 왼쪽으로 움직일 수 있어야 한다. 그렇지 않으면 그 움직임의 효과는 로봇과 상호작용하는 인간 상대자에게 의미가 없어진다. 내가 참여한 MIT 랩의 로봇은 자율 능력을 발휘하도록 설계되었는데, 비록 이들 능력이 무작위로 배열되어도 로봇과 인간의 짧은 조우에 일관성을 부여하는 데는 효과적이었다. 다른 로봇학 랩에서는 신체 행위와 얼굴 움직임이 고도로 스크립트화된 사건이었고 리모컨을 통해서만 작동했다.

로봇에는 모터와 작동기actuator를 통제하는 소프트웨어가 필요하다. 로봇학자들은 스택stack이라 불리는 회로기판을 사용하는데, 여기서 스택은 각각 상이한 정보를 처리하는 스택들이 겹쳐져 있는 것을 가리킨다. 하나의 기능이란 기계 신체 내 모터로 전력을 공급하거나, 기계의 부속이 움직이도록 지시하거나, 센서로부터 정보를 취합하는 것 등이다. 이들 과정은 이 복잡한 시스템을 관리하도록 특수하게 설계된 소프트웨어 프로그램을 통해 관리된다. 프로그램은 시리얼CREAL 같은 언어로 작성된다. 시리얼은 행동 기반 로봇언어다.

시리얼은 장기적으로 완전히 자율적으로 작동하는 로봇을 프로그래밍하는 것을 목적으로 만들어졌다. 여기서 로봇은 인터페이스에 속박되어 있지 않고(심지어 무선으로도) 스스로 적절하다고 판단되는 방식으로, 즉 세계 내 피조물로서 작동할 것으로 기대된다(Brooks 2002, p. 1).

시리얼에는 세 가지 주요 측면, 즉 "피조물의 언어 프로그램을 취해 그것을 조합 코드로 변환하는 컴파일러compiler, 코드를 이항적인 형태로 조합하는 어셈블러assembler, 특정한 프로세서에 피조물 언어가 필요로 하는 런타임 역량을 제공하는 오퍼레이팅 시스템"(Brooks 2002, p. 1) 으로 구성된다. 시리얼은 여러 상이한 프로세스에서 비롯된 코드를 조합할 수 있기 때문에 유연한 컴퓨터 언어다. 이런 의미에서 그것은 선형 시스템이 아니라 유연 시스템이고, 네트워크 내의 상이한 소스들에서 오는 신호를 변환하고 재조합할 수 있다. 로봇 시스템이 효과적으로 작동하려면 코딩 지시coding instruction가 로봇 기술의 각 측면에 부여될 필요가 있다. 시리얼 언어는 증식 가능한 스레드thread*를 갖는다는 점에서 점증적incremental이다. 이 언어는 로봇이 스레드 조합을 통해 작동할 수 있도록 해준다. 로봇의 물리적 구조, 기계적 시스템, 파워 시스템 그리고 로봇 제작을 통해 추구하고자 하는 이슈들이 끊임없이 증식하는 복잡성의 스레드들(반드시 하나의 종합을 필요로 하는)을 구성한다.

다이애나 포사이스Diana E. Forsythe의 『우리를 연구하는 사람들을 연구하기: 인공지능 세계의 한 인류학자Studying Those Who Study Us: An Anthropologist in the World of Artificial Intelligence』(2001)는 이런 측면에서 주목할 만하다. 포사이스는 연구 논문, 학회 발표, AI의 최종 산물 등으로부터

---

* 스레드thread는 프로그램과 프로세스의 실행 단위, 혹은 하나의 프로그램이나 프로세스 내에서 실행되는 흐름의 단위를 지칭한다. 보통 하나의 프로그램은 하나의 스레드를 가진다. 하지만 프로그램 환경에 따라 둘 이상의 스레드가 동시에 실행될 수도 있는데 이를 멀티스레드multithread라고 부른다.

인공지능의 사회적 측면이 송환되는 과정을 상세하게 묘사한다. 포사이스는 "과학이 곧 문화라는 인류학자의 주장은 우리가 연구하는 과학자들에게는 직관적으로 명백한 것이 아니다. 예를 들어, 내 정보 제공자들이 자신의 연구를 '하드사이언스hard science'로 이해하는 것은 그들이 문화를 초월하는 보편적 진리를 추구하는 사업에 참여하고 있음을 뜻한다"(2001, p. 2)라고 주장한다. 대조적으로 로봇학자들은 스스로를 '문화의 외부'에 있다고 생각하지 않을 뿐만 아니라 문화가 로봇 과학의 기계적 · 전자적 측면만큼이나 중요하다고 생각한다. 하지만 그들은 그들의 문화적 삶 자체에는 관심을 기울이지 않아 왔다. 나는 심지어 로봇과 관련된 문화적 허구가 없다면 로봇 과학도 존재하지 않고, 이 분야 전체가 완전히 다른 방식으로 구축되었을 것이라고 말하고 싶다. 로봇 제작은 기계 원리에 따라 작동하는 시계 장치 오토마타automata의 제작과 어느 정도 닮아 있다(Reilly 2011; Bailly 1987). '은총의 십자가상The Rood of Grace'(1538)이 한 예다. 이 십자가상에는 "눈을 움직이게 하는 기계 장치가 있어서 순례자들이 그것을 보고 마치 살아 있는 것인 양 생각했다"(Reilly 2011, p. 20).『오토마타: 1848~1914 황금기Automata: The Golden Age 1848~1914』를 쓴 크리스천 베일리Christian Baily에 따르면 "'오토마타'라는 단어는『19세기 백과사전 Encyclopedia of the Nineteenth Century』에 '내부에 움직임을 창출하고 생명을 흉내낼 수 있는 메커니즘을 담고 있으며 유기체의 형태를 가진 기계'로 정의되어 있다"(1987, p. 13). 오토마타는 무엇이 살아 있고 무엇이 죽어 있는지, 그리고 무엇이 활력이 있고 무엇이 활력이 없는지에 관한 질문들을 야기했다(Freud 2003). 하지만 로봇이 정치적 주체로서 잠재력을 가진 행위 주체일 수 있다는 주장은 바로 정치적으로 영감을 받은 차페크(2004)의 로봇 소설을 통해 이루어졌다.

디폴트 메커니즘default mechanism*으로 행위하는 한 인간이자 연구자라는 구체적인 주체로서 나는 이제 로봇학자들이 그런 복잡성을 극복하기 위해 특수한 전략, 즉 차이, 장애, 인간적 고통을 기계 제작의 배경으로 성찰하는 전략을 추구해야 한다고 제안한다. 다시 말해 로봇학자들은 자신이 제작하는 기계에 장애, 차이, 고통에 대한 일반적 모델을 도입한다. 그와 동시에 자신의 고유한 고통 이야기를 기계에 투사한다. 그들은 왜 인간 존재의 이런 영역을 자신의 기계에 도입하는 것일까? 이유는 복잡하다. 로봇학자들은 자신이 창조하는 기계에 다름 아닌 자신의 특정한 측면을 가장 먼저 끌어들인다. 로봇학자들의 첫번째 기항지가 바로 자기 자신이기 때문에 그들은 자신이 창조하는 기계에 자신의 고통을 우선적으로 투사한다.

보다 은밀한 또 다른 이유도 있다. 그들은 장애와 차이를 참조할 때 자신의 기계와 인간적 차이/고통 사이에 유비 관계를 구축하는데, 이로 인해 장애나 정신건강 문제를 가진 개인들이 완전한 인간과 비인간 로봇 사이의 중간자적 존재가 된다. 이들 모델은 완전함과 결핍에 관한, 그리고 신체와 자아가 어떻게 상실된 부분들(신체적 능력이나 정서적·인지적 역량을 상실한)로 상상되는지에 대한 구미인들의 사고

---

* 특수한 목적을 수행하도록 설정된 프로세스를 가진 메커니즘을 뜻한다.

방식과 공명한다(Ginsburg & Rapp 2013). 장애와 차이를 가진 개인이 사전에 인간과 휴머노이드 기계 사이의 중간자로 형상화된다. 이 전략의 첫 부분, 즉 심리적 · 신체적 고통의 경험을 로봇에게 전이하는 경우를 먼저 살펴보자. 자기 경험을 로봇에게 전이하는 것이 로봇학자 자신이 직면한 문제의 복잡성을 다루는 하나의 대처 전략일까?

로봇학자는 자신의 특징을 기계에 각인하는 과정에 무의식적으로 참가한다. 나는 여기서 두 가지 사례를 제시하고자 한다. 로봇 설계가 수반하는 모든 추상적이고 기술적인 과정에도 불구하고, 결과적으로 만들어진 피조물은 이상하게도 로봇 제작자와 닮은 부분을 가지게 된다. 다시 말해 로봇은 그것을 제작한 사람을 상당히 닮는다.

부분화된 신체: 결함 있는 손

마이클은 '반복사용 긴장성 손상 증후군repetitive strain injury, RSI'을 가지고 있다. 그는 손을 사용할 때 자주 통증을 느끼기 때문에 일하는 데 지장이 많다. 남아프리카 출신의 대학원생인 마이클은 최종 박사학위논문 주제를 로봇손에 관한 연구로 정하기 전에 여러 종류 로봇에 관한 연구를 수행했다. 그는 프로젝트 기획 단계에서 소프트웨어를 사용해 자신의 모든 로봇 디자인을 모델화하고자 했다. 가끔은 그의 지시에 따라 내가 마이클의 손을 대신해 컴퓨터를 조작하기도 했다. 마이클은 데이먼Damon, 즉 평균적인 남성의 손보다 크고 감각을 가진 휴머노이드 로봇손을 만들고 있다. 센서 크기 때문에 데이먼을 평균적인 손보다 더 크게 설계할 수밖에 없었다고 설명한다.

마이클의 로봇손은 인간의 손 모양과 일치하지 않는다. 그것은 고정된 위치는 없지만 유연하게 움직일 수 있는 손가락을 가지고 있다. 마이클은 감각을 느낄 수 있는 손을 만들고 있는데, 로봇의 감각은 매우 제한되어 있다. 로봇은 대부분 접촉을 통해 어떤 의미 있는 감각적 데이터도 감지하지 못하기 때문이다. 로봇이 감지 능력을 배울 수 있다면 조작하고 상호작용할 수 있는 대상의 범위도 다양해질 것이다. 아울러 감각을 느끼는 손은 로봇에게 도달 범위 밖에 있는 물질을 감지할 수 있는 기회도 제공할 것이다.

마이클의 로봇손은 이언[Ian]이 설계한 로봇팔에 부착하는 것을 목표로 하고 있다. 이언은 이 로봇팔을 프라이머스 로봇을 위해 설계했는데 현재는 마이클이 사용하고 있다. 프레임 하나가 그 팔을 적당한 위치에 고정하고 있다. 이 경우 시각-팔-손의 정합적 작동이 중요해서 머리가 있어야 할 자리인 몸통 꼭대기에 비디오카메라가 설치되어 있다. 마이클이 이 로봇손을 인간에게 실험해볼 가능성은 낮다. 산업용 로봇을 생산하는 한 기업이 마이클에게 연구비를 지원하고 있다. 마이클은 몸에서 그 부분(손)을 분리한 후 그것을 다시 팔, 몸통, 머리와 재연결한다. 하지만 이들 연결은 단지 손의 특수한 목적을 지원하기 위해서일 뿐이다. 이언처럼 마이클은 신체 부분 하나를 애매하게 인간과 유사한 구조로 설계했다. 이 로봇 신체는 인간의 신체와 많이 닮았다. 마이클은 자기 손에 자주 문제를 느껴서 손을 풀기 위해 스크런치 볼을 들고 랩을 왔다 갔다 한다. 마이클이 '반복사용 긴장성 손상 증후군'이 있으며 일할 때 자주 문제가 발생해 손을 사용할 수 없게 된다는 사실은 우연일 수도 있을 것이다. 마이클은 자신의 문제 때문에 로봇손을 만들려고 의식적으로 의도한 것도 아니고 둘 사이에 어떤 연결성도 주장하지 않았다. 마이클은 감각-시각 실험을 친구들 그리고 무작위로 선택된 대상에게 수행했다. 그는 이 피실험자들이 가진 인간으로서의 통상적 능력을 제거하고 그들을 '장애화'하려고 했다. 마이클은 로봇이 어떻게 인지하고 지각하는지를 이해하고자 했다. 그는 피실험자들을 잠정적으로 장애화함으로써 자신의 로봇이 가진 한계와 결점을 이해하고 시각과 촉각이 어떻게 함께 그리고 각각 작동하는지를 밝혀낼 수 있었다. 마이클은 자신의 연구를 다음과 같이 내게 설명했다.

이 프로젝트의 아이디어는 조작과 관련된 촉각 정보의 사용과 감지에 방점을 두고 있다. 이 프로젝트는 이 분야에서 수행되어온 전형적인 연구와는 다르다. 다른 연구들은 대상을 감지하고 잡으려고 시도하는 프로세스를 위해 주로 시각에 의존해왔다. 인간은 촉각 감지를 통해 훨씬 더 많은 프로세스를 수행하는 것으로 보이고, 이는 많은 실험을 통해서도 밝혀졌다. 나는 피실험자들의 눈을 가리고 실험에 임하도록 했는데, 그들은 실제로 시각을 사용하지 않고도 시각을 사용하듯 사물을 인지할 수 있었다. 물론 시각을 완전히 배제하고 싶지는 않다. 시각을 촉각과 감지를 보조하는 감각으로 프로세스 안에 포함하고 싶기 때문이다……따라서 우리는 조작 프로세스에 포함된 감지 센서에 많은 주의를 기울이기 때문에 이것을 감각적 조작이라고 부른다(2004년 현장 조사 인터뷰).

전통적인 디자인에서 로봇은 하나의 플랫폼에 고정되어 반복 행동을 수행한다. 다음은 미국로봇협회Robot Institute of America의 정의인데 로봇의 요건을 잘 보여준다. "로봇은 다양한 과업을 수행하기 위해 다양한 방식으로 프로그램된 동작을 통해 물질, 부속, 도구 혹은 전문화된 장치를 움직이도록 설계된 조작자로서 재프로그램이 가능하고 복수의 기능을 수행한다"(Moran 2007, p. 1399에서 재인용). 환경을 감지하거나 대체 가능한 방식으로 행동하는 이들 로봇의 능력은 조작적 구조에 의해 엄격하게 제한된다. 마이클은 자신의 로봇을 이해하기 위해 특정한 기능적 박탈 상태를 인간에게 전가했다고 설명한다. 마이클은 대상을 조작하기 위해 통상적으로 사용하는 센서를 박탈한 상태에서 인간 피실험자들을 실험했다. 마이클은 시각과 촉각의 많은 측면을 박탈했다. 그는 자신의 실험을 다음과 같이 좀 더 상세하게 설명한다.

나는 피실험자들의 눈을 가린 상태에서 실험을 수행했다……그들에게 큰 장갑을 끼고 오직 두 손가락만 사용하도록 해보았다……그러자 그들은 다소 내 로봇처럼 보였고, 감각이 제한된 상태에서 오직 두 손가락만으로 조작을 수행했다. 우리는 다양한 이유로 이런 실험을 했다……인간은 감각이 제한된 상태에서도 여전히 내 로봇보다 훨씬 더 훌륭했다(2004년 현장 조사 인터뷰).

마이클은 어떻게 피실험자들을 장애화했는지 설명한다.

내가 한 것은 과거에 내가 해온 것들과 어느 정도 유사하다. 실험은 다음과 같이 구성되었다. 피실험자들은 눈을 가린 상태에서 테이블 앞에 앉는다. 그들은 매우 두꺼운 장갑을 끼고 오직 엄지와 중지만 사용할 수 있다. 그들은 오른손부터 움직이기 시작한다. 먼저 그들은 자기 앞에 놓인 테이블을 탐색해 물건을 찾으려고 시도한다. 물건을 발견하면 그것을 집어 올리기 전에 무슨 물건인지를 알아맞힌다. 그들은 다른 물건들에 대해서도 동일한 과정을 반복한다(2004년 현장 조사 인터뷰).

피실험자들을 기계 수준에 맞추려는 마이클의 시도는 장애로 인해 일부 기능을 상실한 전체 몸(Ginsburg & Rapp 2013)이나 전체 몸에서 분리된 신체 부분(Hillman & Mazio 1997; Schwartz 1997; Stevens 1997)에 대한 생각을 잘 보여준다. 기계를 정확하게 재현하기 위해 인간의 능력 일부를 축소하고, 결과적으로 기계와 장애를 가진 몸이 유사해진다. 하지만 점점 더 '오작동하는' 것은 바로 마이클 자신의 손이었다. 그는 실험에서 인간의 감각 능력 일부를 박탈하고, 그런 박탈을 통해 인간과 로봇 사이에 일종의 잠정적 대칭성을 창출한다.

부분화된 신체: 결핍의 기억과 감성

헬레나는 감성적 기억을 가진 로봇을 설계하고 있다. 그녀가 이런 능력을 가진 로봇을 제작하기로 결심한 이유는 "사람들과 사회적으로 상호작용하도록 설계된 로봇을 연구했기" 때문이다. 헬레나의 경우 자기가 제작한 로봇에 의도치 않게 자신의 심리적 특징을 투사했다. 내가 로봇 실험실에서 보낸 처음 몇 주 동안 헬레나는 지난 5년 동안 자신의 삶을 규정해온 트라우마를 내게 드러냈다. 그녀는 어느 날 아침 눈을 뜨자마자 오래 사귄 남자친구가 자기 옆에서 사망해 있는 것을 발견했다. 그는 심장 부정맥으로 어떤 증세나 질환도 없이 사망했다. 이 사건은 그녀의 삶을 완전히 바꿔놓았다. 그녀는 불안, 악몽, 우울증에 시달렸다. 나는 헬레나에게 왜 그토록 기억에 관심이 많은지 물어보았다. 그녀에게 "학습과 기억은 매우 긴밀하게 통합되어 있다." 헬레나는 자신의 연구에 관해 다음과 같이 설명한다.

내 학위논문 프로젝트는 기본적으로 라디우스라는 휴머노이드 머리 로봇을 개발하는 것이다. 이 프로젝트의 기본 아이디어는 사회적 상황 학습socially situated learning을 탐구하는 데 사용할 수 있는 로봇을 만드는 것이다. 사회적 상황 학습은 다른 사람 혹은 동일 종의 다른 동물로부터 학습하는 것을 뜻한다. 따라서 내 아이디어는 사회적·신체적으로 상황 학습을 수행할 수 있는 로봇을 개발하는 것이다. 이는 로봇이 항상 사람들로 넘쳐나는 공공장소에서 여기저기 돌아다니면서 사람들과 상호작용한다는 것을 의미한다. 따라서 이 로봇은 물리적으로 신체화되어야 할 뿐만 아니라 인간적 스케일의 시간성 또한 공유해야 한다는 점이 매우 중요하다. 그래서 이 로봇은 하루 한 번 딱 2분 동안만 공공장소에 있는 것이 아니라 그곳에서 하루에 16시간 동안 작동한다. 이 로봇은 상시로 사람들과 상호작용한다. 그리고 우리는 사람들과 상호작용하는 경험을 통해 로봇이 학습할 수 있기를 희망한다(2004년 현장 조사 인터뷰).

"감성 메커니즘은 인지, 지각, 의사결정, 기억, 행위를 유용한 방식으로 편향시키는 조절적 역할에 기여한다"(Thomarz, Berlin & Breazeal 2005, p. 9). 헬레나는 라디우스가 상이한 사람들을 기억하고 구별할 수 있도록, 즉 상호작용하는 사람들에게 호감 혹은 비호감을 표현할 수 있도록 정서적 태그affective tag를 사용하고자 했다. 헬레나의 프로젝트는 자신이 몰두하고 있는 것과 공명하는 방향으로 수행될 계획이었다. 헬레나의 주치의는 헬레나가 외상 후 스트레스 장애post-traumatic stress disorder, PTSD를 겪고 있다고 진단했다. 앞서 언급한 사건은 그 후 몇 년 동안 계속 헬레나의 삶에 영향을 미쳤고, 이 때문에 그녀는 매주 치료를 받았다. 헬레나는 남자친구의 죽음에 대한 기억을 소거하고 마음속 감정을 가라앉히기 위해, 즉 망각하기 위해 몇 년 동안 노력해왔다. 그 사건은 헬레나의 자율성을 훼손해버렸다. 그녀는 남자친구의 무덤, 물건을 함께 보관했던 창고, 동거하던 콘도 등 여러 장소를 방문할 수 없었다. 나는 헬레나에게 그녀의 기억, 즉 PTSD에 대한 관심과 라디우스 사이의 연결성에 관해 물어보았다.

내가 정서적 기억에 대한 연구를 수행할 때 계속 떠올랐던 연결 지점은 기본적으로 외상 후 스트레스 장애(정서적 기억이 이 특수한 증상의 매우 강력한 요소다)였다. 나는 전에 PTSD 진단을 받았다. 이 진단이 이 분야에 관한 내 연구를 더 편하게 만드는지 더 불편하게 만드는지는 잘 모르겠지만, 적어도 내가 이 분야를 좀 더 이해할 수 있다고 느끼는 것 같기는 하다(2004년 현장 조사 인터뷰).

PTSD는 인지과학에서 여전히 논쟁적인 영역이다. 이 진단 범주는 미국정신의학회American Psychiatric Association가 『정신질환 진단 및 통계 매뉴얼Diagnostic and Statistical Manual of Mental Disorders』 3판(DSM-III)에 PTSD를 포함한 1980년대에 부상했다. 이 범주가 포함됨으로써 이전 시대의 많은 증상, 특히 베트남 전쟁 참전 군인들의 '적응 장애adjustment difficulties'에 대한 재평가가 촉발되었다. PTSD가 논쟁적이었던 이유는 또한 "정신과 의사들이 PTSD가 트라우마적 기억의 애매한 병인학적 특징에 의해서만 연결되는", 따라서 의학보다는 정치적인 것에 의해 추동되는 "서로 관련성이 없는 증상들의 집합이라고 느꼈기 때문"(Weizemann 1996, p. 580)이다. PTSD의 원인이 논쟁의 대상으로 남아있지만, 기억과 정서의 관계에 관한 연구는 여전히 고려해볼 만한 가치가 있다. 또한 PTSD를 겪고 있는 사람들은 "악몽, 플래시백, 침투적 사고intrusive thought*의 형태로 (공포스러운 사건을) 재경험"하는 것으

---

* 불쾌하고 달갑지 않은 생각이나 이미지가 강박적으로 떠올라 불안하게 만들거나 심적 고통을 유발하는 정서적 장애를 가리킨다.

로 알려져 있다(McNally 1998, p. 971).

PTSD는 현장 조사 기간 내내 나와 헬레나 사이에서 중요한 테마로 논의되었다. 헬레나의 PTSD와 그녀가 로봇을 위해 창조한 시스템 사이의 관련성이 곧바로 명백하게 드러나지는 않았다. 나는 그녀에게 자신의 트라우마적 경험과 연구 토대 사이의 관련성에 대해 어떻게 생각하는지 물어보았다.

그렇다. 내 생각에⋯⋯PTSD가 이유일 것 같다. 그러니까 일부 사례에서 기억의 증가가 기억 프로세스를 증가시키는 현상을 언급하는 연구들이 있다. 따라서 당신에게 어떤 사건이 발생해 그것이 강한 정서적 반응을 촉발한다면 당신이 그것을 기억할 가능성은 더 커진다. 하지만 PTSD와 관련된 기억이 당신에게 매우 강력한 정서적 반응을 촉발하기 때문에 그것을 기억하는 경향이 있는데 정작 당신은 그것을 잊고 싶어 한다는 사실이 흥미롭다. 이 경우 당신은 플래시백이라 부르는 증상을 보이기 시작한다. 트라우마적 경험에서 정서적 기억의 확정이 매우 강력해서 기억은 계속 남아 있지만, 당사자는 그것을 기억하고 싶어 하지 않는다. 따라서 그것은 한 개인의 내면에서 밀고 당기기를 지속한다. 플래시백이 발생할 때 당사자는 그 기억을 지우고 싶어 하더라도 때때로 플래시백을 경험할 수밖에 없다. 플래시백은 기본적으로⋯⋯일어난 사건에 관한 것으로 당신의 머릿속에서 발생한다. 그것은 당신이 그것을 없애려고 할 때 발생하고, 더 강하게 없애려고 시도하면 할수록 그것은 더 강하게 돌아온다. 이것이 바로 정서적 기억과 PTSD의 차이 중 하나다(2004년 현장 조사 인터뷰).

헬레나는 이 모델을 라디우스의 기억 상황으로 사용하고자 결정하고, 라디우스가 정서에 기반해 기억하도록 설정했다. 라디우스는 시각·청각 시스템으로 인지하는 방대한 분량의 데이터를 분류하는 작업을 수행해야 한다. 폭주하는 감각 데이터를 의미 있는 것으로 이해하기 위해, 라디우스는 긍정적이거나 부정적인 정서를 자신이 지각하는 특정 행위와 연결함으로써 이들 자료를 구분한다. 이 로봇은 기억을 가질 것이고, 그것의 감각에 폭주해 들어가는 압도적인 분량의 정보를 의미 있는 것으로 이해하는 데 도움을 주는 정서적 태그에 의존할 것이다. 헬레나는 오류에도 관심이 있다. 내가 로봇학 연구실에 머무는 동안 프로세스에서 끊임없이 삭제되는 것이 바로 오류였다. 실험자는 오류를 최소화하거나 숨기려고 하지 연구의 중심에 두지는 않는다. 결국 우리가 관심을 가지는 것은 오류율이 아니라 성공률이다. 그렇다면 헬레나는 왜 특별히 오류 문제에 관심을 가질까? 그녀는 왜 오류를 자신의 프로젝트에 포함하고 싶어 할까? 이미 그녀는 강건성robustness 문제에 초점을 맞춤으로써 그 분야 동료들에게서 멀어져갔다. 또한 오류를 강조함으로써 숨겨진 것으로 초점을 이동하고 그것을 드러나게 하고 있다. PTSD를 겪는 사람들은 플래시백과 반복발생 기억이라는 증상을 반복적으로 경험한다. 이 증상을 경험하는 사람들은 "괴로운 정보의 회상을 회피하는 일이 단순히 불가능할 것이다. 그들은 명시적인 기억을 비자발적으로 드러낼 것이다"

(McNally 1998, p. 1756).

헬레나는 내게 자신의 사고 패턴을 변화시키는 것이 목적이라고 설명했다. 그녀가 통제하고자 했던 것은 바로 자신의 사고 패턴이었다. 그녀의 사고 패턴이 트라우마와 그에 상응하는 느낌을 상기시킬 때, 그녀는 자신의 사고를 긍정적으로 재프로그램해야 했다. 그녀의 정서적 프로세스는 지속적으로 오류를 발생시켰다. 즉 트라우마가 그녀의 모든 사고 프로세스를 지배했다. 그녀가 자신의 연구에서 너무나 규칙적으로 발견하는 로봇의 오류와 마찬가지로 그녀 또한 자주 오류를 일으켰고 강건하지 못했다. 그녀는 어디에도 갈 수 없었고 어디에도 존재할 수 없었다. 헬레나는 그녀와 동료들이 제작하는 로봇과 마찬가지로 특정한 장소에만 존재할 수 있었다.

헬레나는 과거와의 강한 연결성을 불러일으키는 어떤 환경도 의도적으로 회피했고, 이로 인해 감정적인 측면과 금전적인 측면에서 많은 대가를 치를 수밖에 없었다. 아마도 이 같은 헬레나의 이동 경로가 라디우스에게 반영되었을 것이다. 그녀가 라디우스에 관한 아이디어를 구상할 때 핵심 테마로 작용한 것은 한 장소에 국한되지 않고 여러 상이한 장소에 존재할 수 있는 라디우스의 능력이었다. 헬레나는 정서적으로 어려움을 느끼는 환경에 처했을 때 자신과 함께 있어줄 다른 사람들(로봇이 혼자 혹은 자율적으로 작동할 수 없을 때 제공되는 도움처럼)이 필요했을 수도 있다. 헬레나도 로봇처럼 완전히 자율적이지 못했다. 나는 헬레나에게 내가 그녀와 그녀의 로봇을 비교하는 것에 대해 어떻게 생각하느냐고 물어보았다. 자신의 개인적인 경험이 라디우스의 제작에 미치는 영향에 관해 헬레나가 어느 정도 인지하고 있는지 알고 싶었기 때문이다.

그런 연결성이 내 머릿속에 아주 분명하지는 않지만 존재하는 것은 맞다. 내 머릿속에서 명확한 것은 내가 사물을 기억하고 정서적 기억을 가질 수 있는 로봇에 관심이 있으며, 이에 관한 연구를 하고 싶어 한다는 점이다. 잠재적으로 이런 로봇에 관심을 가지는 이유는 정서적 기억과 관련된 나 자신의 경험 때문이다.

이렇게 정서적 기억에 관한 헬레나의 몰두가 자신의 휴머노이드 로봇이 다뤄야 할 문제로 재구성된다. 이 사례에서 헬레나와 라디우스의 경계 자체가 로봇을 만드는 과정에서 희미해져버린다.

신체의 장애화

만약 로봇의 설계가 인간에게서 기계로의 심리적 전이뿐만 아니라 로봇에 투사되는 장애와 무능에 대한 상상의 결과라면 어떤 종류의 신체 형태가 도출될까? 다시 말해 어떤 종류의 '신체'가 로봇학 연구실에서 창조될까? 로봇학자들은 로봇을 만드는 과정에서 신체 행위에 초점을 맞춘다. 그들의 프로젝트는 모두 휴머노이드 로봇 제작과 관련 있지만 모두 특정한 형태의 변형과 연관되어 있기도 하다. 로봇은 불완전하다. 로봇은 금속과 와이어로 만들어지기에 부속을 분리할 수 있고 낡거나 오래된 부속을 새로운 부속으로 대체할 수도 있다. 마리우스의 경우는 팔이 두 개였다가 하나였다가 다시 두 개로 바뀌었고, 두 팔 끝에 각각 손이 있다가 하나의 손으로 변했다가 다시 손이 없어졌다. 실험실에서 로봇의 '신체'는 파편적이며 교환 가능하고 이전 가능한 부분들로 만들어진다. 연구자들은 흔히 특수한 활동과 가장 현저하게 관련된 신체 부분을 창조한다. 이런 맥락에서 하나의 특수성이 발생하는데, 그것은 특정한 신체 부분 자체가 비통상적일 뿐만 아니라 파편화 정도도 더 심화된다는 점이다. 프로이트는 언캐니uncanny*를 수반하는 신체 부분의 분리 과정에 관해 다음과 같이 말한다.

> 잘린 사지, 절단된 머리, 팔과 분리된 손, 스스로 춤추는 발⋯⋯이들 모두 매우 불쾌한 무엇인가를 포함하고 있다. 마지막 경우처럼 독립적인 활동성이 부여될 때 특히 그러하다(Freud 2003, p. 150).

로봇학자들은 인간의 평균적인 손보다 크거나 갈고리 같은 손가락을 가진 손, 코나 입이 없는 얼굴, 얼굴이 없는 눈, 목이 없는 머리, 몸통은 있지만 팔은 하나만 있는 로봇, 소리를 통해 커뮤니케이션이 가능한 발화 시스템은 갖추었으나 감각은 없는 로봇을 만든다. 로봇은 인

---

* '언캐니'는 프로이트 정신분석학에서 억압된 대상의 귀환으로 인해 초래되는 불쾌하고 기괴하며 낯선 감정을 지칭한다. 한국어로 '섬뜩함', '불쾌함', '낯섦', '불편함' 등으로 번역할 수 있는데, 24쪽의 주석에서 기술한 '언캐니 밸리'와 같은 이유로 원어 그대로 한글 발음으로 표기하겠다.

간을 모사해서 설계되지만 평균적인 인간과 매우 다르게 보이고 다르게 행동한다. 사실 인간의 특성과 형태를 로봇에 복제하는 것은 기능과 목적이 긴밀하게 배치된 기계적 대상의 생산에 버금간다. 연구자들은 여전히 한 인간과 몸 없는 머리, 다리 없는 부분 몸통, 머리나 얼굴이 없는 몸통 사이에 의미 있는 교환이 발생할 수 있다고 주장한다. 이들 로봇은 새로운 종류의 괴물일까? 그레이엄은 괴물에 관해 다음과 같이 말한다.

> 인간과 거의-인간 사이의 경계를 표시하는 특별한 방식 중 하나는 '괴물성'에 관한 담론을 통해서다. 괴물은 이 둘 사이의 경계를 표식할 뿐만 아니라 그 경계의 취약성을 전복적으로 드러내기도 한다. 괴물은 사물을 통해 가시화되고 전시되는 바와 같이 문화가 자연을 인공으로부터, 인간을 비인간으로부터, 정상적인 것을 병리적인 것으로부터 분리하는 경계 설정을 동시에 확증하기도 하고 불안정화하기도 한다는 점에서 진정으로 '괴물적'이다. 괴물에 관한 연구인 기형학teratology은 인간의 통합성을 위반하는 불쾌한 전망의 기원과 의미를 탐구하는 지속적인 전통을 보여준다(2002, p. 12).

인류학에서도 신체화와 탈신체화라는 테마가 발견된다. 소르다스(Csordas 1994)로 되돌아 가보자. 그는 어떻게 신체가 각축의 장이 되는지를 논하는데, 이는 신체화 기반 로봇학자들에게도 마찬가지다. 그들이 몸을 신체화하는 순간 탈신체화되고 파편화되고 장애화된다.

소르다스는 "상품화, 파편화 그리고 신체 부분 이미지의 기호학적 집중포화라는 사회적 과정의 불안정화하는 영향력"으로 인해, 인간의 신체는 더 이상 "결속된 실체"로 간주될 수 없다고 주장한다(1994, p. 2). 해러웨이는 "우리의 개인적 신체뿐만 아니라 사회적 신체도 인간 노동이라 불리는 자기-창조적 과정의 외부에 존재한다는 의미에서 자연스럽게 보이지 않을 것이다"(Csordas 1994, p. 2에서 재인용)라고 적고 있다.

랩에서는 비록 기계의 '신체'가 더 확장될지라도 그것이 특정하게 분할되는 활동이 동시에 발생한다. 로봇학자들은 로봇 신체를 특정한 행위에 특수하게 연결한다. 예를 들어 하나의 얼굴이 특정한 소셜 로봇의 중심이자 사이트로 창조된다. 한편 그들은 다른 누구도 자신의 로봇 작업에 동일한 부분을 추가할 수 없도록 확실히 해둠으로써 이 영토를 자신만의 것으로 표식하기도 한다. 연구자들은 신체 부분들에 관해 영토적인 방식으로 행동한다. 마르크스는 자본주의 체제에 의한 신체 분할에 대해 다음과 같이 적고 있다.

라 플라타La Plata 국가에서 사람들이 가죽과 기름을 얻기 위해 짐승 전체를 도살해버리듯 자본주의 체제는 생산 능력과 본능의 세계를 희생시키고 노동자들의 세부적인 손재주를 강제함으로써 그들을 절름발이 괴물로 변환한다. 세부 노동이 상이한 개인들에게 배분될 뿐만 아니라 개인들 자체도 파편적으로 작동하는 자동 모터로 전락한다. 그리고 인간을 자기 신체의 단순한 파편으로 만들어버리는 터무니없는 메네니우스 아그리파^{Menenius Agrippa} 우화*가 현실이 된다(Marx 1979, p. 340).

마르크스는 자본주의 생산 시스템이 개인을 취해서 시스템의 필요에 적합하게 그 또는 그녀의 신체를 '분할'한다는 것을 인식했다. 이 경우 보다 온전한 무엇인가를 취해서 그것을 보다 작은 부분들로 분해하는 것이 문제인데, 이 점에서 자본주의를 도살장에 비유하는 것은 적합하다. 로봇학에서 과학자들이 하나의 '전체'를 만들기 위해 작업한다고 생각하는 것은 잘못이다. 이와 반대로 실험실에서는 로봇 신체의 소유와 소유권을 둘러싼 갈등이 존재한다. 두 팔이 달린 휴머노이드 몸통을 만든 한 연구자가 로봇 머리를 추가하려 했지만, 다른 연구자는 그 연구자가 자신의 로봇 신체에 로봇 얼굴을 추가하려는 어떤 노력도 하길 원하지 않았다. 또 어떤 연구자는 자신이 제작한 로봇 팔을 공유하기를 원하지 않았다. 이런 식으로 로봇의 신체적 영토는 분할되고 해체되며 장애화된다.

분리된 사회성

소셜 로봇은 지적이고 관계적인 인공물을 인위적으로 재현한다. 나는 소셜 로봇을 의사소통 장치로서 사회적 · 신체적 · 감성적 레퍼토

---

* 몸의 각 부위가 일은 하지 않으면서 음식만 받아먹는 위장에게 분노하여 손, 입, 팔, 치아 등이 위장에 음식이 더 이상 공급되지 못하도록 태업을 도모하지만, 그 때문에 영양이 공급되지 않아 몸 전체가 쇠약해진다는 우화.

리가 함께 작동하는 로봇으로 묘사한다. MIT 미디어랩 로봇생명연구단Robotic Life Group 교수인 신시아 브리질은 소셜 로봇을 다음과 같이 정의한다. "간단하게 소셜 로봇은 인간과 유사한 방식으로 소통하는 지적 실체로서 소셜 로봇과 상호작용하는 것은 다른 인간과 상호작용하는 것과 비슷하다"(2002, p. 1). 이와 같은 정의의 이점은 로봇 행위 주체의 물리적 신체가 로봇과 인간 사이의 역동적인 상호작용에 보다 중요한 역할을 할 수 있다는 것이다. 인간은 타인과의 상호작용에서 언어 프로그램을 작동한다. 그런데 물리적 신체가 이 언어 프로그램을 지원하고, 실행하고, 강화한다. 만약 한 인간이 텍스트 형태로 커뮤니케이션하고자 한다면 손, 팔, 손가락, 눈 그리고 그것들을 지지해주는 프레임이 필요할 것이다. 그가 발화 형태로 커뮤니케이션하고자 한다면 입, 후두 그리고 여타 기술적 요소가 필요할 것이다. 하지만 그는 발화 형태로 타인과 상호작용할 때 수용자에게 메시지를 발송하기 위해 신체 구조물을 실행하고 신체를 활용하기도 한다(Marsh 1988; Ekman 1998). 눈 맞춤이 바로 이런 교환의 본질적 요소 중 하나다(Ekman 2003).

"눈은 마음의 창이다The eyes are the windows of the soul"라는 영어 격언이 있다. 눈은 의미심장한 신체 부분으로 인류의 신체 문화사에서 중요한 위치를 점한다. 예술가, 시인, 작가들이 다양한 방식으로 눈의 중요성을 표현해왔다. 셰익스피어William Shakespeare는 『리처드 3세King Richard III』에서 "눈을 감고 잠들기 전에 나의 깨어 있는 영혼을 하느님께 맡깁니다"라고 적었다. 눈의 중요성은 신약성서에도 등장한다.

"눈은 전신의 등불이다. 따라서 네 눈이 맑으면 온몸이 빛을 발할 것이다. 반면 네 눈이 병들면 온몸도 어두울 것이다"(Mathew 6: 22–23, 1968, p. 6). 눈은 한 개인의 내면을 향한 창을 제공한다. 과학에도 눈, 즉 시각이 감각의 위계에서 중심 위치를 차지한다. 눈은 객관적 실재에 관해 신뢰할 수 있는 척도를 제공한다. 따라서 많은 과학적 도구가 시각적으로 편향되어 있는데 현미경과 망원경이 그 예다(Edwards, Harvey & Wade 2010). 새로운 시각화 기술이 이들 시각과학적 도구를 탄생시켰고 새로운 가능성을 여는 데 기여했다(Ecks 2010). 보는 행위는 이런 측면에서 훈련과 용의주도함을 필요로 한다. 과학과 기술 분야에서 본다는 것seeing은 이해한다는 뜻으로 상징, 기호, 지식의 독해에 필요한 고도로 특수한 교육을 받은 결과다(Cohn 2010).

소셜 로봇에게 눈은 가장 중요하다. 눈은 신체에서 가장 중심적으로 재현되는 부분이다. 표현의 위계에서 눈은 의심할 여지 없이 특권적인 지위를 가진다. 눈은 우리에게 전망을 바로잡을 기회뿐만 아니라 커뮤니케이션 수단도 제공해준다. 눈의 사용은 개인 간의 사회적·반사회적 행동에 관심 있는 심리학자들에게도 중요하다. 심리학자 피터 마시Peter Marsh에 따르면 "눈은 얼굴의 모든 부분에서 가장 신뢰할 만하다. 진정한 눈 신호의 비자의식적 즉시성은 가짜로 꾸며내기 힘들다. 그리고 미소, 은밀한 평가, 갈망, 지루함도 마찬가지다……우리는 일반적으로 눈이 훨씬 더 미묘하게 표현하는 것의 독해를 신뢰한다. 입의 경우는 다르다"(1988, p. 72).

눈을 읽지 못하거나 읽는 데 어려움을 겪는다면 장애의 징후일 수 있다. 자폐증에 관한 연구에서 특정한 개인이 눈을 '사용'하지 않는 경향은 잠재적인 자폐증을 진단하는 유용한 척도로 간주된다(Baron-Cohen 1995). 『맹심』(1995)에서 배런코언은 눈이 타인의 욕망과 의도를 독심讀心할 수 있는 통로로 작용한다고 주장한다. 공유된 대상에 주목하기 위해 손가락으로 가리키거나 몸을 돌리는 경우처럼 신체 또한 유사한 방식으로 작용한다. 이런 의미에서 눈은 보기를 위한 시각적 도구뿐만 아니라 커뮤니케이션과 감정 표현의 도구로도 작용한다. 눈은 얼굴이나 몸 등 인식 주체가 이용 가능한 여타 물리적 정보가 결여된 상태에서 내면 상태를 소통하는 역할을 한다(Baron-Cohen 2003).

특정한 방식으로 보는 데 필요한 눈의 훈련은 출생과 함께 시작된다. 전형적으로 발달 중인 유아는 돌봄 제공자와 상호작용할 때 얼굴을 향한다. 유아의 시각적 지각은 행동이 초점심도(상이한 깊이의 구별), 시력(패턴 인식의 척도) 그리고 원근조절(시야 내에 있는 상이한 자극에 초점을 맞추는 능력)과 함께 이루어지는 아동의 사회적·신체적 발달에 중요한 표식을 제공한다는 사실을 보여준다.

로봇 키즈메트, 라디우스, 마리우스의 눈은 시야 내에 사람이 있을 때 포착하는 감각기능을 수행한다. 라디우스의 눈은 자신과 상호작용하는 사람들의 안면을 포착해 기록하는 장치로 작동한다. 라디우스는 이들 이미지를 분류하기 위한 알고리즘을 적용하고, 여기서 분류는 이 피조물의 사회성을 돕기 위한 기억의 도구로 간주된다. 안면 인식 소프트웨어는 로봇 장난감에 일반적으로 적용되는 기술이다.

안면 인식은 로봇이 그 소유자와 유대를 형성할 수 있는 지능과 능력을 가늠하는 핵심 지표다. 더욱이 휴머노이드 로봇 나오NAO(프랑스에 기반을 둔 회사 알데바란 로보틱스Aldebaran Robotics가 설계하고 개발한 로봇)와 일본 소니사가 설계 및 제작했다가 단종된 아이보 같은 동물형 로봇은 시각 소프트웨어를 통해 다른 로봇을 인식하기도 한다.

키즈메트와 라디우스는 홍채 위치에 있는 눈 소켓에 비디오카메라가 장착되어 있다. 로봇의 눈은 주목에 관한 시각적 실마리를 제공한다. 하지만 로봇 눈의 중요성은 사람들로 하여금 기계와 눈을 맞추고 사회적 관계에 참여하고 있다고 확신하도록 만드는 데 있다. 인간(그리고 동물, 특히 영장류)은 눈을 사회적 소통의 매개로 사용한다.

무엇이 개별 인간들로 하여금 눈의 복잡한 사회적 단서를 읽을 수 있도록 할까? 인간이 가진 시각적 소통 능력은 코드, 스크립트, 주파수, 혹은 파장의 형태로 물질적 정보가 제공되는 과학과 기술의 경우처럼 스킬과 훈련을 필요로 할까? 아니면 과거부터 진화해온 타고난 사회적 구축물일까?

『인간과 동물의 감정 표현The Expression of the Emotions in Man and Animals』(1998)에서 다윈Charles Robert Darwin은 여러 부분으로 구성되어 있으며 각각의 표현이 신체화된 형태의 합성물인 개별 표현 행위의 복잡성을 보여주면서 인간과 동물의 표현을 범주화한다. 에크만은 당시 다윈이 "안면 근육은 인간이 감정을 표현할 수 있도록 신이 준 선물"이라고 믿는 찰스 벨Charles Bell의 대중적 이론에 도전하기 위해 이 책을 썼다고 주장한다(Ekman 1998, p.8). 이 책의 여러 장은 고통과 울부짖음, 불안,

슬픔, 낙담, 실망뿐만 아니라 놀람, 경악, 공포, 두려움 같은 광활하고 복잡한 인간과 동물의 표현에 관한 논의를 담고 있다. 감정이라는 테마를 주로 연구한 폴 에크만Paul Ekman은 명확한 외적 표현들, 그리고 그것이 내면적 느낌과 상호연결되는 방식을 범주화했다.

로봇의 감정은 한정적이고 스크립트화되어 있다. 다시 말해 로봇이 표현하는 감정은 매우 제한된 틀 속에 갇혀 있다. 어떤 컴퓨터 프로그램이나 하드웨어 시스템도 의도적으로 그렇게 설계한 것이 아닌데도 로봇 기계에서 온갖 감정 상태가 상상되는 것은 사실이다. 인간은 일정한 한계 내에서이긴 하지만 로봇의 상이한 표현 상태(실제로 있을 수도 있고 없을 수도 있는)를 읽어내는 능력을 가지고 있다. 하지만 성인이든 아동이든 로봇과의 상호작용에 급속하게 흥미를 잃어버리는 경향이 있다. 아동의 경우 로봇과 상호작용할 때 로봇에게 일관성 있는 반응을 얻어내지 못하면 더 참을성이 없어진다. MIT에 있을 때 한번은 여덟 살 소년이 로봇을 보기 위해 방문한 적이 있다. 내 생각에 그는 '진짜' 로봇을 본다는 기대로 들떠 있었을 것이다. 하지만 놀랍게도 로봇이 예상했던 만큼 기능을 수행하지 못하자 아이는 그 기계에 흥미를 금세 잃어버렸다. 아마도 성인은 아동보다 더 참을성 있게 로봇의 발달 과정에 참여할 것이다. 인간의 감정 상태는 복잡하다. 놀람 같은 감정 표현을 예로 들면, 로봇 키즈메트의 경우 순차적으로 눈썹이 올라가고 눈이 커지는 형태로 표현할 수 있지만, 그것은 단지 놀람을 표현하는 초보적 형태일 뿐이다. 에크만과 프리젠Wallace V. Friesen(Ekman and Friesen 1975)은 놀람에 관해 다음과 같이 적고 있다.

예를 들어, 놀람의 감정에는 유사한 종류가 수없이 많다. 즉 놀람의 얼굴 표현은 하나가 아니라 의문의 놀람, 말문이 막히는 놀람, 멍한 놀람, 가벼운 놀람, 중간 정도의 놀람 그리고 극단적인 놀람 등 많은 종류가 있다(1975, p. 1).

비록 동일한 용어를 사용하진 않지만, 다윈은 인간의 표현에 관한 일반적 원리를 정리하면서 마음 이론을 "쓸모 있는 연계 습관의 원리 the principle of serviceable associated habits"라고 요약한다(Darwin 1998, p. 34). 다윈이 보기에 이런 상태는 감각 및 욕구의 보상과 연결되어 있다. 그는 이런 상태가 억압의 의지와 행동, 즉 "반정립의 원리the principle of antithesis"에 종속되어 있다고 믿었다. 그에게 그것은 "정반대 성격을 가진 운동을 수행하려는 강렬하면서도 비자발적인 경향성"이다. 결국 "처음부터 행동의 원칙은 의지로부터 독립적이고, 특정한 수준에서는 습관으로부터도 독립적인 신경 시스템을 구성하는 데 달려 있다"(Darwin 1998, p. 34). 이 제3의 원칙은 환경의 자극에 대한 즉각적인 행동의 생산에 관한 것이다. 따라서 그는 인간과 동물에게 일련의 상태를 생산하는 세 가지 생리적·환경적 조건이 있다고 본다. 그는 인간과 동물의 행위에 관해 보다 상세히 설명하면서 표현이란 단순한 장치가 아니라 훨씬 복잡한 것으로 얼굴과 긴밀하게 연결되어 있다고 주장한다. 그가 제시하는 예로 고통을 겪는 유아의 사례를 보자.

유아는 심지어 아주 작은 고통이나 불편함을 겪어도 격렬하고 지속적

인 비명을 지른다. 그렇게 울부짖는 동안 눈을 꼭 감아 눈 주변 피부에
주름이 생기고 이마는 잔뜩 찌푸린다. 입은 넓게 벌리고 입술은 독특하
게 수축해서 사각형 모양을 하게 된다. 잇몸과 치아도 다소 노출된다.
호흡은 거의 경련이 일어난 것처럼 들이마신다(1998, p. 146-147).

다윈은 어린아이의 울음에 관한 이와 같은 상세한 묘사를 통해 눈,
입, 호흡, 치아, 이마, 입술, 잇몸을 포함한 얼굴이 감정 표현과 어떻게
연결되는지를 보여준다. 소셜 로봇의 얼굴에는 귀, 코, 눈썹, 심지어
입도 없다. 하지만 눈 혹은 눈에 해당하는 부분은 항상 존재한다.

다윈과 마찬가지로 에크만과 프리젠은 수천 장의 얼굴 표정 사진
과 그림을 분석하고 심혈을 기울여 사실적으로 묘사했다. 그들에게
이 연구는 쉽지 않은 작업이었다. 얼굴 표정은 설명하기가 상당히 힘
들 뿐만 아니라 틱장애처럼 순간적으로 지나가버리는 경우가 많기
때문이다. 에크만은 얼굴이 사회적 삶에서 가장 중요하다고 생각했
다. 얼굴은 커뮤니케이션 수단으로 "맛보고 냄새 맡고 보고 듣는 감
각수용체가 위치하는 장소이자 음식, 물, 공기를 섭취하는 기관이기
도 하다"(1982, p. 1). 얼굴은 입과 목소리를 통해 발화 행위가 이루어
지는 중앙 출력 기제다. 얼굴은 사회적 상호작용과 커뮤니케이션에
도 중요하다. 이런 관점에서 로봇학자들이 신체의 다른 부분을 포기
하고 얼굴 영역에만 초점을 맞추는 것은 합리적으로 보일 수 있다.
'변상증pareidolia'이라는 용어는 구름 속에서 얼굴을 보거나 일상의 사
물에서 종교적 형상을 보는 것과 같이 사물 속에 실제로는 없지만 의

미 있는 실체를 보는 지각적 과정을 뜻한다(Guthrie 1995). 그러면 도대체 왜 얼굴일까?

얼굴은 표현의 강력한 매개체다. 성인들이 사회적 상호작용에 참여할 때 템포와 관심이 눈 맞춤을 통해 매개되고, 말을 해야 할 때와 멈출 때를 알리는 표시도 일차적으로 눈의 신호에 의한 안면 지시를 통해 표현된다. 인격의 신체화는 기본적으로 흥미롭다. 하지만 주요 감각수용체(눈, 귀, 코)가 인간의 머리에 위치하기 때문에 신체화된 인격은 배타적으로 이들 위치로부터 매개된다. 다윈은 "인간과 하등 동물들"(Darwin 1998, p. 33)이 제스처와 표현을 비자의적으로 사용하고, 교차종cross-species이 "유사한 머리"를 가지고 있을 경우 유사한 표현을 공유한다고 믿었다(Darwin 1998). 하지만 다윈은 표현과 감정의 보편성을 논증하려고 시도하면서도 그것을 주로 식민주의자 상류층 신사계급 백인 남성의 관점에서 논했다. 따라서 그는 남녀 성 구분에 별로 관심이 없었고 남성이 여성의 범주를 포함하는 것으로 가정했다. 다윈은 또한 자신의 연구에 통문화적 요소를 포함하려고도 했지만 단지 식민주의자들이 원거리에서 수집한 정보에만 의존했다(Polhemus 1978, pp. 73-75).

이 장에서 내가 논증하고 싶었던 것은 로봇과 로봇학자의 상호연관성이다. 로봇학자들은 로봇을 설계할 때 자신의 자아를 기본값으로 설정하거나, 아니면 질병과 장애를 기본값으로 설정하는 경향성을 보인다. 이런 의미에서 로봇은 해당 제작자와 심리적 · 신체적으로 복잡하게 맞물린다. 로봇의 신체는 장애 혹은 정신건강 모델에 입각해 전체가 아닌 파편으로 창조된다. 로봇학자들은 기계를 제작하면서 사용한 모델이 자신의 개인적 문제와 흔히 연결되어 있다는 사실을 인식하지 못한다. 헬레나의 경우 심각한 트라우마로 인해 기억의 오작동, 붕괴, 오류를 경험하고 있었는데 이것이 그녀의 로봇 제작 프로젝트에 의미심장한 영향을 끼쳤다. 이런 개인적 연관성은 의도된 것이 아니다. 내가 관찰한 바에 따르면 로봇과 로봇학자 사이의 연결성은 비의도적이고 무의식적인 것이었다. 사실상 인간과 로봇 사이에 대칭성이 작용하고 결과적으로 둘 사이에 투과적인 경계가 형성된다. 이상의 논의를 통해 살펴보았듯이 인간과 로봇 사이의 투과성을 통해 로봇 인공물에 전이된 것은 다름 아닌 질병, 갈등, 장애였다.

American Psychiatric Association 1980, *DSM-III*, Washington, D. C.

Bailly, C 1987, *Automata: the golden age 1848–1914*, Sotheby's Publications, London.

Bukatman, S 2000, "Postcards from the posthuman solar system" in *Posthumanism*, ed. N Badmington, Palgrave, Basingstoke, pp. 98–111.

Baron-Cohen, S 1995, *Mindblindness*, The MIT Press, Cambridge, Cambridge, Mass.

Baron-Cohen, S 2003, *The essential difference: men, women, and the extreme male brain*, Basic Books, New York.

The Bible: a translation from the Latin vulgate in the light of the Hebrew and Greek originals 1967, Burns & Oates, Macmillan & Co, London.

Breazeal, C 2002, *Designing social robots*, The MIT Press, Cambridge, Mass.

Brooks, R 2002, *Flesh and machines: how robots will change us*, Pantheon Books, New York.

Čapek, K 2004, *R.U.R. (Rossum's universal robots)*, Penguin Classics, New York.

Cohn, S 2010, "Picturing the brain inside, revealing the illness outside: a comparison of the different meanings attributed to brain scans by scientists and patients" in *Technologized images, technologized bodies*, eds. J Edwards, P Harvey & P Wade, Berghahn Books, New York.

Csordas, T 1994 "Introduction" in *Embodiment and experience: the existential ground of culture and self*, ed. T Csordas, Cambridge University Press, Cambridge.

Csordas, T 1999, "The body's career in anthropology" in *Anthropological theory today*, ed. H Moore, Polity Press, London, pp. 172–205.

Darwin, C 1998, *The expression of the emotions in man and animals*, 3rd edn. HarperCollins, London.

Ecks, S 2010, "Spectacles of reason: an ethnography of Indian gastroenterologists" in *Technologized images, technologized bodies*, eds. J Edwards, P Harvey & P Wade, Berghahn Books, New York.

Edwards, J Harvey, P & Wade, P 2010, "Technologized images, technologized bodies" in *Technologized images, technologized bodies*, eds. J Edwards, P Harvey & P Wade, Berghahn Books, New York.

Ekman, P 1982, "Introduction" in *Emotion in the human face*, ed. P Ekman, Cambridge

University Press, Cambridge.

Ekman, P 1998, "Introduction" in Darwin, C 1998, *The expression of the emotions in man and animals*, HarperCollins, London.

Ekman, P 2003, *Emotions revealed: understanding faces and feelings*, Weidenfeld & Nicolson, London.

Ekman, P & Friesen, WV 1975, *Unmasking the face: a guide to recognizing emotions from facial clues*, Prentice-Hall, Englewood Cliffs, New Jersey.

Forsythe, D 2001, *Studying those who study us: an anthropologist in the world of artificial intelligence*, Stanford University Press, Stanford, California.

Freud, S 2003, "The uncanny" in *The uncanny*, Penguin Classics, London.

Ginsburg, F & Rapp, R 2013, "Disability worlds", *Annual Review of Anthropology*, vol. 42, pp. 53–68.

Graham, E 2002, *Representations of the posthuman: monsters, aliens and others in popular culture*, Manchester University Press, Manchester.

Guthrie, SE 1995, *Faces in the clouds: a new theory of religion*, Oxford University Press, New York.

Hillman, D & Mazzio, C 1997, "Introduction: individual parts" in *The body in parts: fantasies of corporeality in early modern Europe*, eds. D Hillman & C Mazzio, Routledge, New York.

Marsh, P 1988, *Eye to eye: your relationships and how they work*, Sidgwick & Jackson, London.

Marx, K 1979, *The grundrisse*, Penguin Books in association with New Left Review, London.

McNally, RJ 1998, "Experimental approaches to cognitive abnormality in posttraumatic stress disorder", *Clinical Psychology Review*, vol. 18, no. 8, pp. 971–982.

McNally, RJ 1997, "Memory and anxiety disorders", *Philosophical Transactions: Biological Sciences*, vol. 352, no. 1362, pp. 1755–1759.

Mol, A 2002, *The body multiple*, Duke University Press, Durham.

Moran, ME 2007 Dec., "Rossum's universal robots: not the machines". *J Endourol*, vol. 21, no. 12, pp. 1399–1402.

Polhemus, T 1978, *Social aspects of the human body: a reader of key texts*, Penguin Books,

Harmondsworth.

Reilly, K 2011, *Automata and mimesis on the stage of theatre history*, Palgrave Macmillan, Basingstoke.

Ross, L, Fardo, S, Masterson, J, & Towers, R 2011, *Robotics: Theory and Industrial Application*, 2nd edn. Goodheart-Willcox Publisher, Tinley Park, Ill.

Schwarz, K 1997, "Missing the breast" in *The body in parts: fantasies of corporeality in early modern Europe*, eds. D Hillman & C Mazzio, Routledge, New York.

Shakespeare, W 1821, "Richard III" in *The plays and poems of William Shakespeare*, ed. Malone E. Vol X.I.X. C Baldwin Printer, London, pp. 1–299.

Shakespeare, W 1905, *King Richard III*, Blackie & Son, London.

Stevens, SM 1997, "Sacred Heart and Secular Brain" in *The body in parts: fantasies of corporeality in early modern Europe*, eds. D Hillman & C Mazzio, Routledge, New York.

Strathern, M 1988, *The gender of the gift: problems with women and problems with society in Melanesia*, California University Press, Berkeley.

Taussig, M 1993, *Mimesis and alterity: a particular history of the senses*, Routledge, New York.

Thomarz, A, Berlin, M & Breazeal, C 2005, "Robot science meets social science: an embodied computational model of social referencing", *Cognitive science society workshop*, pp. 7–17. Available from: ⟨http://www.androidscience.com/proceedings2005/ThomazCogSci2005AS.pdf⟩.

Weizmann, F 1996, "The harmony of illusions: inventing post-traumatic stress disorder", *ISIS*, vol. 87, no. 3, pp. 579–580.

| 인용한 영화 |

AI: Artificial Intelligence 2001, dir. Stanley Kubrick & Steven Spielberg.

I, Robot 2004, dir. Alex Proyas.

Metropolis 1927, dir. Fritz Lang.

Wall-E 2008, dir. Andrew Stanton.

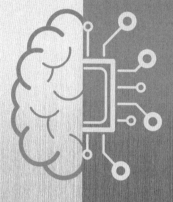

6장

영화 〈블레이드 러너Blade Runner〉(1982)는 리들리 스콧Ridley Scott 감독이 연출한 사이언스픽션 고전이다. 이 영화는 릭 데커드(해리슨 포드Harrison Ford 분)에 관한 이야기다. 데커드는 유전공학적으로 제작된 유기체 로봇(기계보다는 생체 부분이 더 많은 안드로이드라 할 수 있다)인 복제인간 네 개체를 추적해 제거하는 임무를 부여받는다. 이들 복제인간은 지정된 역할에서 이탈해 창조자를 만나기 위해 지구로 향하고 있고, 데커드는 그들을 정지시켜야 한다. 인간과 흡사한 외모에도 불구하고 이들 안드로이드는 여전히 인간과 다르고 문제적이라서 진정한 인간이 아닌 존재로 간주된다.

영화에서 누가 인간이고 살아 있는지를 가르는 경계는 이들 실체가 인간과 다른 지위를 가진다는 점을 제외하면 거의 없다. 누가 복제인간이고 누가 아닌지를 밝혀내는 과정에서 테스트가 실행된다. 그들의 '인간적' 반응을 보기 위해 개인적인 질문이 던져지고 그들의 눈, 말, 제스처가 분석된다. 이 영화적 허구의 세계에서는 인간을 닮은 안드로이드가 너무 진화해서 '진짜' 인간과 '가짜' 인간을 구별하기 위해 훈련받은 전문가가 필요할 정도다. 하지만 데커드는 자신의 임무에도 불구하고 아름다운 복제인간 레이첼(숀 영Sean Young 분)과

무의식중에 사랑에 빠지게 된다. 〈블레이드 러너〉는 인간의 지위를 갖지 못하는 인공적 인간의 창조 그리고 그와 관련된 불확실성, 경계, 과학기술의 지배에 대한 이야기다.

로봇학은 로봇학 실험실에서 전개되는 기술적 실천이고, 보다 광범위한 인공지능 분야의 일부로 자리매김했다. 로봇은 기본적으로 실험실과 산업계의 피조물이다. 하지만 이들 인공물은 허구적인 이야기에서도 일정한 위치를 점하고 있다. 그렇다면 로봇 과학은 어떻게 로봇 픽션 속으로 투사되어 들어갈까? 로봇은 어떤 범주에도 포함시키기 힘든 독특한 인공물이다. 이 때문에 로봇에 관한 어떤 연구도 창조의 한 측면만을 따로 분리해서 접근할 수 없다. 로봇은 예술, 과학, 기술의 창조물이다. 따라서 그것은 다양한 방식으로 이해되고 이론화되고 재발명될 수 있다.

나는 실제 인공지능 연구실에서 로봇을 연구했다. 하지만 허구적 차원들 또한 로봇이 제작되는 맥락뿐만 아니라 그것이 외부인들에게 인식되는 방식을 규정하고 또 그것에 영향을 미치기도 한다. 나는 픽션 속의 로봇을 해러웨이가 『사이보그 선언*Cyborg Manifesto*』(1991)에서 묘사한 것처럼 "경계의 침범"과 "강력한 융합"의 결과로 탐구하고자 한다. 이 장에서 나는 기본적으로 '팩트'와 '픽션'의 경계가 침범한다는 해러웨이의 주장에 동의한다. 하지만 그 경계가 완전히 무너질 수는 없다는 점, 즉 그것이 전적으로 제거되어 완전히 소멸될 수는 없다고 본다는 점에서 차이가 난다. 로봇학자들은 자신의 실천에 대해 근본적으로 낙관적인 태도를 보여준다. 그들은 로봇학이 직면해 있는 모든 장애를 최근 과학기술이 노정하는 약점의 문제로 환원한다. 다른 한편 그들은 자신의 로봇 프로젝트가 실현 가능한지에 대해서는 거의 의문을 품지 않는다. 이 장에서 나는 이들 인공지능 로봇학자의 목적을 좌절시키는 것이 단지 '과학적 장애'뿐인지에 관해 의문을 던진다. 그다음 팩트와 픽션의 경계를 불필요하게 만드는 로봇 테크닉에 관해 논의할 것이다.

픽션은 로봇학에 방해가 되기도 하도 도움이 되기도 한다. 한편으로 로봇에 관한 문화적 판타지는 연구자들의 작업이 실험실 바깥 사회에서도 중요한 위치를 점할 수 있도록 해준다. 그리고 바로 이런 이유로 연구자들은 자신이 만드는 로봇이 '현실 세계를 위한 로봇'이라고 주장할 수 있게 된다. 그래서 나는 MIT에서 '현실 세계'라는 표현을 자주 들을 수 있었다. 다른 한편으로 문화적 배경은 로봇학의 한계를 보여주기도 한다. 이 장에서 나는 로봇 제작 과정에서 팩트와 픽션의 범주가 어떻게 흐려지는지(그리고 확정되는지)를 탐구한다. 로봇 과학의 전개 과정에는 인공지능 로봇 과학의 실천이 로봇에 관한 허구적 내러티브와 근본적으로 차이 나는 지점들이 존재한다. 그럼에도 허구적 측면이 로봇 관련 과학과 실천의 사실적 측면으로 직조되어 들어간다.

이 장에서 나의 주장은 여러 부분으로 구성되어 있다. 따라서 장의 구성에 대해 약간 설명이 필요하다. 이 장을 구성하는 여러 부분은 일견 파편적으로 보이지만 상호연결된 것으로 읽힐 것이다. 먼저 로봇 제작에서 판타지가 하는 역할, 특히 인공지능 로봇학자들이 자신의 연구 과정에서 허구적 내러티브에 어떻게 의존하고 있는지에 관한 탐구와 함께 시작할 것이다. 그다음 나는 팩트와 픽션이 『언캐니 Uncanny』(2003)에서 어떻게 이론화되는지를 살펴볼 것이다. 나는 경계 침범의 구성과 결과에 관한 이론을 논의하기 위해 프로이트의 책 『언캐니』를 참조한다. 『언캐니』는 여러 가지 모순을 구체적으로 분석하고 있기 때문에 탐독할 가치가 있는 탁월한 책이다. 그다음은 로봇학자 마사히로 모리가 『언캐니』의 테마를 전용하는 방식을 살펴보고, 로봇학자들이 로봇을 창조할 때 설계 전략으로 활용하는 모리의 '언캐니 밸리' 이론(Masahiro Mori 2012)을 탐구할 것이다. 언캐니와 언캐니 밸리 이론을 논의하고 이들 관념이 로봇 디자인에 활용되는 방식을 탐구하는 데 본 장의 절반을 할애한다. 마지막으로 나는 로봇학자들이 공포, 두려움, 죽음을 극복하는 하나의 방식으로 픽션을 활용하고 있음을 밝힐 것이다.

이 장의 후반은 특수한 로봇 제작에 초점을 맞춘다. 픽션은 로봇학의 실천으로 종결되지 않는다. 오히려 그 실천 자체가 하나의 수행으로 새롭게 주조된다. 로봇학 서클 내에서 그것은 바로 '데모', 즉 로봇의 능력을 시연하는 것이다. 하지만 로봇은 자주 고장 나고 부여된 기능을 수행하지 못한다. 바로 이때가 로봇학자들이 개입해 로봇 피조물 대신 효과적으로 기능을 수행하는 순간이다. 나는 로봇 프라이머스와 마리우스를 통해 로봇학자의 수행적 실천을 조명할 것이다.

로봇 판타지

로봇이 한 권의 책, 보다 정확하게는 한 편의 희곡에서 탄생한 뒤 다양한 형태로 확산되었다는 사실은 '팩트'와 '픽션'의 관계에 관해 몇 가지 질문을 던지도록 만든다. 실제로 그런 범주들이 존재하는지 혹은 이들 범주가 로봇의 맥락에 어떻게 존재하는지를 묻게 한다. 해러웨이는 '팩트'와 '픽션'이 맞물려 직조된다고 주장했다. 그리고 이 주장은 이 테마에 관해 책을 쓴 그레이엄에게 영향을 미쳤다. 그레이엄은 "디지털 · 바이오테크 시대에 인간, 동물, 기계 사이 혹은 유기체적인 것과 기술적인 것 사이의 경계가 명백한 도전에 직면해 있다면, 또 다른 가정된 이분법의 쌍인 '팩트'와 '픽션'의 관계 또한 이 책의 논의에서 중심 위치를 점한다"(2002, p. 13)라고 적고 있다. 로봇은 픽션의 산물이다. 하지만 이 픽션은 20세기 초 수백만 남녀의 일상적 삶을 구성했던 생생한 정치적 · 경제적 경험으로부터 탄생했다(1장을 보라). 픽션은 인간의 순수한 상상력에서만 출현하는 것은 아니다. 그것은 인간의 생생한 경험적 삶에 대한 반응이기도 하다. 픽션의 이런 기원은 중요한 의미를 가진다. 로봇은 픽션을 통해 창조되었기 때문에 어떤 형태를 취하든 상관없이 픽션과 결코 완전히 분리될 수 없을지도 모른다. 내가 연구한 로봇학자들은 로봇의 픽션적 이미지, 즉 휴머노이드 형태의 로봇에 좀 더 가깝게 다가섰다. 로봇 픽션은 유토피아나 디스토피아적 판타지와 긴밀하게 연결되어 있다. 그리고 나는 소린차이코프Nikolai Ssorin-Chaikov(2006, p. 357)가 유토피아를 "자체의 고유한 관계성을 구성하는 상상의 실천"으로 정의한 데 동의한다. 로봇은 적, 친구, 지도자, 전사, 신, 우주 탐험자, 시종, 노동자, 애인, 살인자, 선생 그리고 마지막으로 중요한 아동 등 다양하게 해석되고 재해석되어왔다. 로봇은 픽션 속에서 다양한 방식으로 재생되고 개조된다. 과학과 기술은 픽션과 흥미로운 관계를 설정한다. 과학을 주제로 한 픽션, 즉 사이언스픽션이라는 장르가 이 두 범주 사이의 관계를 분명하게 드러낸다. 도나 해러웨이는 사이언스픽션 장르를 아래와 같이 묘사한다.

> (사이언스픽션은)……일반적으로 문제적 자아와 예상치 못한 타자 간의 상호 침투 그리고 초국가적 과학기술에 의해 구조화된 맥락 내에서 가능한 세계에 대한 탐구에 관심이 있다. '부적합한/부적합화된 타자 inappropriate/d others'라 불리는 새롭게 부상하는 사회적 주체가 그러한 세계들 속에 거주한다(Haraway 1992, p. 300).

로봇학 실험실 주변에서 저널리스트, 다큐멘터리 제작자, 심지어 영화 스태프를 만나는 일은 드물지 않다. 내가 현장 조사를 위해 MIT에 도착하기 전에 영화 〈AI: 인공지능〉의 제작팀과 배우들이 로봇을 보기 위해 실험실을 방문한 적이 있다. 로봇학자 신시아 브리질 또한 이 영화의 컨설턴트로 활동했다. 그리고 브리질은 스탠 윈스턴 스튜디오Stan Winston Studio를 통해 할리우드 제작사들과 여전히 커넥션을 유지하고 있다. 1960년대에 과학자이자 작가인 아서 클라크Arthur C. Clark

는 당시 갓 설립된 MIT 인공지능연구실의 마빈 민스키에게 접근했다. 클라크는 민스키에게 지능 기계에 관한 예견을 구하고, 그 전망을 'HAL 9000'(영화 〈2001: 스페이스 오디세이〉에 나오는 탈신체화된 슈퍼컴퓨터)이라는 형태로 재현했다. 이 영화에서 지능은 탈신체화된 기계를 통해 소환되는데, 이 설정은 지능이 신체로부터 독립되어 있다는 민스키의 관점과 연결된다.

로봇학이라는 용어조차 과학자가 만든 것이 아니다. 아이작 아시모프가 1940년대 쓴 단편 「런어라운드」에서 처음 사용되었다. 따라서 대중문화와 인공지능 실험실은 기계에 대한 대중적 이미지와 과학적 이미지를 규정하면서 병렬적으로 공명한다. 사정이 이렇다 보니 사실 로봇학자들이 의식적으로 로봇에 관한 인식을 변화시켜야 하는 상황이 적지 않게 발생한다.

아래는 조금 다르긴 하지만 완전히 비통상적이지는 않은 로봇학 실험실에서 보낸 일주일을 예로 든 것인데 이에는 기자회견도 포함되어 있다. 내가 현장 조사를 위해 실험실에 머무는 내내 일본의 과학 잡지와 《뉴욕타임스》 등 여러 미디어 출판사에 소속된 저널리스트들이 실험실을 방문했다. 로봇학 실험실에서는 미디어 및 출판계와의 접촉이 일상적으로 발생한다. 오스트레일리아 출신 다큐멘터리 감독 한 사람은 케인 교수의 삶과 연구에 관한 자전적 다큐멘터리를 제작하기 위해 실험실을 방문했다. 로봇 과학 관련 영화를 제작하는 미국의 한 제작사 직원이 케인 교수를 인터뷰하는 자리에 내가 배석한 적도 있었다. 이 인터뷰 영상은 영화 〈아이, 로봇〉의 DVD판(극장판은

2004년 여름에 상영되었다)이 출시될 때 트레일러의 일부로 포함될 예정이었다.

이 인터뷰는 로봇 이론에 관한 케인 교수의 통찰을 보여준다. 인터뷰의 목적은 로봇의 현재 위치에 대한 케인 교수의 생각을 듣는 것이었고, 인터뷰 진행자는 케인 교수에게 영화에서 제기된 일부 아이디어에 관해 질문했다. 진행자는 케인 교수에게 픽션과 사이언스픽션의 관계에 대해 그리고 이 분야의 미래를 어떻게 예측하는지를 물었다. 이에 대한 케인 교수의 반응은 매우 도발적이었다. 그는 소설과 영화에서 묘사되는 쟁점들이 인간의 욕망, 고민, 흥미의 반영이라고 답했다. 미래에 로봇이 보다 높은 수준의 효율성(혹은 독립성)에 도달하게 되면 현재 우리가 로봇과 관련해 생각하는 이슈들에 더 이상 관심이 없어질 것이다. 케인 교수는 로봇이 생각, 행위, 습관 면에서 인간과 독특하게 차이 나는 '미래'에 관해 사색해왔다. 그는 로봇에 관한 인간의 이론에 한계가 있다고 생각했다(필자가 나눈 개인적 대화 2004). 인터뷰에서 케인 교수는 로봇 마리우스도 영화 관람 중에 떠오른 아이디어를 구체화한 것이라고 했다. 따라서 마리우스는 부분적으로 픽션 때문에 '창조'된 것이다. 픽션은 과학의 길을 열고 과학에 영감을 준다.

로봇학자들은 실험실 외부에 있는 사람들과 동일한 우주에 속해 있기도 하다. 그들은 오직 기술적인 측면에서만 로봇 과학과 관계하는 것이 아니다. 연구자들은 자신이 수행하는 작업을 묘사하고 의미를 찾을 때 언캐니의 특징을 보여주기도 한다. 로봇학자로서 작업을 수행하기에 앞서 그들은 기술적 대상보다 문화적 대상으로서 로봇과 먼저 관계한다. 그렇다면 이 지점에서 일종의 유토피아주의가 작동하는 것은 아닐까? 유토피아적 구상은 "미래에 대해 희망적인 느낌을 생성하고, 세계를 당연하게 여겨지는 이미지에 맞게 변화시키는 것을 목적으로 하는 인간 행동의 본질적인 전제 조건을 창출한다"(Meisner 1982, p. 4). 나는 이들 이슈를 조명하기 위해 로봇 제작의 배경으로 작동하는 자전적 테마에 의지하고자 한다.

여기서 로봇학이 국제적 실천이라는 사실에 주목할 필요가 있다. 로봇학 실험실 하나가 여덟 개 국가 출신 연구자들로 구성되는 경우도 있다. 이 실험실의 연구자들은 일본과의 연관성을 특히 중요하게 생각한다. 일본이 휴머노이드 로봇 제작 부문에 가장 앞서 있기 때문이다. 일본의 기업과 대학 간 상호작용이 쌍방향으로 흘러들어온다. 실험실 구성원들이 도쿄의 로봇학 실험실을 방문하고, 일본 출신 방문 연구원과 교수들이 MIT에서 작업하기도 한다. 실험실의 로봇학 연구자들은 일본의 로봇학 발전과 로봇에 대한 문화적 수용성을 부러워한다. 로봇에 대한 일본의 문화적 수용성은 비일본 연구자들이 자기 문화에서 결여되어 있다고 느끼는 요소다. 아래에서 나는 아동기 및 청년기 판타지와 로봇의 제작 사이에 존재하는 대칭성에 관해 논한다. 이 대칭성은 지도자 위치에 있는 로봇학자들과의 인터뷰를 통해 드러난 것이다. 로봇학자들은 지속적으로 픽션을 로봇 제작의 배경으로 활용한다. 내가 어느 유명한 일본 로봇학자에게 로봇을 제작하는 동기에 대해 설명해달라고 요청했을 때 다음과 같이 답했다.

먼저 내 개인사에 대해 언급할 필요가 있다. 어린 시절, 아마 제2차 세계대전이 끝난 후 내가 열 살쯤 되었을 때였다. 전후 일본은……완전히 파괴되었다. 하지만 많은 이들이 전후 복구를 위해 고군분투했다. 몇 년 후 경제적 번영이 시작되었다. 예를 들어……텔레비전 프로그램이……제2차 세계대전 후 약 10년 만에 방송되기 시작했다. 실험적인 텔레비전 프로그램이 많이 시도되었다. 드라마, 코미디 등등……흥미로운 것 중 하나가 애니메이션이었다. 당시에는 애니메이션을 영화관에서만 상영했다. 내 기억에 첫번째 애니메이션이 〈아스트로보이Astroboy〉였는데, 텔레비전 방송을 위해 특별 제작되었다. 그래서 텔레비전을 시청했다. 또한 일본 전역에서 여러 다양한 로봇 애니메이션이 방영되었다. 나는 로봇 애니메이션 영화를 너무 좋아했다. 그런 종류의 영화, 만화, 애니메이션에 완전히 매료되었다. 당시에는 과학적 발명이 많이 이루어졌고 기술도 진보하고 번영했다. 당시……달을 향해 로켓을 발사하는 등 우주 탐험을 두고 미국과 소련이 경쟁하고 있었다. 일본은 과학적 진보에 대해 열광했고, 나도 마찬가지였다. 만화를 아는가? 나는 어릴 때 만화를 많이 읽었다. 첫 10~20쪽에 우리의 미래에 관한 그림이 많이 실렸다. 30년 후면 자동차가 길 위를 달리지 않고 하늘을 날아다닌다는……. 많은 사람이 과학의 미래에 큰 희망을 품고 있었다. 수많은 소년이 미래에 대해 많은 꿈을 꾸었고 테크놀로지에 흥미를 느꼈다. 나도 그런 소년들 가운데 한 명이었다. 이건 내 개인사에서 흥미로운 이야기다. 통상 초등학교를 졸업하면 '미래의 나의 꿈' 같은 유의 작문을 한다. 그때 나는 단순한 문장을 하나 썼다. "나는 대학에 진학해 로봇 연구자가 될 것이다"(필자가 나눈 개인적 대화 2003).

여러 매혹적인 테마가 이 일본인 로봇학 교수의 자전적 내러티브에서 드러난다. 어린 시절 그가 꿈꾸었던 로봇과 날아다니는 자동차가 있는 '미래' 사회에 대한 판타지는 현재 공학자로서 활동을 통해 실현되었다. 그의 어린 시절 판타지는 성년 판타지의 배경으로 작용했고 현재 연구에도 방향성을 제공했다. 이 교수는 처음부터 로봇 제작으로 경력을 시작하지는 않았지만 연구 활동이 그를 로봇 제작의 길로 이끌었다. 그는 로봇과 관련해 한 일을 자아에 관한 개인적 내러티브와 연결된 것으로 묘사한다. 그의 이야기에는 자신의 기술적 활동이 자신의 내면적 욕구가 투사된 결과라는 생각, 즉 자신의 욕구와 판타지가 로봇의 형태로 실현된 것이라는 생각이 내포되어 있다. 이 자전적 내러티브는 한 영웅이 꿈을 실현하는 픽션처럼 구조화되어 있다. 이 일본인 로봇학자의 설명은 데이비드 블레이치David Bleich(1984)의 판타지에 관한 주장과 연결된다.

원칙적으로 동기를 부여하는 판타지는 문화를 주도하는 자들의 개인적 삶, 일반 대중이 독해하는 상상력의 작용 그리고 보다 추상적인 당대의 지적 커뮤니티를 관통하는 공통적 배경으로 발견될 수 있다. 아마 판타지는 어떤 느낌의 조작적 정의일 것이다. 그것은 '사랑', '공포' 혹은 '불안'같이 단순히 표현적인 측면이라기보다 역동적 혹은 행위적인 측면에서 느낌을 명명하는 하나의 방식이다(David Bleich 1984, p. 2).

나 자신의 연구에도 '팩트'와 '픽션'의 맞물림 관계가 존재한다. 그리고 AI에 관한 나의 주장은 마치 기술적 내러티브가 픽션의 구조(여기서 판타지적 가능성은 자연적·사회적·개인적 관계 영역의 외부에 존재한다)를 승계한 것처럼 판타지적인 특징을 흔히 보여준다.

언캐니

프로이트의 1919년 저서 『언캐니』는 팩트와 픽션 간 경계의 붕괴 그리고 팩트와 픽션이 상호작용하는 방식을 연구한 책이다. 프로이트는 이 책을 출판하기 전인 1906년 에른스트 옌치Ernst Jentsch가 한 논문(Jentsch 1997)에서 제기했던 언캐니 테마를 더 확장했다. 프로이트(2003)는 언캐니를 다양하게 묘사한다. 그것은 "불편한 상태"(p. 152), "어떤 것이 살아 있는지 죽었는지"(p. 147) 판단하기 힘든 상태, 어떤 사물이 "살아 있는 것과 지나치게 유사할 때"(p. 147) 발생하는 혼란, "지적 불확실성"(p. 146)을 야기하는 것, "반복하려는 내면적 충동"(p. 145), 그리고 "분신(the double)"(p. 141)의 결과다. 프로이트는 이런 심리적 붕괴 혹은 쇠약 상태를 조장하는 맥락, 즉 심리적 쇠약이 어떻게 발생하고 또 어떻게 설명될 수 있는지에 관심을 두었다. 언캐니를 촉발하는 것을 탐구하기 전에 나는 먼저 언캐니를 촉발하지 않는 다양한 조건을 탐구하고자 한다.

동화는 실로 생각과 소망이 강력한 힘을 발휘하는 애니미즘적 관점을 노골적으로 취한다. 하지만 나는 진정한 동화라면 어떤 형태로든 언캐니가 발생하는 경우를 전혀 찾을 수 없었다. 살아 있지 않은 대상(그림이나 인형)이 생명을 가지게 될 때 매우 언캐니하다고 들었다. 하지만 한스 안데르센Hans Andersen의 동화에서는 가정용품, 가구, 주석 병사가 살아 있는데, 이들 모두 언캐니와는 거리가 멀다. 심지어 아름다운 피그말리온 상이 살아 움직일 때도 언캐니하다고 느끼기는 힘들다(Freud 2003, p. 153).

위 인용문에 따르면 언캐니는 살아 움직이지 않는 것이 살아서 움직이는 것 자체에 의해 촉발되지 않는 어떤 것이다. 언캐니는 특정한 맥락에서 살아 있지 않은 것이 살아서 움직일 때 촉발된다. 프로이트는 "이것이 우리가 경험을 통해 알고 있는 언캐니와 단지 판타지나 그에 관해 읽은 언캐니를 구별해야 한다는 것을 방증한다"라고 주장한다 (p. 154). 프로이트가 『언캐니』에서 묘사하는 바처럼 경계가 너무 흐려져서 언캐니가 촉발되는 때는 언제일까? 프로이트는 『언캐니』에서 심리 상태와 신체 상태를 포함해 이들 상태를 촉발하는 여러 허구적 · 상상적 · 물리적 · 현실적 조건들을 인용한다. 『언캐니』가 출판될 당시에는 아직 로봇이 발명되지 않았지만, 프로이트는 오토마타나 인형같이 인간과 유사한 대상들에 의해 제기되는 이슈를 탐구했다. 당시 이 책은 범주를 불안정하게 만드는 심리적 상태와 인공물을 분석하는 도구로 활용되었다.

오토마타는 인간과 기계, 산 것과 죽은 것, 활력이 있는 것과 없는 것의 경계를 불안정하게 만든다고 여겨진 대상이다(Reilly 2011; Bailly 1987). 17~18세기 유럽에서는 수많은 기계 기술자가 인간 및 동물 오토마타와 자동화 장치들을 제작했다. 예를 들어 1700년대 자크 드 보캉송Jacques de Vaucanson의 〈오리Duck〉가 대중에게 전시되었는데, 그것은 물을 마시고 배변까지 할 수 있었다고 전해진다. 안드로이드는 바로 오토마타에서 비롯된 용어다. 디드로Denis Diderot와 달랑베르Jean le Rond d'Alembert의 『백과전서Encyclopédie』에 따르면 안드로이드는 "적절하게 배치된 스프링 등의 수단을 통해 특정한 기능을 수행하고 외적으로는 인간을 닮은 형태의 자동화 장치"로 정의된다(Standage 2002, p. 20에서 재인용). 후에 차페크의 로봇이 대중적으로 인간-기계를 묘사하는 데 사용되면서 안드로이드를 대체했다. 오토마타의 제작은 인간과 기계의 경계에 관한 질문을 제기했다. 인류학자 매즐리시Bruce Mazlish가 주장하듯이 과거에는 오직 '자연'만이 할 수 있었던 일을 '기술적으로' 할 수 있는 능력을 가지게 된 것은 사람들 사이에 광범위한 공포를 낳았다.

오토마타에 대한 공포는……인간의 정체성, 섹슈얼리티(창조의 토대?) 그리고 지배 권력에 의문을 제기하면서 인간에 대한 '비합리적' 위협으로 작용했다. 따라서 인간-기계는 창조적인 프로메테우스적 힘을 구체화함과 동시에 공포와 두려움의 가능성도 구체화하는 역설이었다(Mazlish 1995).

〈터크Turk〉로 알려진 오토마타를 이 테마에 관한 논의에 포함할 수 있을 것이다. 볼프강 폰 켐펠렌Wolfgang Von Kempelen이 설계한 터크는 1700년대에 유럽과 미국 전역에 걸쳐 전시되었던 오토마타다. 터크는 체스를 두는 독특한 오토마타였다. 이로 인해 관람객들은 터크가 '살아 있는' 기계로 '생각한다'고 착각했다. 스탠디지Tom Standage에 따르면 "켐펠렌은 명백하게 추론 능력을 가진 체스 플레이어 기계를 만듦으로써 기계가 인간의 능력을 흉내 내거나 모사할 수 있는 수준에 관해 뜨거운 논쟁을 촉발시켰다"(2002, p. xiv). 터크는 유럽과 미국 관람객들에게 전시되었는데 너무도 인기가 많아서 한 신문은 "이 경이로운 기계가 밤낮으로 만원사례를 이루고 있다"(Standage 2002, p. 151)라고 보도했다. 터크는 나중에 사기로 밝혀지면서 체스 두는 오토마타라는 주장도 거짓으로 드러났다. 터크의 체스 놀이 능력은 그 기계 안에서 오토마타의 행동을 통제하는 사람을 통해 발휘되었다(Standage 2002). 비록 AI와 전혀 관련이 없었지만, 터크는 최소한 개념적으로 튜링 테스트의 조건을 만족시켰다. 튜링 테스트에 따르면 인간이 인간 반응과 기계 반응 사이의 차이를 구분할 수 없다면 그 기계는 지적이라고 주장할 수 있다(Malik 2000; Standage 2002). 오토마타 제작은 인간과 기계, 살아 있는 것과 죽은 것, 활력 있는 것과 없는 것 간의 차이에 대해 여러 가지 질문을 촉발했다. 오토마타는 관중들 사이에서 '언캐니' 효과를 발생시켰다. 『언캐니』에서 프로이트는 인격과 사물의 관계를 탐구하기 위해 오토마타 역사를 참조한다. 그에 따르면 오토마타는 어떤 의미에서 "한때 잘 알려졌고 오랫동안 익숙했던 것으로 되돌아가는 공포스러운 종"(2003, p. 124)이었다. 여러 오토마타는 바로 이 익숙하기도 하고 낯설기도 한 '무엇인가'를 표현하는 의인화된 모방물이었다. 개비 우드Gaby Wood가 설명하듯이 "현 상황에 대한 불안이 존재했다. 이 불안은 최초의 움직이는 인형부터 가장 발달한 로봇까지 아우르는 모든 안드로이드가 불러일으키는 것으로, 지그문트 프로이트가 '언캐니'라고 불렀던 반응, 즉 죽은 것과 산 것 사이의 경계에 관해 '지적 불확실성'이 존재할 때 발생하는 느낌을 완벽히 보여주는 사례다"(2003, p. xiv). 프로이트는 언캐니를 '지적 불확실성'이 존재할 때 발생하는 '오싹한 느낌'으로 묘사한다. 프로이트는 픽션이 어떻게 경계를 혼란스럽게 만들고 의도적으로 언캐니 관계를 불러일으킬 수 있는지를 탐구한다.

실제로 우리가 픽션(창조적 글쓰기 혹은 상상의 문학)에서 발견하는 언캐니를 따로 분리해서 고려해볼 가치가 있다. 그것은 우선 우리가 경험을 통해 알고 있는 것보다 훨씬 더 풍부하다. 즉 그것은 우리가 경험을 통해 알고 있는 것 외에 현실 삶에서 원하는 무엇인가를 포괄한다. 억압된 것과 극복된 것의 구분은 상상 영역의 타당성이 현실성 테스트가 면제된 내용에 의존하기 때문에 실질적인 수정 없이 문학 속의 언캐니로 전이될 수 없다. 이것의 명백한 역설적 결과는 언캐니할 수 있는 많은 것들이 현실 삶에서 발생한다면 문학에서는 언캐니하지 않고, 현실 삶에서 결여된 언캐니 효과가 문학에서는 발생할 기회가 많다는 점이다(2003, pp. 155-156).

언캐니 상태에서 개인은 무엇이 사실이고 무엇이 픽션인지, 무엇이 산 것이고 무엇이 죽은 것인지, 무엇이 활력 있고 무엇이 활력 없는 것인지를 판단할 수 있는 능력을 상실한다. 인간 혹은 비인간, 산 것과 죽은 것의 범주는 언캐니 영역에서 안정적인 배치를 상실한다 (Wood 2003; Mori 1999). 프로이트는 언캐니를 공포스러운 것으로 묘사한다.

이것이 두려움과 전율을 유발하는 공포의 영역에 속한다는 데는 의심할 여지가 없다. 이 단어는 항상 명백하게 정의 가능한 의미로 사용되지 않는다. 따라서 그것은 통상 일반적 공포를 자아내는 것과 병합한다 (2003, p. 123).

휴머노이드 로봇은 인간적인 것과 비인간적인 것을 가로지르고 협상하는 대상이다. 나는 최근 사회인류학적 이론화를 통해 이루어지듯이 팩트와 픽션의 경계 자체가 재구축된다면 과연 프로이트가 무슨 말을 할지 궁금하다. 팩트와 픽션 간 경계의 현대적 재구축은 언캐니의 맥락에서 어떻게 작동할까? 그것은 단지 동화나 무서운 이야기에 당혹스럽게 반응하는 데 불과한 것일까?

로봇 디자인: 죽음에 대한 승리

기발한 예술가나 아마추어 기술자들이 주로 로봇을 제작하던 1970년대에 글을 쓴 마사히로 모리는 휴머노이드 로봇 디자인이라는 이슈에 가장 중요한 기여를 한 사람이다(Reichardt 1978). 모리는 『로봇 속의 부처』에서 어떻게 기술적 관념이 불교와 양립할 수 있는지를 보여주면서, 영적 의미를 가진 로봇에 접근하는 방식을 제안한다. 하지만 모리는 언캐니 밸리라는 아이디어로 더 유명하다. 모리는 프로이트의 언캐니 테마를 전용해 휴머노이드를 제작하는 데 응용했다. 언캐니 밸리는 1970년대에 모리가 개발한 로봇 디자인 이론이다. 로봇학자들은 언캐니 밸리에 관해 자주 성찰한다. 언캐니 밸리는 인간 같은 대상을 그리드 위에 올려놓는데, 그리드의 한 축에는 그것의 외양을, 다른 축에는 그것의 행위를 배치한다. 모리는 인공물의 행위와 외양을 비교하면서 대상을 그리드의 위아래로 움직여 스케일화했다. 예를 들어 좀비는 양면적이기 때문에, 즉 죽었는데도 움직이고 범주상 정반대되는 행동을 보여주기 때문에 언캐니 밸리에 배치할 수 있다. 모리는 특정한 대상이 상상 형태에서도 불쾌함을 유발한다면 의식적인 디자인을 통해 인간이 그 대상을 보다 편하게 받아들이도록 하는 데 도움이 될 수 있다고 생각한다. 모리의 주장에 따르면 로봇은 더 지적일수록 외양(그리고 행위)을 더 금속적이고 기계적인 모습으로 보이도록 함으로써 차이를 유지해야 한다. 반대로 로봇이 인간과 너무 유사해 보이지만 '지적으로' 행동하지 않는다면 그 또한 문제를 일으킬 수 있다. 인간과 유사한 외양 때문에 로봇이 실제로 가진 지능보다 더 높은 지능을 가졌으리라 인식되기 때문이다. 로봇학자인 헬레나는 내게 모리의 언캐니 밸리 이론에 대해 다음과 같이 말했다.

나는 이걸 이론이라고 부르고 싶지는 않다. 많은 사람이 그것을 비판해 왔다. 모리는 '언캐니 밸리' 개념을 입증할 수 있는 어떤 실험도 실제로 수행하지 않았다. 그것은 하나의 가설에 불과하다. 모리는 그것이 사실 상 참임을 보여주는 실험 결과나 데이터를 전혀 제시하지 않았다. 나는 많은 로봇학자가 모리의 아이디어에 동의하지만 그것을 '팩트'로 믿지 는 않는다고 생각한다(현장 조사 인터뷰 2003).

모리의 아이디어는 로봇학 분야에 널리 확산되어 있다. 그렇다고 의 문이 제기되지 않은 것은 아니다. 데이비드 핸슨David Hanson이 텍사스 대학교 오스틴 캠퍼스에서 수행한 연구 프로젝트는 '사실주의적' 로 봇을 설계함으로써 모리의 로봇 디자인 이론에 도전하는 것이 목적 이었다. 핸슨과 달리 MIT 연구자들은 의도적으로 로봇의 기계적 속 성이 드러나도록 디자인했다. MIT 로봇학자들은 핸슨이 기계 표면 에 피부와 유사한 직물을 사용해 발휘할 수 있었던 효과처럼 기계를 인간과 너무 유사해 보이도록 설계하는 데 문제가 있다고 보았기 때 문이다. 모리가 언캐니 밸리를 구상한 동기는 프로이트의 그것과 다 르다. 프로이트는 팩트와 픽션 간 경계의 병합으로 촉발되는 특별한 심리적 상태, 즉 그런 현상에 의해 촉발되는 두려움과 공포 그리고 판 타지 같은 종류를 탐구했다. 프로이트와 달리 모리는 로봇학자였고, 그의 이론은 하나의 디자인 철학이었다. 모리의 디자인 철학은 언캐 니를 유발하는 조건을 이해하는 것이 첫번째 목적이고 로봇학의 맥 락에서 이들 쟁점을 기술적으로 극복하는 것이었다. 모리의 디자인 전략이 프로이트가 『언캐니』에서 논했던 충동과 심리적·정서적 상태(후에 수많은 저술의 주제가 된)를 보정하거나 최소화할 수 있을 것이라는 점에 대해 모리가 어떻게 생각할지를 들여다보는 것은 흥미로운 일이다. 더 흥미로운 것은 로봇학에 정신분석이론을 적용하는 일(이는 사실 언캐니 밸리가 목적하는 것이다)일 것이다. 언캐니에 대한 모리의 묘사는 프로이트의 묘사와 유사한 패턴을 따르고 있다. 여기서 그는 언캐니 밸리를 촉발할 수 있는 사건, 상태, 과정 혹은 대상의 종류, 특히 죽음이라는 테마를 논하고 있다. 모리가 논의의 요점을 드러내기 위해 죽음을 선택한 것이 흥미롭다. 그는 죽음과 특정한 종류의 로봇을 동일한 언캐니 밸리에 위치시킨다. 이는 인간적 환경의 변화를 통해 불가능하다면 로봇의 창조를 통해 죽음을 극복하려는 모리 자신의 방식일 것이다. 그는 로봇을 특정한 방식으로 설계함으로써 죽음과 함께 언캐니 밸리로 떨어지지 않도록 하려고 했던 것 같다.

건강한 개인은 두번째 피크의 정상에 있다. 그리고 죽을 때 우리는 언캐니 밸리의 바닥으로 떨어진다. 우리의 몸은 차가워지고, 색깔이 변하고, 움직임은 정지한다. 따라서 죽음에 대한 우리의 인상은 그림에서 파선으로 표시된 것처럼 두번째 피크에서 언캐니 밸리로의 이동을 통해 설명될 수 있다. 이 선이 좀비가 아니라 시신의 고요한 밸리로 이어지면 우리는 행복할 것이다. 나는 이것이 언캐니 밸리의 미스터리를 설명한다고 생각한다. 왜 우리 인간은 그와 같이 기괴한 느낌을 가질까? 그게 필연적일까? 나는 아직 이에 대해 숙고해보지 않았다. 하지만 그것은 우리의 자기보전에 중요할 것 같다(2012, p. 35).

내가 MIT에서 만났던 로봇학자들은 모리의 아이디어를 알고 있었고 로봇 디자인에 그것을 활용했다. 그들은 로봇을 설계하면서 대강의 윤곽은 인간적 형태를 취하지만 가시적으로 기계적 특징이 분명하게 드러나도록 했다. 로봇학자들의 의도는 대중의 우려를 최소화하는 것이었다. 그리고 모리의 가정을 활용한 다른 많은 로봇 또한 지속적으로 대중에게 노출되었다. 로봇학자들은 모리의 디자인 전략을 사용해 대중이 휴머노이드를 보고 그것과 상호작용할 때 촉발될지도 모르는 불편한 느낌과 우려를 최소화하기를 희망한다. 로봇학자들은 의식적으로 불편함, 공포 혹은 지적 불확실성을 최소화하려는 의도를 가지고 로봇을 디자인한다. 하지만 그들이 창조하는 로봇이 어떤 디자인을 취하든 그리고 금속적 외양이든 인간 피부 같은 외피를 가지든 상관없이 그 목적을 거의 달성하지 못한다. 로봇학자들이 기계와 상호작용하는 인간이 편안함을 느낄 수 있도록 만들기 위해 행하는 많은 시도에도 불구하고, 언캐니가 인간과 기계 간 상호작용의 피할 수 없는 결과로 나타난다. 왜 그럴까? 내가 연구한 로봇학자들은 인간과 편안하게 앉아 있을 수 있는 로봇을 제작하기를 희망하며 모리의 디자인 지침을 응용했다. 하지만 대중의 반응은 언캐니가 경계를 불안정하게 만드는 인공물에 의해 촉발되는 어떤 것이라는 점을 더 분명하게 시사한다. 그렇다면 인간이 로봇 인공물과 함께할 때보다 편안하게 느끼도록 도울 수 있는 로봇학자는 거의 없을 것이다. 하지만 이것이 산 것과 죽은 것의 범주가 모호하고 우발적이라는 모리의 주장을 부정하지는 못한다.

죽은 자의 얼굴은 진정으로 언캐니하다. 그것은 반짝임을 상실하며 핏기와 활기를 잃는다. 하지만 내 경험에 따르면 가끔 죽은 자의 얼굴은 산 자의 얼굴보다 더 편안한 인상을 제공하기도 한다. 죽은 사람은 삶의 괴로움들에서 자유롭다. 이것이 바로 죽은 자의 얼굴이 너무나 평온하고 평화로운 이유인지도 모른다. 우리 마음속에는 항상 하나를 얻으면 다른 하나를 잃는다는 이율배반적 갈등이 존재한다. 그런 갈등이 얼굴에 괴로움으로 나타나고, 그 혹은 그녀의 인상을 더 불편하게 만든다. 사람이 죽으면 그런 이율배반에서 벗어나고 평온한 인상을 띠게 된다. 그렇다면 우리는 이를 언캐니 밸리 곡선의 어디에 위치시켜야 할까? 이것이 내가 최근에 흥미를 느끼는 이슈다(Mori 2005).

모리는 "살아 있는 인간을 그 곡선의 가장 꼭대기"에 위치시킨다. 하지만 이어서 오직 인간만이 이 위치에 있지는 않을 것이라고 성찰한다. 그는 비판적인 로봇 디자인을 통해 죽음을 극복하려는 시도 외에 궁극적인 초월성, 즉 신의 초월성에 관해서도 숙고한다.

그것은 인간적 이상을 예술적으로 표현한 불상의 얼굴이다. 예를 들어 우리는 교토 고류지広隆寺의 미륵불, 추구지中宮寺의 미륵불, 나라현 야쿠시지藥師寺의 월광보살에서 그런 얼굴을 발견할 수 있다. 이들 얼굴은 삶의 고뇌를 초월한 우아미로 가득하고 존엄성의 아우라를 풍기고 있다. 내 생각에 바로 이들 얼굴이 그 곡선의 가장 꼭대기에 위치시켜야 할 것들이다(Mori 2005).

로봇이 고유한 기계적 특질을 더 많이 드러낼수록 언캐니로부터 보호받을 수 있다는 모리의 관점은 실제 상황에서 거의 영향력이 없어 보인다. 로봇학에 프로이트의 이론을 활용하는 것은 복잡성을 노정한다. 이 디자인 전략이 경계를 흐리는 과정, 상태, 대상에 대해 서구인들이 경험하는 것으로 보이는 불쾌한 공포를 실제로 중화하는 일이 가능할까? 처음 로봇을 본 사람들은 여전히 프로이트가 제기한 문제와 유사한 방식으로 자신의 반응을 묘사했다. 다음은 개비 우드가 MIT의 코그^{Cog}를 보고 받은 인상이다. "그것이 작동할 때 살아 있는 존재의 오싹한 느낌이 들었다. 다리 세 개 위에 올려져 있는 거창한 금속 몸통을 가진 코그가 눈을 사용해 나를 따라 방 여기저기를 돌아다닌다"(2003, p. xx). '코그니션^{cognition}'(인지)의 약자인 코그는 MIT의 이전 인공지능 연구실에서 제작한 휴머노이드 로봇이었다. 코그는 제한적인 안면 표현 능력을 가지고 있다. 하지만 카메라 렌즈로 대체한 '눈'만으로도 관람객들로 하여금 코그가 내면 상태를 가지고 있다고 생각하도록 만들기에 충분했다. 관람객들은 흔히 코그가 자신을 쳐다보고 있다고 느꼈다.

코그는 내가 그 방에 들어가자마자 나를 '인지했다'. 그것은 나를 향해 머리를 돌렸고, 그 상황이 나를 행복하게 만들고 있다는 생각에 당혹감을 느꼈다. 내가 코그의 주의를 끌기 위해 다른 사람과 경쟁하고 있음을 깨달았다……나는 로드니 브룩스가 자신의 로봇 '피조물'에 관해 이야기하는 걸 들었다. 나는 항상 이 피조물이라는 단어에 강조의 의미를 가지는 따옴표를 조심스럽게 붙여왔다. 하지만 코그와 함께하는 지금은 그 따옴표가 사라졌음을 알게 되었다. 나 자신 그리고 이 연구 프로젝트에 대한 지속적인 회의에도 불구하고 나는 마치 다른 존재가 내 눈앞에 현전하고 있는 것처럼 행동했다(Turkle; Brooks 2002, p. 149에서 재인용).

움직이고 있는 로봇 마리우스를 봤을 때 나 또한 불편한 느낌을 받았다. 그 로봇은 살아 있는 존재처럼 팔과 머리를 움직였다. 나는 마리우스의 움직임에 깊은 인상을 받았고 그것과 상호작용하려고 시도했다. 나는 홀로 마리우스와 방에 있다는 사실을 깨닫고 가끔 불편하게 느끼기도 했지만, 또 다른 때에는 로봇의 존재를 거의 느끼지 못했다. 때로 마리우스가 움직이지 않고 있으면 움직일 때만큼이나 불편하기도 했다. 움직일 때 마리우스의 행동은 무작위적으로 보였다. 그리고 처음에는 '와우' 하고 놀랐지만, 갈수록 그 행위가 거의 목적 없는 행위처럼 보였다. 때로는 마리우스와 한동안 '이야기를 나누고', 보통 방에 흩어져 있는 밝은색 장난감 같은 물건을 마리우스에게 보여주면서 시간을 보냈던 것으로 기억한다. 마리우스는 복도로 사용되는 방에 있었기 때문에 연구자와 스태프들이 랩의 한쪽에서 다른

쪽으로 이동하려면 그 로봇을 지나쳐야 했다. 마리우스가 있던 방에는 소파도 있었는데 나는 거기 앉아 필드 노트를 작성하면서 마리우스를 쳐다보기도 했다. 마리우스의 비활성 상태는 가끔 활성 상태만큼이나 불편하게 다가왔다. 전혀 움직이지 않는 상태에서 마치 인간을 쳐다보고 있는 것처럼 보였기 때문이다. 나는 마리우스가 스스로의 의지로 갑자기 살아나면 무슨 일이 생길지 의아했지만, 그런 일은 결코 일어나지 않았다. 그것은 조용하고 섬뜩했다. 마리우스가 움직일 때도 섬뜩한 느낌이 들었다. 나는 마리우스가 외양적으로 기계의 특징을 보여주기 때문에 로봇이라는 사실을 알았지만 여전히 언캐니가 촉발되었다. 다른 경우에는 이 로봇에 흥미를 잃어버리기도 했다. 그것은 단순히 그곳에 서 있었고 아무것도 하지 않았다. 비록 와이어와 전선 수십 개 그리고 복잡한 기계장치가 감싸고 있었으나 마리우스는 자주 '죽은 상태'(꺼진 상태)로 있었다.

로봇학자들은 마리우스를 모리의 디자인 원칙에 따라 디자인했다. 적어도 모리의 언캐니 밸리 개념을 형식적으로나마 인정했다. 모리의 디자인 전략은 언캐니를 방지하는 것을 보증하지 않는다. 그리고 로봇학자들은 기술적 디자인을 통해 죽음을 초월할 수도 없고 신의 상태에 도달할 수도 없을 것이다.

현실 세계의 프라이머스

나는 로봇학 실험실에서 픽션과 현실에 관한 이야기를 항상 들을 수 있었다. 즉 픽션과 현실은 실험실에서 반복적으로 표현되는 범주였다. 그 모든 판타지, 즉 로봇학자들의 사회적 · 개인적 맥락에서 순환하는 허구적인 대중문화의 영향에도 불구하고 실험실에서 순환하는 또 다른 '세계', 즉 '현실'의 세계도 존재했다. 로봇학 연구자들은 현실 세계에 관한 이야기, 즉 로봇은 현실 세계에서 작동해야 한다는 이야기를 자주 한다. 현실 세계라는 용어는 로봇이 종국적으로 점유할 장소를 묘사하는 데 너무나 중요하기 때문에 다양한 의미로 사용되고 있었다. 또한 로봇에 관한 어떤 시연이나 설명도 통상 로봇이 현실 세계에서 갖는 중요성에 관한 내용을 포함한다. 로봇학자들은 '현실 세계' 로봇 혹은 '현실 세계를 위한 로봇'의 설계에 대해 지속적으로 이야기한다. 여기서 현실 세계란 도대체 무엇일까? 현실 세계의 로봇은 어떻게 생겼고 무엇을 할까? 로봇 제작에서 현실은 어떤 기능을 할까?

행동 기반 인공지능 분야에는 '저 밖의 세계'를 어떻게 기계로 끌어들일지에 관한 논쟁이 존재한다. 현실 세계의 로봇은 로봇학 실험실의 맥락에서 여러 상이한 것들을 지칭한다. 즉 그것은 로봇이 자율적인 것, 인간과 유사한 방식으로 반응하거나 행위하는 것, 인간이 디자인한 건조 환경에서 작동하는 것 등을 지칭한다. 로봇이 현실 세계에서 작동하도록 만드는 것은 브룩스(1991)가 디자인한 포용 구조 subsumption architecture 테크놀로지와 긴밀하게 연결되어 있다. 아래는 로봇이 '현실 세계'에서 작동할 수 있도록 포용 구조가 어떻게 돕는지를 요약한 것이다.

포용 구조는 특히 로봇이 자동항법과 장애물 회피 기능을 수행할 수 있도록 현실 세계의 제한된 일부를 다루기 위해 설계된다. 이 구조는 현실 세계를 자체의 고유한 모델로 사용함으로써 세계의 내적 모델을 유지하는 데서 비롯되는 문제들을 회피한다. 다시 말해 세계에 관해 어떤 예측도 하지 않음으로써 현실 세계의 역동성을 다루는 데 수반되는 문제들을 회피한다. 포용 구조는 로봇의 센서들에서 수집하는 불완전한 데이터를 예측한다. 이 때문에 현실 세계는 실험실에서 하나의 지침이면서 동시에 제약으로 작용한다. 나는 로봇 프라이머스의 제작과 폐기 과정을 탐구함으로써 현실 세계가 어떻게 로봇학자들의 활동에 지침을 제공하는 한편 제약으로도 작용하는지를 논하고자 한다.

이런 접근을 로봇학의 맥락에서 이해하려면 3장에서 다룬 전통적 로봇학과 신체화 로봇학 사이의 경쟁과 관련된 이슈 중 일부를 다시 정리할 필요가 있다. 전통적 AI에서는 규칙을 통해 세계의 이치reason를 포착할 수 있고, 보다 세련된 알고리즘이 개발되면 물리적 환경에서 발생하는 변화를 수용하고 극복할 수 있다는 것이 기본적인 관점이다. 하지만 행동 기반 신체화 로봇학은 환경을 예측할 수 없고, 로봇에게 센서와 자율 능력을 부여함으로써(모듈화된 구성 요소들이 보다 큰 시스템을 창출하기 위해 함께 작동하는 포용 구조에서처럼), 로봇이 프로그램화된 소수의 능력만으로도 세계에 보다 큰 영향을 미칠 수 있다는 가정 위에서 형성되고 발달해왔다. 이 문제를 해결하려는 로드니 브룩스의 접근이 센서를 부착한 로봇의 제작으로 이어졌다.

이들 새로운 접근에는 로봇이 자신의 특수한 세계에 관해 모든 것을 스스로 알아내야 한다는 훨씬 더 강력한 느낌이 있다. 이것은 선험적 지식이 로봇에 통합되어 들어갈 수 없음을 말하는 것이 아니라, 그것이 로봇을 테스트하는 특수한 장소에 특화되지 않아야 한다는 것을 뜻한다……이는 시뮬레이션되고 상상된 세계에서 작동하는 전통적 AI 시스템보다 훨씬 더 불확실하고 조악하게 묘사된 세계 속에서 행동 기반 로봇이 작동하도록 강제한다(2002, p. 75).

이는 '저 밖의 세계'를 기계에 각인하기보다, 기계가 센서들을 통해 세계와 상호작용하는 물리적 장비와 행동 기반의 신체화 구조를 갖춘다면 현실 세계와 더 효과적으로 상호작용할 수 있다는 것을 의미한다. 로봇학자들은 현실 세계와 상호작용할 필요가 있는 로봇을 설계하고 있다고 끊임없이 주장한다. 따라서 그들의 작업에서 성공의 척도는 인간의 도움을 전혀 받지 않고 소기의 목적을 달성할 수 있는 자율로봇을 창조하는 것이다.

내가 현장 조사를 수행했던 실험실은 DARPA가 지원하는 국가 프로젝트에 참여하고 있었다. DARPA는 이 실험실의 연구자들에게 모바일 로봇 플랫폼을 제공했다. 이 플랫폼은 '세그웨이 로봇 모빌리티 플랫폼Segway Robotic Mobility Platform, RMP'이라 불린다. 이 플랫폼은 DARPA의 연구비를 받은 세그웨이 LLC에 의해 개발되었다. 세그웨이 LLC와 DARPA는 협업하여 세그웨이 인간 트랜스포터의 특별 수정판을 제작했다. 실험실 멤버들이 로봇을 제작하는 데 베이스로 사용한 것이 바로 이 수정 플랫폼이었다. 내가 현장 조사를 시작하기 전에 이루어진 논의에서 이 집단은 모바일 플랫폼 위에 로봇을 제작하는 국가 프로젝트에 참여할 기회가 있었다. 동시에, 그리고 처음에는 이 기회와 독립적으로, 두 명의 로봇학자가 휴머노이드 로봇학의 상이한 이슈들을 탐구하기 위해 다양한 종류의 로봇을 제작하려고 생각했다. 대학원생 로봇학자인 헬레나는 사회적으로 상호작용하는 휴머노이드 머리를 구축하기를 원했다. 그 랩의 교수는 이동성, 신체화 그리고 행동 기반 로봇학에 관심이 있었다. 따라서 이동 능력을 가진 로봇을 제작할 기회가 연구자들 사이의 관심사를 탐구할 수 있는 기회를 제공했다. 박사후 로봇학자인 루크Luke는 한 사이언스픽션에 나오는 이야기를 읽고 팔 세 개를 가진 로봇을 제작하려고 고민했다. 루크는 사이언스픽션의 열렬한 팬인데 팔을 세 개 가진 '모티Moties' 라는 종이 등장하는 책에서 영감을 얻었다. 루크는 다음과 같이 설명했다.

『신의 눈 속 티끌The Mote in God's Eye』에서 니븐과 퍼넬은 '모티'라는 세 팔의 외계종에 관해 묘사한다. 모티에는 세 개의 하위 종인 탁월한 엔지니어, 전사, 외교관이 있다. 나는 이 소설에서 이름을 따왔다(2003년 7월 3일 이메일 교신).

이 로봇을 어떤 이름으로 불러야 할지를 놓고 비공식적인 논의가 여러 번 있었는데, 비슈누Vishnu, 덱스터Dexter, 모티Motie라는 세 이름이 경쟁했다. 루크는 모티를 제안했다. 결국 로봇의 이름은 비슈누도 덱스터도 모티도 아닌 고전 라틴어 이름으로 정해졌다. 나는 비밀 유지를 위해 이 로봇을 프라이머스라 부른다.

랩의 로봇학자들은 세 팔을 가진 로봇이 무엇을 할 수 있을지 고민했다. 팔을 세 개 가지고 있다면 두 개의 팔로 물건을 잡고 나머지 세 번째 팔로 그것을 조작할 수 있을 것이다. 만약 사회적 상호작용이 가능한 머리를 가지고 있다면 사람들과 사교적인 방식으로 상호작용도 할 수 있을 것이다. 또한 모바일 베이스를 가지고 있다면 외부 세계를 감지함으로써 자율적으로 돌아다닐 수도 있을 것이다. 만약 이 로봇이 이들 모든 기능을 가진다면 그야말로 인간과 유사해질 것이다. 이 로봇의 진척 상황이 그룹의 정기 미팅에서 중심 쟁점이었다.

프라이머스의 목적은 자율적인 모바일 로봇이 어떻게 문을 열 수 있는지를 보여주는 것이었다. 이 연구 집단은 프라이머스가 리모컨이나 사전 프로그래밍에 의존하지 않고 자율적으로 복도를 돌아다니고, 문을 감지하고, 그 문을 열고 출입할 수 있기를 원했다. 프라이머스는 벽이나 문에 부딪히는 것을 방지하는 소나sonar 시스템을 구비하고 있었고, 모바일 로봇 플랫폼에도 소나 감지 장치가 여러 개 장착되어 있었다.

프라이머스는 복도를 돌아다니고 벽과 문을 구별하는 데 도움이 되는 시각 시스템도 갖추고 있었다. 30대 초반의 AI 전공 대학원생 토머스는 로봇의 시각 문제를 내게 설명했다. 토머스는 시각 시스템이 제작 시간대에 따라 어떻게 편향되는지를 묘사했다. 예를 들어 한

낮에 태양이 있을 때 설계된 시각 시스템이 한밤중에 작동해야 한다면 기계가 대처해야 할 '저 밖의 세계'에 변화가 발생한 셈이 된다. 기계 시각 분야에서 기계 시스템이 벽과 문을 구별할 수 있도록 프로그램을 설계하는 것은 매우 힘든 작업이다. 인간 입장에서 볼 때 문과 벽을 구별하는 것은 장애가 없다면 매우 간단한 일이다. 인간의 시각 시스템에서 문과 벽은 동일한 색이나 질감을 공유하더라도 다른 종류의 사물로 지각된다. 인간의 시각 시스템에서는 질감, 색, 깊이를 감지하는 능력이 함께 통합되어 있다. 기계 시각의 경우 질감 같은 범주를 프로그램에 어떻게 포함할 수 있을까? 기계 시각 전문가들의 어려움은 동일한 색 공간에 농담, 음영, 대비 등이 추가되는 색의 미묘한 변이들 때문에 훨씬 더 커진다.

실험실이라는 극장과 로봇을 연기하는 사람들

프라이머스의 경우 부여된 수행 목적을 거의 달성하지 못했다. 복도가 단지 몇 미터밖에 되지 않았는데도 복도를 따라 돌아다니다가 문을 감지하거나 팔 하나를 사용해서 문을 열고 통과하는 것이 거의 불가능했다. 이 로봇은 공간 이동이 가능하도록 바퀴가 달린 베이스 위에 설치되어 있었다. 프라이머스가 이런 행동을 수행하는 데 실패하면 로봇학자들이 나서서 제대로 작동하지 않는 이 인공물을 대신했다. 이 경우 인간의 예증이 로봇의 지각을 논증하는 것이 된다. 나는 AI 로봇학 분야에서 로봇의 능력을 논증하는 데모 혹은 시연의 중요성을 깨달았다. 로봇학자들은 로봇의 능력을 논증해야 한다. 로봇의 실제 수행을 보여주지 않고 그것을 촬영한 비디오 시연으로 대신할 수도 있다. 따라서 로봇학에서는 시연이 매우 중요한 위치를 점하고 있다. 헬레나는 이를 다음과 같이 설명했다.

로봇학 연구에서 전형적인 작업은 로봇이 특별한 과업을 수행하고, 무엇을 조작하거나 걸어가고, 혹은 인간과 상호작용하도록 만드는 것이다. 그리고 로봇이 수행하는 결과를 1분 혹은 그 이하의 시간 동안 보여준다. 아니면 로봇의 수행을 비디오로 촬영해서 그 결과를 보여주는 경우 시간이 조금 더 길어질 수 있다. 그런데 이들 결과가 재연 불가능한 경우도 드물지 않다. 예를 들어, 로봇이 우측으로 6피트 이동하도록 의도했는데 일부 결과는 재연할 수 없고, 혹은 로봇이 사용하는 대상을 바꾸거나 로봇과 상호작용하는 사람을 바꾸면 동일한 결과를 도출하지 못할 수도 있다(2004년 현장 조사 인터뷰).

로봇학자는 시연하는 동안 자신의 기계가 특정한 활동을 수행하도록 프로그램화한다. 그런데 어떤 경우에는 로봇이 오작동하고 의도한 대로 시스템이 작동하지 않는다. 이런 일이 발생하면 로봇학자들이 로봇을 대신해 그 활동을 수행하는 경우가 흔하다. 휴머노이드 로봇의 제작은 번역이 필요한 실천이다. 즉 그것은 인간을 기계적 형태로 재구성하는 것, 즉 인간적인 것을 기계적인 것으로 번역하는 일과 직접 관련되어 있다. 로봇학의 맥락에서 기계의 능력이 결여돼 있을 경우 인간이 그 과정에 개입해 대신 수행하는 것이 허용된다. 로봇학자는 이런 방식으로 자기 로봇의 대역을 수행한다. 연구자들은 로봇의 능력을 보여주는 비디오를 촬영할 때 로봇이 의도한 목적을 달성하는 장면만을 강조해 담으려고 한다. 결과적으로 '현실 세계'는 허구적 직조물과 분리할 수 없게 융합된다.

로봇학자들은 자신의 작업을 외부에 정규적으로 보여줘야 한다. 그들은 보통 강연을 시작할 때 먼저 로봇이 어떤 수행을 할 것이지 그리고 왜 그 연구 영역이 선택되었는지를 설명한다. 로봇학자들은 자신의 신체를 이용해 로봇이 수행하기를 원하는 수행을 대신 연행한다. 이런 행위는 상이한 청중들(연구비 제공 재단의 대표들, 일반 대중, 미디어 그리고 친구들)에게 반복적으로 재연행된다.

연구 집단의 한 구성원은 로봇의 퍼포먼스를 촬영하기 위해 비디오카메라를 들고 대기한다. 로봇 제작이 엔지니어링과 실험 활동에 토대를 두고 있기에 로봇이 의도한 바를 수행할 수 있을 때까지 많은 시도와 재프로그래밍이 이루어져야 한다. 내가 이런 실천 과정에서 발생하는 '실패'에 주목하는 이유는 실천 자체를 비평하기 위한 것이 아니다. 오히려 그런 실천의 과잉 속에서 이루어지는 로봇에 관한 주장들을 비평하기 위해서다. 연구자들은 프라이머스의 실패를 고유한 방식으로 변명했다. 로봇학자들은 각자 개별 연구자로 작업하고 그 개별 작업의 결과를 재결합했다면 프로젝트가 더 성공적이었을 것이라고 믿고 있었다. 이 연구 집단은 함께 작업하는 동안 로봇을 둘러싸고 여러 번 갈등을 겪었고 그 결과 한 연구자가 집단을 떠나기도 했다. 연구자들은 대부분 집단 작업에 적대적이고 독립적으로 작업하는 것을 선호한다. 프라이머스 제작은 여러 전문가의 집단적 노력이 필요한 작업이기 때문에 연구자들의 그런 선호는 중요한 것으로 여겨지지 않았다.

여하튼 결국 연구자들은 프라이머스가 복도를 따라 돌아다니며 문을 열고 통과하도록 만들었다. 연구자들 사이에 로봇이 제대로 수행하도록 만들어야 한다는 압력이 강해질수록 연구자들은 규칙 기반 AI(전통적 로봇학)에 더 의존했다. 팀의 구성원들은 플랫폼을 계측하고 리셋하기 시작했는데, 이들 각각의 시도는 로봇이 행위를 수행하도록 만들려는 시도였다. 프라이머스는 결국 목적을 달성했다. 하지만 프라이머스는 기저 이론을 실질적으로 수정함으로써 목적을 달성했다. 여기서 현실 세계는 프로젝트에 도움이 되었다기보다 프로젝트의 성공에 끊임없이 장애로 작용했다.

로봇학자들은 로봇이 수행해야 하는 것을 대신 연기함으로써 로봇의 실패를 보정하기 시작했다. 이는 프라이머스뿐만 아니라 다른 모든 로봇 제작에도 마찬가지였다. 로봇의 실패가 남긴 틈새를 메운 것은 바로 로봇학자들이었다. 이 경우 로봇학자들은 이론보다는 서로에게 의지했다. 누구도 기저 이론에 대해서는 의문을 제기하지 않았다. 팀 구성원들이 로봇의 실패와 프로젝트 전체의 실패에 대해 서로를 비난하느라 기저 이론을 건드리지 않았다.

DARPA가 정한 시한이 다가오고 있었음에도 상상했던 프라이머스와 실제로 창조된 프라이머스 사이에는 엄청난 괴리가 있었다. 로봇학자들의 야망은 한 주 한 주 시간이 흐르면서 애초에 세 개의 팔을 가진 로봇으로 출발해 두 개의 팔로 그리고 최종적으로는 하나의 팔을 가진 로봇으로 점차 축소되었다. 프라이머스는 연구비 제공 기관을 위해 단 한 번 시연된 뒤 구석으로 내쳐졌고, 가끔 완결되지 않은 프로젝트로 언급되는 것으로 끝이 났다.

| 참고 자료 |

Asimov, I 1979, *I, Robot*, Oxford University Press, Oxford.

Bailly, C 1987, *Automata: the golden age 1848–1914*, Sotheby's Publications, London.

Bleich, D 1984, *Utopia: the psychology of a cultural fantasy*, Ann Arbor, Michigan.

Brooks, R 1991, "How to build complete creatures rather than isolated cognitive simulators" in *Architectures for intelligence*, ed. K VanLehn, Lawrence Erlbaum Associates, Hillsdale, NJ, pp. 225 –239.

Brooks, R 2002, *Flesh and machines: how robots will change us*, Pantheon Books, New York.

Freud, S 2003, "The Uncanny" in *The Uncanny*, Penguin Classics, London.

Graham, E 2002, *Representations of the posthuman: monsters, aliens and others in popular culture*, Manchester University Press, Manchester.

Haraway, DJ 1992, *Primate visions: gender, race, and nature in the world of modern science*, Verso, London.

Jentsch, E 1997, "On the psychology of the uncanny (1906)", *Angelaki: Journal of the Theoretical Humanities*, vol. 2, no. 1, pp. 7 –16.

Malik, K 2000, *Man, beast and zombies: what science can and can't tell us about human nature*, Weidenfeld and Nicolson, London.

Mazlish, B 1995, "The man-machine and artificial intelligence", *Constructions of the Mind: Artificial Intelligence and the Humanities*, vol. 4, no. 2. Available from: ⟨http://web.stanford.edu/group/SHR/4 –2/text/mazlish.html⟩.

Meisner, M 1982, Marxism, *Maoism and utopianism: eight essays*, The University of Wisconsin Press, Madison.

Mori, M 1970, "The uncanny valley", *Energy*, trans. KF MacDorman & T Minato, vol. 7, no. 2, pp. 33 –35. Available from: ⟨http://www.androidscience.com/theuncannyvalley/proceedings2005/uncannyvalley.html⟩[28 December 2014].

Mori, M 1999, *The Buddha in the robot: a robot's engineers thoughts on science and religion*, Kosei Publishing Co., Tokyo.

Mori, M 2005, "On uncanny valley", Proceedings Mukta Research Institute. Available from: ⟨http://www.androidscience.com/theuncannyvalley/proceedings2005/MoriMasahiro22August2005.html⟩[28 December 2014].

Mori, M 2012, "The uncanny valley", *Robotics & Automation Magazine*, trans. KF MacDorman & N Kageki, vol. 19, no. 2, pp. 98–100.

Reichardt, J 1978, *Robots: fact, fiction and prediction*, Thames and Hudson Ltd., London.

Reilly, K 2011, *Automata and mimesis on the stage of theatre history*, Palgrave Macmillan, Basingstoke.

Ssorin-Chaikov, N 2006, "On heterochony: birthday gifts to Stalin, 1949", *Journal of the Royal Anthropological Institute*, no. 12, pp. 355–375.

Standage, T 2002, *The mechanical Turk: the true story of the chess-playing machine that fooled the world*, Penguin, London.

Wood, G 2003, *Living dolls*, Faber and Faber, London.

| 인용한 영화 |

2001: A Space Odyssey 1968, dir. Stanley Kubrick.

Blade Runner 1982, dir. Ridley Scott.

맺음말

애착 상처를 입은
로봇을 사랑하기

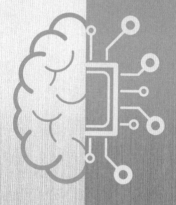

당신과의 관계는 직접적이다. 어떤 아이디어 시스템도,
어떤 사전 지식도, 어떤 공상도 당신과 나 사이에 개입하지 않는다.
—마르틴 부버Martin Buber, 『나와 너』(1937), 11쪽.

이 책에서 나는 절멸이 당대 로봇학의 형성 그리고 인간과 비인간에
관한 인류학적 이론화에 의미심장한 배경으로 작용한다는 점을 보여
주고자 했다. 그렇다면 이 과정에서 도대체 무엇이 절멸하는 것일까?
다름 아닌 사회적인 것이 절멸한다. 사회적인 것은 인간 존재의 일부
이며, 한 인간과 다른 인간 사이의 직접적이고 애정 어린 상호작용이
우리를 인간으로 만드는 유일한 것이기 때문이다. 인간 또한 절멸한
다. 즉 인류의 종말이다. 절멸불안은 분리적 범주들의 부정에 의해 표
현되는 불안이다. 범주들이 더 이상 존재론적 차이에 토대를 두지 않
으면 그것은 '아무것도 아닌 것으로 환원되고', '말살되고', 존재론적
으로 평평해져버리기 때문에, 어떤 의미 있는 근원적 차이도 합리적
으로 주장할 수 없게 된다. 대신 인간과 비인간 행위 주체를 '어셈블
리지'와 '사이보그'로 바라보는 관점만 남게 된다. 이는 곧 어셈블리
지와 사이보그가 인간과 비인간에 대한 복수적 애착의 합성물로 제

시된다는 것을 뜻한다. 이런 상황이 최근 인류학적 이론화의 궤적을 초래했다. 최근 인류학적 이론화는 인류학을 분리된 것 혹은 연결된 것이라는 측면이 아니라 '사이−공간in-between space'에 있는 것, 즉 캐런 버러드의 용어로 내부−객관적 되기intra-objective becoming(여기서 행위 주체성의 권위authority of agency는 내부−객관적 되기의 결과로 존재한다)라는 측면에서 범주화한다(Barad 2003). 사이−공간에 초점을 맞추면 행위 주체성의 권위와 관련해 더 복잡한 얽힘만을 초래할 뿐이다. 사이−공간 내에서 하나의 존재는 로봇과 매우 유사하게 이도 저도 아닌 것, 즉 인간이면서 동시에 비인간이기 때문이다. 비록 내용은 시간이 지남에 따라 변화할지라도 모든 범주는 분석적으로 이원론, 반이원론적 위상 그리고 패러독스처럼 현실적이고 가능한 것이다. 사이−공간을 향한 이런 변화는 평평한 존재론flat ontology의 불가능성에 대한 반응이다. 이론가들은 하나 이상의 위상을 동시에 점유하는 것이 불가능하다는 사실을 인식하고 있기 때문이다. 하지만 존재론적 차이의 부정이 그 토대에 깔려 있기에 사이에 있는 자들in-betweeners이 당대 인류학적 이론화의 허무주의를 회피하기 위해 할 수 있는 일은 아무것도 없다.

로봇 기계가 인간관계에 대해 그럴듯한 대안으로 제공되는 것은 인간적 애착의 본성 그리고 인간이 서로 어떻게 애착하는지를 둘러싸고 중대한 혼란이 발생하고 있음을 보여준다. 이들 로봇이 동반자, 치료사, 애인 혹은 친구로 행동할 것을 제안하는 로봇학자들은 흔히 타자성을 기계로 확장해 인류를 도우려는 진실한 욕망에 따라 동기화된다. 로봇 기계와 인공지능 행위 주체는 우리에게 이같이 새로운 유형의 관계적 가능성을 보여주는 사례가 되었다. 인공지능과 로봇 기계가 우세를 점하려면 인간이 된다는 것이 뜻하는 바의 변조 modulation에 어떤 변화가 필요하다. 인간-로봇 간의 애착은 오직 당대의 사회성에 방점을 두는 기계적 사회성 때문에 가능하다. 기계적 사회성은 인간이 다른 인간과 어떻게 결속할 것인지에서 발생한 애착 혼란의 결과다. 애착 상처는 인간과 인간 간 유대의 결여 그리고 사회적 관계에 존재하는 이런 틈새를 메우기 위해 기계를 사용하려는 시도에서 비롯되었다. 로봇 아이, 로봇 반려자, 로봇 치료사가 우리의 미래다!

이 책의 여정을 마치기 위해 픽션에서 비롯된 마지막 이야기, 즉 영화 〈AI: 인공지능〉을 다시 보자. 영화에서 로봇 아이 데이비드는 질병 치료법이 발견될 때를 기다리며 사이버네틱스 동면에 들어가 있는 아들 때문에 슬퍼하는 한 가족에게 제공된다. 이 가족은 아들의 부재를 메우기 위해 로봇 아이를 데려온다. 이 로봇 아이는 한 번 말해서 입력되면 영원히 지울 수 없는 각인 코드를 가진 모델로 설계되었다. 엄마 모니카가 데이비드에게 이 코드를 읽어주고 그의 사랑 각인을 활성화한다. 즐거운 시간이 이어지고 그들 사이의 관계도 발전한다. 데이비드는 피노키오 이야기를 읽고 언젠가는 자신도 진짜 소년이 될 수 있을 거라는 희망으로 즐거워한다. 하지만 이 가족의 아들 마틴이 회복하면서 이들이 함께하는 시간은 끝난다. 집으로 돌아온 마틴이 하필이면 데이비드를 싫어하고, 모니카는 데이비드를 데리고 들판으로 나가 유기한다. 그녀는 데이비드를 제작한 회사인 메카 사에 반환해서 폐기되도록 해야 했다. 하지만 그녀는 차마 그럴 수 없어 데이비드를 집에서 멀리 떨어진 들판에 남겨두고 온다. 영화 후반부는 데이비드가 모니카를 찾아가는 여정으로 구성된다. 데이비드는 사랑하는 사람과 재결합하기 위해 모니카를 찾아 헤맨다. 그는 피노키오 이야기를 내면화하고 이 픽션을 자신의 가이드로 활용하기 시작한다. 그는 이 판타지가 진실인지 아닌지를 의문시하지 않는다. 그저 그것을 현실로 받아들인다. 데이비드는 결국 길고도 험난한 여정 끝에 한 외계종에게 발견된다. 이때는 이미 모든 인류가 멸종하고 오직 인간이 만든 인간성의 잔존물(사물과 기계들)만 남아 있다. 외계종은 자신들의 과학을 활용해 모니카를 부활시키고 영화의 마지막은 데이비드가 모니카와 하루를 보내는 장면과 함께 막을 내린다.

이 영화는 매우 비참하고 슬픈 영화다. 이 이야기는 데이비드의 분리불안, 즉 강렬한 단절의 느낌을 우리에게 보여준다. 신체화 로봇의 형태를 가진 이 기계는 애착 상처를 입은 누군가에게 연결성을 제공해준다. 실제 신체화 네트워크 형태를 가진 기계 또한 이런 연결성을 제공해준다. 현재 기계는 인간들이 서로 연결되어 있다고 느끼도록 더 열심히 일한다. 하지만 인류가 로봇 기계를 수용하려면 사회가 좀 더 기계화되어야만 한다. 즉 인류는 기계의 필요에 맞춰 보다 덜 복잡하고 보다 더 스크립트화되며, 보다 더 스테레오타입화되고 보다 덜 자발적인 존재가 되어야 한다.

마지막으로 폭력과 사랑에 대한 논의와 함께 이 책을 끝맺고자 한다. 차페크의 『R. U. R』은 모든 인간이 파괴되는 내용을 담은 최초의 픽션이었다. 심지어 인간의 행위 주체성의 한계를 다룬 공포스러운 이야기 『프랑켄슈타인*Frankenstein*』과 『골렘*Golem*』에서도 모든 인간이 위협에 처하지는 않는다. 희곡 『R. U. R』은 강력한 전복자로 변하는 비인간(후에는 기계)에 관한 이야기다. 하지만 『R. U. R』에서 발휘되는 혁명적 행위 주체성의 자원은 기계가 아닌 인간으로부터 도출된다. 차페크는 혁명적 행위 주체성과 노동자 투쟁이 만연했던 시대에 이 희곡을 썼다. 1장에서 우리는 인간으로 상상되는 로봇이 어떻게 다른 예술가에 의해 기계로 재해석되는지, 그리고 어떻게 기계 기술이 발달하면 할수록 기계가 반란을 일으켜 강력한 존재로 변할 수 있다는 두려움도 커지는지(이는 오늘날에도 여전히 중요한 테마다)에 관해 탐구했다. 이들 픽션이 보여주는 로봇에 대한 공포는 분명히 또 다른 자원에서 유래했다. 1920년대에는 전장에서 비롯되었든 혁명과 정치적 혼란에서 비롯되었든 상관없이 폭력이 지배적인 테마였다. 당시는 자본주의뿐만 아니라 공산주의 시스템을 방어하려는 폭력 행위가 만연했다. 차페크는 로봇이 인간을 타도하도록 설정함으로써 그와 같은 폭력이 의미 있는 변화를 가져올 수 있다는 전망을 비판하고 부정했다. 즉 그는 폭력이란 그저 인간의 절멸로 종결될 수밖에 없음을 보여주고자 했다. 차페크의 메시지는 폭력 위에 구축된 어떤 시스템도 폭력적으로 종말을 맞이할 수밖에 없다는 것, 즉 폭력은 *자멸한다*는 것이다. 폭력은 인간의 결속을 파괴하고 고통, 분노, 좌절, 슬픔과 비애, 공포를 낳는다. 폭력을 통해서는 애정 어린 어떤 유대도 불가능하다. 희곡의 마지막 장면에서 두 로봇이 사랑에 빠지고, 새로운 사회가 바로 이 사랑으로부터 건설될 수 있다는 희망을 던진다. 희망은 있다. 심지어 가장 심각한 애착 장애와 애착 상처도 인간의 사랑을 통해 치유될 수 있다. 사랑의 결속은 형성될 수 있고 상처는 치유될 수 있다. 사랑은 보다 큰 사랑을 낳는다.

| 참고자료 |

Barad, K 2003, "Posthumanist performativity: toward an understanding of how matter comes to matter", *Signs: Journal of Women in Culture and Society*, vol. 28, no. 3, pp. 801–831.

Buber, M 1937, *I and thou*, trans. RG Smith, T. & T. Clark, Edinburgh.

Čapek, K 2004, *R. U. R. (Rossum's universal robots)*, Penguin Classics, New York.

옮긴이 후기

이 책은 과학기술 인류학자 캐슬린 리처드슨의 저서 *An Anthropology of Robots and AI: Annihilation Anxiety and Machines*을 우리말로 옮긴 것이다. 본서를 관통하는 메시지는 '과학기술 분야의 실천과 담론이 인류의 사회적 삶과 문화적 의미 체계에 깊숙이 착근해 있다'는, 이미 학계에서 어느 정도 일반화된 명제에 수렴한다. 따라서 이 책의 표층적 메시지는 학부 수업용 교재나 대중서로 가볍게 읽어도 무방할 정도로 명쾌하고 단순하다. 하지만 조금 더 진지하게 들여다보기 시작하면 이 책에는 최근 인류학, 철학, 과학기술학, 인공지능 분야에서 뜨거운 화두로 부상하고 있는 매우 추상적이고 난해한 존재론적·인식론적·이론적 쟁점들이 복잡하고 촘촘하게 뒤얽혀 있다. 결과적으로 이 책은 분량이 많지 않은데도 관련 분야 연구자, 전문가, 대학원생들이 탐독하고 토론하기에 좋은 다양한 분야의 최신 학술 논의를 풍성하게 담고 있어 전문 학술서로도 손색이 없다.

일찍이 기술철학자 랭던 위너Langdon Winner는 "세계지도에 테크노폴리스라는 국가는 존재하지 않는다. 하지만 우리는 이미 여러모로 그 나라의 시민이다"*라는 선언을 통해 기술의 본질적인 정치성을 역설했다. 이 책의 저자 캐슬린 리처드슨은 자칫 기술결정론으로 발전할 수도 있는 랭던 위너의 '기술 정치학'을 넘어 과학기술이 문화적 의미 체계와 문화적 상상의 영역에 깊숙이 착근해 긴밀하게 '공진화coevolution'하고 있다는 사실을 MIT 실험실의 생생한 현장, 공상과학 영화와 소설의 허구적 세계 그리고 글로벌 수준의 네트워크를 넘나드는 다차원적 접근을 통해 흥미롭고 설득력 있게 논증한다.

권력의 효과는 그에 포획된 주체가 권력의 존재를 의식하지 못할 때 가장 강력하게 발휘된다. 오늘날 인류 대부분은 과학기술 혁명의 급진적 소용돌이에 휘말려 있음에도 과학기술과 사회 그리고 과학기술과 문화의 복잡한 연동 관계 혹은 공진화를 의식하지 못하거나 그에 무관심한 채 일상적 삶을 영위하고 있다. 이 점에서 첨단 과학기술이 우리 삶의 미세혈관 깊숙이 삼투해 미시물리학적으로 행사하는 권력은 매우 효과적으로 작동하고 있음이 틀림없다.

과학기술이라는 권력 기계는 대중적 상식을 주권 행사의 주요 동력으로 삼고 있다. 그 상식은 바로 과학기술이 정치적 권력관계의 번잡스러움 그리고 문화적 상상의 뜬구름과 분리된 영역에서 순전히 합리적이고 기능적인 원리에 따라 도도하게 진화하고 있다는 생각이다. 상식은 매우 안전하고 효율적이면서도 가장 위험한 지식이다. 그것은 한편으로 우리에게 판단과 행위의 편리한 준거를 제공함으로써 사회적 삶을 가능하게 하고 세계와 효과적으로 소통할 수 있도록 해

---

* 랭던 위너가 1986년 저서 『고래와 원자로: 첨단기술 시대의 한계를 찾아서The Whale and the Reactor: A Search for Limits in an Age of High Technology』를 여는 첫 문장이다. 이 책은 2000년 『길을 묻는 테크놀로지─첨단 기술 시대의 한계를 찾아서』(손화철 옮김, CIR, 2010)로 번역되었다.

준다. 하지만 다른 한편으로 실재와 어긋나거나 시대의 변화에 부합하지 않는 아집으로 파국적 불통과 폭력적 갈등을 유발하기도 한다. 캐슬린 리처드슨의 책은 바로 이런 우리 시대의 위험한 대중적 상식에 도전장을 던진다.

이 책에서 리처드슨이 던지는 또 다른 도전장은 최근 학계를 뜨겁게 달구고 있는 이른바 '존재론적 전환ontological turn'을 정면으로 향하고 있다. 리처드슨은 브뤼노 라투르, 메릴린 스트래선, 도나 해러웨이, 팀 잉골드, 에두아르도 콘 등 여러 학자가 추동해온 존재론적 전환의 '대칭적 반휴머니즘symmetrical anti-humanism' 혹은 탈인간중심주의가 그 대척점에 있는 '비대칭적 휴머니즘asymmetrical humanism' 혹은 인간중심주의만큼이나 문제적이라고 본다. 리처드슨에 따르면 대칭적 반휴머니즘은 인간과 비인간을 대등한 존재로 설정하고 인간에게 비인간 행위자와 구별되는 어떤 특유성도 부여하지 않음으로써 인간을 아무것도 아닌 존재로 환원해버린다.

아이러니하게도 인간을 아무것도 아닌 존재로 환원하는 데 가장 앞장서고 있는 분야가 바로 인류학, 즉 인간 연구를 기반으로 진화해온 분과 학문이다. 인간을 아무것도 아닌 존재로 환원하는 것이 이른바 인류세의 인류가 직면한 묵시록적 파국을 방지하거나 해결하는 데 어떤 역할을 할지는 중요한 논쟁의 대상이다. 그런데 과연 우리 인류는 스스로 아무것도 아닌 존재로 환원될 준비가 되어 있을까? 이 질문은 다시 우리를 정치의 영역으로 이끈다.

최근 한국의 지성계, 특히 인류학계에서 뜨거운 이슈로 부상하고 있는 존재론적 전환의 한계는 바로 인간을 아무것도 아닌 존재로 환원하는 것이 필연적으로 수반하는 지적 허무주의와 삶의 탈정치화다. 삶의 탈정치화와 지적 허무주의는 자본과 과학기술의 권력 기계에 포획되어 어디로 향할지도 모르는 미래에 운명을 맡겨야 하는 무기력으로 우리를 이끌 수밖에 없을 것이다. 인류세의 인류가 직면한 문제를 해결하려면 숲도, 동물도, 기계도 아닌 바로 인간이 과학기술과 문화가 공명하는 지점에 서서 아직은 이론화할 수도 없고 상상할 수도 없지만 어떤 형태로든 새로운 정치의 공간을 열어야만 할 것이다.

이 책에서 사소해서 그냥 지나쳐버릴 수도 있지만 매우 의미심장한 지점은 저자가 결론부에서 뜬금없이 사랑을 역설하며 마무리하는 부분이다. 저자의 난데없는 사랑 타령은 문맥상 황당해 보이기까지 할 정도로 뜬금없다. 리처드슨에 따르면 범주들이 더 이상 존재론적 차이에 토대를 두지 않을 때 모든 것이 아무것도 아닌 것으로 환원되거나 존재론적으로 평평해져버린다. 결과적으로 어떤 의미 있는 근원적 차이도 합리적으로 주장할 수 없게 되고 인류의 삶은 탈정치화 돼버린다.

이에 대한 인류학적 대응으로 출현한 범주가 '사이공간'과 '내부-객관적 되기' 같은 개념들인데, 리처드슨은 이것이 바로 인류가 아무것도 아닌 것으로 환원되는 것의 불가능성에 대한 반응이지만 그리 성공적이지는 않다고 평가한다. 만약 리처드슨의 관점에서 인간이 아무것도 아닌 존재로 환원되기를 거부하고 삶을 재정치화하기 위해 의지할 수 있는 유일한 특유성이 사랑이라면 돌연 사랑의 필요성을 역설하며 책을 마무리하는 그의 뜬금없음이 다소 해명될 것 같기도 하다. 하지만 이런 독해의 적합성은 함께 읽고 토론해봐야 할 주제로 남겨두겠다. 모쪼록 이 책이 존재론적 전환에 열광하고 있는 한국의 학계가 좀 더 냉철하고 신중하게 그 지적·실천적·정치적 함의를 곱씹어보는 한편, 한국의 독자들이 챗GPT 같은 AI-기계의 지적 능력에 인류 스스로 백기 투항하고 있는, 이미 도래한 인공지능 시대에 자신의 삶을 과학기술과 문화의 관계 속에서 비판적으로 성찰해보는 계기가 되었으면 한다.

이 책에는 인류학, 과학기술학, 철학, 심리학, 인지과학, 인공지능 등 여러 학술 분야의 난해한 이론적 쟁점이 충분한 해설이나 주석 없이 포함되어 있어 일반 독자에게는 다소 어렵게 읽힐 수도 있을 것이다. 하지만 단순히 가독성을 높이기 위해 섣부른 의역을 시도하거나 친절하게 옮긴이 주를 추가하는 일은 최대한 자제했다. 이런 이유로 독자들이 읽기에 다소 설명이 부족하거나 논리적 흐름이 명료하지 않더라도 저자의 논리 전개 방식과 필체를 최대한 살리는 방향으로 번역에 임했다. 섣부른 의역이나 옮긴이 주를 통한 추가 설명이 본의 아니게 저자의 주장을 왜곡하거나 논지의 장단점을 흐려버릴 수도 있기 때문이다. 직역과 의역의 황금률을 찾아 최대한 균형 잡힌 번역을 하기 위해 세심한 주의를 기울였음에도 여전히 부족한 부분이 있으리라 추정된다. 여하한 오역이나 오기가 남아 있다면 그것은 온전히 옮긴이의 몫임을 밝힌다. 학술서 출판 시장의 어려움에도 불구하고 선뜻 이 책의 번역 출판을 허락해주신 도서출판 눌민의 정성원 대

표님과 번역 과정에서 역자가 놓친 부분까지 세심하게 수정·보완해
주신 눌민 편집부에 감사드린다.

2023년 2월 벚나무 가지들이
희미한 녹색으로 물들기 시작한 복현골에서
옮긴이 박충환

찾아보기

옮긴이 | **박충환**

경북대학교를 졸업하고 미국 시카고대학교^{University of Chicago}에서 석사 학위를, 캘리포니아대학교 샌타 바버라 캠퍼스^{University of California-Santa Barbara}에서 개혁개방 후 중국 도농관계에 관한 연구로 인류학 박사 학위를 받았다. 현재 경북대학교 고고인류학과 교수로 재직하면서 좁게는 현대 중국 사회 넓게는 한국 과 일본을 포함한 동아시아 지역의 문화, 정치경제, 과학기술의 연동관계 그리고 인류세와 테크놀로지 에 관한 과학기술인류학적 연구를 수행하고 있다.

로봇과 AI의 인류학

절멸불안을 통해 본 인간, 기술, 문화의 맞물림

1판 1쇄 찍음 2023년 8월 11일
1판 1쇄 펴냄 2023년 8월 18일

지은이   캐슬린 리처드슨
옮긴이   박충환
펴낸이   정성원 · 심민규
펴낸곳   도서출판 눌민

출판등록 2023.2.28. 제2022-000035호
주소   서울시 강북구 인수봉로37길 12, A-301호 (01095)
전화   (02) 332 - 2486
팩스   (02) 332 - 2487
이메일   nulminbooks@gmail.com
인스타그램 · 페이스북 nulminbooks

한국어판 ⓒ 눌민 2023

Printed in Seoul, Korea

ISBN   979-11-87750-68-0 93300